16	3	2	13
5	10	11	8
9	6	7	12
4	15	14	1

Sérgio Cardoso

MAQUIAVELIANAS
Lições de política republicana

Prefácio
Newton Bignotto

Comentários
Helton Adverse e José Luiz Ames

editora■34

EDITORA 34

Editora 34 Ltda.
Rua Hungria, 592 Jardim Europa CEP 01455-000
São Paulo - SP Brasil Tel/Fax (11) 3811-6777 www.editora34.com.br

Copyright © Editora 34 Ltda., 2022
Maquiavelianas © Sérgio Cardoso, 2022

A FOTOCÓPIA DE QUALQUER FOLHA DESTE LIVRO É ILEGAL E CONFIGURA UMA
APROPRIAÇÃO INDEVIDA DOS DIREITOS INTELECTUAIS E PATRIMONIAIS DO AUTOR.

Capa, projeto gráfico e editoração eletrônica:
Franciosi & Malta Produção Gráfica
Revisão:
Clara Kok, Alberto Martins, Beatriz de Freitas Moreira

1ª Edição - 2022

CIP - Brasil. Catalogação-na-Fonte
(Sindicato Nacional dos Editores de Livros, RJ, Brasil)

Cardoso, Sérgio
C551m   Maquiavelianas: lições de política
republicana / Sérgio Cardoso; prefácio de
Newton Bignotto; comentários de Helton Adverse
e José Luiz Ames. — São Paulo: Editora 34,
2022 (1ª Edição).
312 p.

ISBN 978-65-5525-097-8

1. Nicolau Maquiavel (1469-1527).
2. Filosofia política. 3. Republicanismo.
I. Bignotto, Newton. II. Adverse, Helton.
III. Ames, José Luiz. IV. Título.

CDD - 320

MAQUIAVELIANAS
Lições de política republicana

Prefácio, *Newton Bignotto* 9

Introdução 17

Parte I
RUPTURAS MAQUIAVELIANAS

Rupturas I: Sobre a "divisão civil"
(e suas interpretações) 27

Rupturas II: O distanciamento dos paradigmas antigos
do "regime misto" 69

Rupturas III: Sobre a originalidade
do republicanismo renascentista 87

Rupturas IV: Virtude moral e virtude política,
o Príncipe e sua *virtù* 99

Anotações críticas: Sobre o campo do comentário
da "obra Maquiavel" 119

Parte II
LEITURAS DAS *HISTÓRIAS FLORENTINAS*

Lições das *Histórias florentinas* 133

O povo e seu desejo:
observações sobre "Lições das *Histórias florentinas*",
Helton Adverse 181

Povo internamente dividido:
plebe, seitas e partidos nas *Histórias florentinas*,
José Luiz Ames 195

O estatuto e a operação do desejo popular
nas *Histórias florentinas* 225

Anotações críticas: Sobre comentários (brasileiros)
das *Histórias florentinas* 239

Parte III
A ABERTURA DA MODERNIDADE:
MAQUIAVEL (E MONTAIGNE)

Antigos, modernos e "Novos Mundos"
da reflexão política 265

Bibliografia de referência sobre Maquiavel 286
Sobre os textos 308
Sobre o autor 311

para Glória Kalil Rodrigues Meyer
e Marilena de Souza Chaui,
estrelas-guia

Prefácio

Newton Bignotto

Este livro é o resultado de um longo e frutuoso percurso. Nele se combinam análises profundas da obra de Maquiavel e temas da tradição republicana. Desde a década de 1980, Sérgio Cardoso entrou em contato com um conjunto de autores e textos que influenciariam toda a sua trajetória posterior. Ainda que não possamos dizer que naquela época ele tinha uma preocupação direta com questões ligadas à tradição republicana, foi sem dúvida durante seus estudos na França, com Claude Lefort, que ele foi apresentado ao universo do republicanismo e de Maquiavel. Nesse momento, o próprio Lefort não se referia ao republicanismo como referencial teórico, o que viria a fazer somente na década seguinte. Para o pensador francês, as balizas do republicanismo eram investigadas no interior de suas formulações sobre a democracia e sua contraposição aos regimes totalitários. Sérgio Cardoso também foi conduzido aos referidos temas por seu interesse pelo humanismo cívico italiano e por intermédio de autores que, a exemplo de John Pocock, começavam a circular fora das universidades de língua inglesa. De forma simplificada, posso dizer que ele tomou contato num primeiro momento com o republicanismo por vias indiretas. O debate sobre a natureza da democracia e a importância da liberdade política seriam um desses pontos de apoio, que mais tarde estariam presentes em muitos de seus escritos. Da mesma maneira, o pensamento lefortiano foi de suma importância em sua formação e em sua preocupação com a questão da liberdade em suas várias dimensões. Formado na tradição "uspiana" de leituras "internalistas" dos textos do passado, Sérgio soube como poucos combinar essa metodologia com os aportes dos historiadores das ideias, como Quentin Skinner, que trouxeram à luz um grande número de autores que participaram no passado da tessitura da história do pensamento republicano e procuraram compreendê-los a partir da análise do contexto no qual haviam produzido seus escritos.

A década de 1990 seria marcada pelo fortalecimento dos grandes pilares intelectuais da obra de Sérgio Cardoso e constituiria o momento do aparecimento de um conjunto de textos significativos que apontavam tanto para seu interesse pelo republicanismo como para temas e problemas variados da filosofia política. Partindo de algumas interpretações recentes do chamado "retorno ao republicanismo", nosso autor fez uma análise aguda da *Política* de Aristóteles, que seria uma contribuição importante para o pensamento político brasileiro do ponto de vista metodológico e teórico. Em termos metodológicos, ele mostrou com maestria como se servir de um texto do passado para tratar problemas de nossa época. Em suas mãos, o texto grego parece falar-nos diretamente. Evitando qualquer anacronismo, o intérprete ilumina o problema dos "regimes mistos", da liberdade e da natureza da política, o que lhe permite apontar para a dimensão democrática do pensamento aristotélico, normalmente deixada de lado por muitos helenistas. Indo ainda mais longe, ele mostra que naquele momento nasciam paradigmas importantes do pensamento político ocidental, que reapareceriam em vários momentos da história, guardando a base teórica e a linguagem, ao mesmo tempo em que eram transformados pelas condições reais nas quais as discussões tiveram lugar em séculos diferentes. Ao buscar compreender Aristóteles, Sérgio ajudou a compreender a apropriação que dele foi feita pelos humanistas italianos do Renascimento e a apropriação que dele podemos fazer em um contexto tão diferente do original como aquele no qual estamos imersos.

Esse mesmo procedimento teórico-metodológico reapareceria em vários momentos das investigações do autor, tanto em seus seminários na Universidade de São Paulo quanto nos estudos que realizou sobre a retórica antiga e em suas incursões pelo Renascimento italiano. Um exemplo são os escritos luminosos que dedicou ao pensamento de Políbio e de Cícero. Neles Sérgio não faz apenas história do pensamento político antigo. O que ele desvela é a estrutura conceitual subjacente aos textos do passado, que os constitui como pilares da tradição republicana e correia de transmissão de conteúdos para o futuro. É por existirem conceitos que ainda podem ser assim compreendidos, que podemos visitar o passado e conversar com ele a partir de um ponto de vista que é o nosso.

Seria difícil resumir o aporte de Sérgio Cardoso para o debate sobre Maquiavel e o republicanismo no Brasil. Ele tem influenciado grande número de estudantes e pesquisadores e percorre um caminho de grande fecundidade. O resultado é uma obra harmônica na qual transparece a profundidade e a originalidade de seu pensamento político, mas também os traços fundamentais de uma *démarche* investigativa longamente meditada.

Voltemos nosso olhar para o personagem central deste livro. O contato de Sérgio com as análises de Lefort sobre a obra de Maquiavel foi, como disse, muito precoce e deixou traços que perduram até hoje. Dentre as várias referências à interpretação lefortiana de Maquiavel, posso ressaltar a preocupação com a chamada teoria dos dois humores. Com efeito, Lefort mostrou em seu livro *Le travail de l'oeuvre Machiavel*, de 1972 (Paris, Gallimard), como a divisão do corpo político entre *grandes* e *povo* era fundamental para compreender a operação maquiaveliana. Partindo dessa constatação e da maneira como Lefort a pensava, Sérgio Cardoso explorou com originalidade, em vários textos aqui apresentados, o significado do que chamou "desejo negativo" do povo. Se essa abordagem do tema já estava, em alguma medida, presente no filósofo francês, o modo como Sérgio a desenvolve e a transpõe para o núcleo de seu pensamento político é algo inteiramente novo e de grande radicalidade. Essa verdadeira tomada de posição teórica impactou fortemente os estudos sobre Maquiavel no Brasil, levando colegas como Helton Adverse e José Luiz Ames a entreter um frutífero debate com o autor. Da mesma forma, influenciou os estudos políticos no Brasil ao sugerir uma estrutura de base do pensamento republicano, que não está clara nas obras dos que apenas se ocupam com a história das ideias. Essa intervenção no campo da teoria e da metodologia do pensamento político faz de Sérgio Cardoso uma peça-chave do desenvolvimento dos estudos republicanos brasileiros.

Prefácio

Para dar conta do alcance dessa trajetória, comecemos analisando o que Sérgio chamou de "a ruptura maquiaveliana". Uma leitura comum das obras do secretário florentino, em muitos casos apoiada no décimo quinto capítulo do *Príncipe*, aponta para o caráter realista de seu pensamento como ponto nevrálgico de seu afastamento da filosofia antiga. Essa não é uma abordagem falha uma vez que é o próprio pensador florentino que faz da crítica dos autores do passado seu ponto de apoio para a ruptura que opera com a tradição, acusando-os de conduzir os atores políticos para a catástrofe ao propor como referência regimes que nunca existiram. Sérgio não abandona inteiramente essa referência e nem deixa de utilizar a noção de "verdade efetiva", que está no centro da passagem referida, em suas interrogações. Também não desconhece a importância do debate sobre o regime misto na obra de Maquiavel e em seu tempo. Imaginar, portanto, que sua passagem ao pensamento de Maquiavel (em sua crítica da Antiguidade) representa distanciamento de seu pensamento anterior é seguir uma pista falsa. O que caracteriza seu pensamento é a coerência interna e o cuidado que o leva a articular suas várias etapas.

Se o que acabei de dizer está correto, cabe então descobrir como se articulam os vários elementos que compõem os textos deste livro. Minha hipótese é que o elemento estruturante de todos os capítulos é a noção de *conflito*.

Lendo Maquiavel e conjugando sua leitura com as lições de Lefort, Sérgio Cardoso radicaliza algumas teses e estabelece um diálogo rico com alguns intérpretes do florentino, em particular com Helton Adverse, José Luiz Ames e Marie Gaille-Nikodimov. Todos eles se debruçaram sobre o tema e chegaram a conclusões que estão no centro do debate brasileiro sobre a obra do florentino. Ames, ao analisar a divisão do corpo político entre dois desejos opostos, acaba por apostar que só o desejo dos grandes é produtivo, pois desde que o povo se lança na luta contra a opressão faz do desejo de dominar o desejo por excelência da política. Na ótica de Adverse, que não concorda com as conclusões de Ames, o povo deseja não ser oprimido, mas para isso deve tornar positivo esse desejo, se não quiser se ver alijado do jogo político. Partindo da mesma afirmação de Maquiavel de que a cidade é sempre constituída por desejos contrapostos — o dos grandes que querem oprimir e o do povo que não deseja ser oprimido —, Sérgio chega a conclusões mais radicais do que aquela dos outros intérpretes. Seguindo Lefort, ele diz que o desejo popular é eminentemente negativo. Ao deixar de lado a ideia de que é necessário positivar o desejo do povo, nosso autor não condena, no entanto, o elemento popular à inação. Se o desejo popular é pura negatividade, é desse lugar que pode se universalizar em contraposição ao desejo dos grandes, que só na particularidade pode se expressar. Já tendo apontado para o fato de que desde a Antiguidade o regime republicano, que muitas vezes se confunde com o regime misto, só existe como um regime das leis, Sérgio conclui que é desse ponto de vista que podemos compreender o nascimento da lei que está no coração dos regimes livres.

O autor elabora aqui o que chamarei de ontologia negativa do político. O que quero indicar ao usar esse termo é a radicalidade de um pensamento que transita entre a investigação da política e seus desvãos e a investigação dos fundamentos do político. Ora, é justamente nesse registro que devemos compreender a afirmação da pura negatividade do desejo. Não se trata de construir uma espécie de metafísica da vida em sociedade, mas de procurar as raízes do que só pode aparecer na história e pelas mãos dos homens. Por isso, podemos dizer do pensamento de Sérgio Cardoso, o que ele afirma de Maquiavel, que a matéria-prima de toda reflexão política "é o efetivo; são os fatos acontecidos, objetos das narrações das histórias".

O leitor que acompanhou o traçado das reflexões de nosso autor até aqui pode ser levado a acreditar que ele parte de uma divisão de caráter sociológico entre ricos e pobres — retirada de Aristóteles — para chegar a uma ontologia negativa, que rebaixaria o valor de seu ponto de partida a uma esfera reduzida do conhecimento do mundo político. Nada mais falso. De minha parte acredito que há em seu pensamento um duplo estrato, mas que tem valor porque seus elementos constitutivos, pobres e ricos, grandes e povo, se completam em suas aparições na cena pública e histórica. Se a divisão dos desejos primários aponta para a origem da lei, a disputa pela posse das riquezas indica a origem dos conflitos

Prefácio

que percorrem a cidade. Como mostra o autor no texto dedicado à análise de alguns capítulos das *Histórias florentinas*, as cidades são atravessadas por uma gama variada de conflitos, que muitas vezes as mergulham num turbilhão que impede toda estabilização do poder. O que ocorreu em Florença no final do século XIV é um exemplo vivo de como o conflito entre os que almejam o poder pode degenerar numa luta de facções, que não encontra nas instituições o mecanismo adequado para a estabilização das disputas das partes. Esse é o quadro da degenerescência das instituições republicanas e a transformação dos conflitos políticos em luta de facções. O autor, no entanto, não tira dessa afirmação a conclusão de que a corrupção da república deve ser tratada com instrumentos retirados de outras esferas do conhecimento como a ética. Ao contrário, a ética, quando empregada como ferramenta de compreensão da degenerescência das instituições, se converte na linguagem do moralismo, que costuma ser a expressão de uma das partes em lutas.

Pensador do conflito, Sérgio Cardoso segue pelas mãos de Maquiavel o desenrolar das lutas na cidade até os limites nos quais elas assinalam o desaparecimento da *polis* enquanto entidade política. Isso permite a ele concluir que da leitura das *Histórias florentinas* é possível retirar "um mesmo saber fundamental" que, colocando a divisão social no centro, também aponta para a ilusão dos que pretendem superá-la por meio da ocupação do lugar do poder. Em seu pensamento não há, portanto, uma ontologia que se oporia e superaria uma sociologia do conflito. O que o define como um pensador do conflito é justamente o fato de que sua ontologia negativa se expressa no nível histórico e descortina as divisões reais do corpo político. Ontologia aqui não é sinônimo de metafísica, mas sim de fundamento. Por isso, a análise da história, como a que realiza a partir da Revolta dos *ciompi*, parte da afirmação do caráter fundante dos conflitos na divisão dos humores presentes nas cidades (o dos grandes e o do povo), para encontrar sua expressão concreta na separação entre estratos inconciliáveis da vida em comum (ricos e pobres). As duas formulações são a expressão da crença que estrutura seu pensamento político na afirmação da primazia da noção de conflito e o ancora no calor dos acontecimentos históricos. Pensador do conflito, Sérgio Cardoso é um pensador realista da política.

O livro oferece um pensamento inovador, responsável pela transformação do republicanismo brasileiro e dos estudos maquiavelianos. Por meio das análises do secretário florentino, ele nos leva a refletir sobre os esteios de toda república: liberdade, igualdade, participação. Ao mesmo tempo, afirma um dos pontos estruturantes de seu pensamento, a saber, o de que toda república só existe através de suas leis. Percorrer as veredas abertas por esse tipo de formulação é o que move a sua investigação. O que lhe confere força e importância é o fato de que o faz de um ponto de vista inovador. Podemos compreender o caminho trilhado a partir de dois pontos de vista. Em primeiro lugar, como já mostrei, está o fato de que o autor coloca a noção de conflito no centro de sua *démarche*. Esse gesto teórico garante-lhe uma visada da política que, herdando algo do pensamento de Lefort, acolhe o vivido histórico em sua plenitude e o transforma em problema filosófico. Mas há uma outra *démarche* interior ao pensamento de Sérgio Cardoso que o torna ainda mais importante em nossa cena filosófica. É comum nos dias de hoje tomar como um dado a ideia de que uma concepção do que é a liberdade só é atual se levar em conta o aparecimento do liberalismo. Ora, Sérgio está longe de desconhecer essa tese, mas eleva seu pensamento a um outro patamar ao restaurar o diálogo com o passado greco-romano no momento em que procura pensar os desafios postos para uma filosofia republicana e percorre o caminho que, passando por Maquiavel, alcança nossos dias. É claro que, assim como em Arendt, não há nem sombra de nostalgia em seu pensamento. O que ele faz é levar a cabo o debate sobre os problemas postos para o republicanismo nas condições atuais inaugurando uma nova via. Pensadores como Pocock reviveram o republicanismo romano em sua ligação com o Renascimento italiano. Cícero interessa-lhe por ter servido de base para o nascimento do "momento maquiaveliano". Ao resgatar o pensamento antigo, Sérgio opera de uma outra maneira. De um lado, dialoga com a Antiguidade por meio do Renascimento, de Maquiavel em particular. De um outro lado, ao abordar, por exemplo, a questão da retórica, dialoga diretamente com

Prefácio   15 a Antiguidade e confronta as teses dos escritores antigos diretamente com nosso tempo. Assim, em suas obras, o debate sobre a natureza do regime misto é ao mesmo tempo sobre um tema da história do pensamento político e uma discussão sobre a natureza dos regimes baseados na liberdade e na igualdade nos dias atuais.

Talvez seja exagerado dizer que encontramos em Sérgio Cardoso um republicanismo neomaquiaveliano, mas certamente podemos afirmar que temos neste livro uma amostra do que de melhor se fez e se faz na filosofia política de nosso país.

Introdução

Estamos, certamente, em um tempo análogo ao de Maquiavel. Um tempo também de fortes "mutações", dos desafios de um mundo novo a ser habitado e de uma nova configuração da ordem social e política a ser pensada e construída. Vem, sobretudo, daí, acredito, o interesse e o apego contemporâneos em relação à obra do "Secretário Florentino", o mais lúcido e audacioso dos pensadores que foram capazes de enfrentar essas brechas do tempo (seguido logo adiante, preciso dizer, pela revolucionária radicalidade — epistemológica, ética e política — de Michel de Montaigne, que o admira e partilha os sobressaltos e calamidades advindos da crise). Nunca esquecido durante os séculos que se passaram, penso que nosso autor, em vista da massa dos comentários e do enorme espectro de seus leitores — de ultraliberais a radicalmente republicanos —, seja hoje o mais proeminente dos clássicos do pensamento político.

E ele permanece controverso, mesmo no campo de suas leituras republicanas. Há os que buscam acentuar seus compromissos com a tradição ou seu papel no desenvolvimento da modernidade política (como John Pocock ou Quentin Skinner). Mas há também os que patenteiam sobremodo suas rupturas, a invenção, bem como a inspiração, que sua obra proporciona ao nosso tempo. É a esse segundo contingente que os trabalhos deste livro se alinham, visto que encontram suas motivações e balizas em comentadores como Maurice Merleau-Ponty (que, por sua vez, encontra em Maquiavel a redefinição das condições da ação política e uma nova circunscrição do universo da moral) ou como Claude Lefort (que por meio dele alcança uma nova compreensão da lógica das democracias modernas), que têm o condão de nos associar definitivamente ao trabalho do pensamento desse autor inaugural, ao trabalho de abrir, *sanza alcuno respetto*, um caminho diverso daquele trilhado pelos Antigos. Merleau-Ponty veio primeiro. Pelos meus vinte anos, a leitura da "Nota sobre Maquiavel" abriu para mim um tempo novo: fez-me vislumbrar "a cena própria da política" — entre as coxias escuras da pureza moral e do cinismo.[1] Algum tempo depois veio o livro, então recém-publicado, de Claude Lefort, *Le travail de l'oeuvre Machiavel*, cuja novidade, dificuldade de leitura e de exegese só não venceram inteiramente meu entusiasmo juvenil graças ao amparo da mestra Marilena Chaui. Um livro decisivo que remove da cena política as marcações pesadas impostas pelo "determinismo histórico" e, apoiado no florentino, planta nela outras balizas, aquelas da atividade social de criação de leis e direitos, da criação popular de universais histórico-políticos. Daí em diante, mesmo batendo outros caminhos, não me foi mais possível ignorar a atração por esse clássico, cuja interrogação vem hoje, de maneira surpreendente, como dizíamos, alimentar a notável retomada da tradição republicana que tem revigorado o pensamento político desde o último terço do século XX.

Maquiavel é, efetivamente, um personagem maior e fascinante do universo da política: excepcional na prática (leiam-se seus relatos de missões diplomáticas) e na reflexão — seja em suas obras de viés mais especulativo ou naquelas de caráter histórico; além de ser autor de uma significativa produção "literária", apreciada em seu tempo e ainda no nosso. Era portador de uma educação hu-

---

[1] Não posso me impedir de lembrar aqui as primeiras linhas desse texto agudo e encantador (uma comunicação apresentada em 1949 num Congresso de Ciência Política ocorrido em Florença): "Como compreendê-lo? Ele escreve contra os bons sentimentos em política, mas é também contra a violência. Desconcerta os que creem no Direito como os que creem na Razão de Estado, pois tem a audácia de falar de virtude no momento em que fere, duramente, a moral ordinária. É que ele descreve aquele nó da vida coletiva em que a moral pura pode ser cruel e em que a política pura exige alguma coisa como uma moral. Acabar-se-ia aceitando um cínico que nega os valores ou um ingênuo que sacrifica a ação. Mas não se gosta desse pensador difícil e sem ídolos" (Maurice Merleau-Ponty, *Signes*, Paris, Gallimard, 1960, p. 277).

manista refinada, obtida na cidade certamente a mais culta, influente e rica do final do século XV. Logo após a queda do governo dos Medici e da república guiada pelo monge milenarista Savonarola, ele alcança, aos 29 anos, o segundo dos postos administrativos de maior destaque em Florença, a Segunda Chancelaria, sendo-lhe também atribuída, logo depois, a secretaria de um de seus principais comitês executivos, o dos "Dez da Liberdade e da Paz", encarregado das questões militares e das relações exteriores. Assim, por catorze anos, o secretário vê-se envolvido tanto nos assuntos internos (responsabilidade de sua chancelaria) quanto nos externos e militares, assumindo missões diplomáticas, tratando com reis, príncipes e papas, e ainda convocando homens, sobretudo camponeses, para o exército cidadão que ele propõe para sua cidade. Com o domínio espanhol sobre a Itália e a restauração dos Medici em 1512, submetido a torturas e confinado em sua propriedade de campo, passa a refletir sobre sua própria experiência e sobre os autores antigos, sobretudo os historiadores romanos, e também a escrever sua obra política fundadora, em expressa ruptura com o ideário político do passado.

São justamente os traços desta ruptura que nos interessam neste livro. Procuramos sondar seus termos, sua profundidade e originalidade, nos muitos estratos em que ela se desdobra: o deslocamento do registro epistemológico em que se produz o saber das coisas políticas; a renovação dos cânones da escrita da história; a reinterpretação da antropologia e da psicologia social que até aí embasavam a reflexão política; a nova compreensão trazida ao tema do governo "misto" (que constitui a própria matéria das reflexões republicanas, já a partir dos gregos); a nova maneira de conceber os vínculos éticos da ação política num universo privado do finalismo metafísico dos Antigos. Todo esse espectro de rupturas, de modo mais, ou menos, desenvolvido, é examinado nos ensaios aqui reunidos — com o risco de alguma repetição, visto que foram escritos em momentos diversos e para situações diversas, devendo ser tomados como expressão de diferentes momentos do exercício do pensamento suscitado pela obra. Assim, tais trajetos gozam de uma certa autonomia, ainda que tenha havido o propósito de lhes conferir alguma articulação — de viés mais temático

Introdução

que sistemático —, o que não deve obscurecer as marcas de uma mesma matriz interpretativa.

Sabemos o quanto é temerário tomar a palavra no vastíssimo campo do comentário da "obra Maquiavel", seja em função do desfile secular das leituras-tipo — e as "interpretações exemplares", assinaladas no comentário de Claude Lefort —, seja em vista do volumoso debate exegético da atualidade. De fato, não é simples também transitar hoje entre as múltiplas leituras de perfil mais liberal e aquelas de extração mais radical na compreensão da natureza da divisão social, a marca central da política maquiaveliana.[2] Assim, devo antecipar que não se encontrará aqui um Maquiavel "resolvido", mesmo se, num momento ou noutro, devido a proposições mais assertivas, isso for sugerido. Prevalece nesta publicação — e espero que a leitura o assegure — a interrogação e também o diálogo, pois há sempre, de imediato, aquele diálogo consigo mesmo que constitui o pensamento, mas também, em seguida, o que se estabelece com os amigos (outros nós mesmos). Quanto a esta interlocução devo dizer que a Fortuna me foi muito favorável, na medida em que minhas reflexões sobre Maquiavel, como se verá, estão, de maneira tácita ou explícita, inteiramente entretecidas com as de muitos amigos: Newton Bignotto, Helton Adverse, Heloísa Starling, José Luiz Ames, Alberto Ribeiro de Barros, Gabriel Pancera, André Scoralick, Flávia Benevenuto, José Antônio Martins, Fabrina Magalhães Pinto, Luís Falcão, Patrícia Aranovich, Renata Schevisbiski, Christiane Cardoso Ferreira, Matheus Ichimaru Bedendo, Eugênio Mattioli Gonçalves, Natanailton de Santana Morador, Caio Cunha Leitão e outros mais, os jovens companheiros do Grupo de Trabalho "Ética e Política no Renascimento" da Associação Nacional de Pós-Graduação em Filosofia (ANPOF) — "republicanos" que veem no Humanismo Cívico do

---

[2] De um lado se interpreta a política maquiaveliana, como se verá, como busca de um equilíbrio — constitucionalmente assegurado — entre pulsões sociais diversas (a dos "Grandes" e a do "povo", dos ricos e dos pobres), de modo a garantir, por leis, a liberdade de todos. De outro lado, ela é referida, de modos diversos, à prevalência da pulsão popular sobre aquela dos Grandes, como condição da lei e da liberdade.

Renascimento e em Maquiavel referências incontornáveis — e também ao crivo crítico agudo, e muito amplamente informado, do "montaigniano" Edson Querubini, a quem devo considerações decisivas na discussão e revisão dos ensaios deste livro.

O leitor perceberá certamente que, sem desconsiderar a bibliografia internacional, é com esses amigos brasileiros que a conversa se estabelece em primeiro lugar. Conta para isso a proximidade, mas muito mais a constatação de que, nesses estudos maquiavelianos, se alcançou entre nós um patamar de erudição, de consistência e originalidade que por si mesmo solicita a atenção e o diálogo. Pretendi, pois, atestar este diálogo produtivo inserindo nesta coletânea, na parte relativa à interpretação das *Histórias florentinas*, também as considerações de Helton Adverse e de José Luiz Ames, em interação com as minhas. Sou-lhes profundamente grato por terem acolhido meu convite para participarem deste livro. Meus agradecimentos se estendem aos meus estudantes, também interlocutores muito prezados, pela paciência de acompanhar-me pelos meus cursos dedicados aos assuntos aqui propostos e ainda aos colegas que, com enorme generosidade, por ocasião de meu concurso de livre-docência, comentaram alguns dos ensaios deste volume que integraram o trabalho então apresentado. Agradeço, assim, a Danilo Marcondes, Marilena Chaui, Heloísa Starling, Alberto Ribeiro de Barros e Newton Bignotto, este, o grande motivador dos estudos maquiavelianos no Brasil, não só por sua leitura penetrante da obra do Secretário, mas ainda por sua empresa extensa e meticulosa de reconstrução do ideário e do espaço político em que ela se tornou possível, oferecendo-nos trabalhos preciosos sobre o Humanismo Cívico, Francesco Guicciardini, Donato Gianotti, Savonarola e outros.

O volume que propomos, dividido em três partes, traz na primeira, denominada "Rupturas maquiavelianas", quatro ensaios, em que são considerados aspectos diversos da nova racionalidade trazida por nosso autor para as construções políticas: a questão da natureza do "humor" popular, alçado a fundamento da liberdade republicana (no primeiro texto); a nova concepção da forma "mista" de governo, que tradicionalmente identifica as repúblicas (no segundo); as rupturas de Maquiavel em relação ao Humanismo

Introdução   21

Cívico da passagem do século XIV para o XV (no terceiro); a reflexão inovadora sobre os vínculos da ação política com a normatividade ética (no quarto), textos estes seguidos por "anotações críticas". A segunda parte é dedicada à leitura das *Histórias florentinas* — a obra que primeiro, ainda nos anos 1970, despertou meu desejo de escrever sobre Maquiavel e à qual somente décadas depois tive ocasião de fazer apontamentos. Nessa parte, ao lado de minhas próprias considerações, estão alinhados os trabalhos argutos, já mencionados, de Helton Adverse e de José Luiz Ames — que abrem perspectivas e questões diversas — e ainda um outro comentário meu, de modo a proporcionar ao leitor uma visão mais ampla sobre o "trabalho" dessa obra, convidando-o a uma tomada de posição interpretativa própria. Esta segunda parte também é acompanhada por anotações críticas (com comentários mais "técnicos", ainda que possivelmente controversos), destinadas sobretudo aos leitores que virão associar-se a nós no interesse por estas histórias, fascinantes e cheias de "lições" políticas, da turbulenta Florença tardo-medieval e renascentista. Por fim, num ensaio que constitui ele próprio a terceira parte, procuro estender o horizonte das considerações, examinando a grande ruptura da filosofia política nesse século de Maquiavel e Montaigne que abre para a modernidade e aponta para o nosso presente.[3]

---

[3] A procedência dos textos está indicada ao final do volume, lembrando desde já que todos foram revistos e alguns significativamente alterados. As citações e referências à obra de Maquiavel são extraídas da edição Nicolò Machiavelli, *Tutte le opere*, com estabelecimento de texto e organização de Mario Martelli, Florença, Sansoni, 1971. Para os *Discorsi* e as *Istorie fiorentine* o numeral romano indica livro, o arábico, capítulo; para as *Istorie fiorentine*, há, em alguns casos, apenas indicação de livro em romano (por vezes, indicou-se também o parágrafo); para *Il Principe*, o numeral arábico indica capítulo; todas as indicações de página contêm um índice sobrescrito informando a coluna do texto. Para a tradução de *O Príncipe*, foi utilizada aquela realizada por Diogo Pires Aurélio, publicada no Brasil pela Editora 34 (São Paulo, 2017). Para os *Discursos sobre a primeira década de Tito Lívio* e as *Histórias florentinas*, a edição italiana acima referida e, também, as duas publicações da editora Martins Fontes, de São Paulo, ambas de 2007.

Os ensaios aqui reunidos, ainda que inteiramente enraizados no campo do comentário e do debate crítico da obra de Maquiavel, foram escritos com a preocupação de não os confinar ao universo dos interesses mais específicos dos especialistas. Pensei, a cada passo, em meus estudantes e naqueles que, instados pela reflexão política e pelo desejo de entrar nessas matérias maquiavelianas, nessas lições florentinas de política republicana, poderiam estar entre eles. Que este livro lhes possa ser útil, é o que espero.

Introdução

Parte I

RUPTURAS MAQUIAVELIANAS

Rupturas I:
Sobre a "divisão civil" (e suas interpretações)

Três livros de grande impacto no pensamento político contemporâneo — livros decisivos também para a fortuna crítica da obra de Maquiavel — foram publicados nos anos setenta do século XX, todos depois de um longo período de estudos e preparação. Desponta, então, com eles, o Maquiavel republicano, mudando a direção das interpretações da obra e potencializando seu interesse para as investigações e debates políticos contemporâneos. Refiro-me, certamente, pela ordem das publicações, aos extraordinários trabalhos de Claude Lefort, *Le travail de l'oeuvre Machiavel*, de 1972, de John Pocock, *The Machiavellian Moment*, publicado em Princeton em 1975, e de Quentin Skinner, *The Foundations of Modern Political Thought*, Cambridge, 1978. Enquanto o trabalho de Lefort enfatiza a grande ruptura do autor com a filosofia política clássica (e, de forma mais direta, a crítica demolidora do Secretário à "ideologia florentina") e nos encaminha para a sua reflexão sobre a lógica das sociedades históricas e a natureza das instituições democráticas, os de Pocock e Skinner, também restituindo a obra de Maquiavel ao seu contexto intelectual e momento histórico-político, veem nela um elo central da tradição republicana e, mais genericamente, do pensamento político que chegam até nós. Skinner prospecta seu enraizamento em um longo percurso da história das ideias (desde o final do século XII); Pocock, por sua vez, como se sabe, mapeia a linguagem cívica, humanista e republicana dos contemporâneos e interlocutores de Maquiavel (Savonarola, Guicciardini, Gianotti) para mostrar a persistência desta linguagem no discurso e nas interrogações das grandes revoluções da nossa modernidade, mostrando-nos, assim, herdeiros deste excepcional "momento maquiaveliano".

Sobre a "divisão civil" (e suas interpretações)   27

O campo do comentário contemporâneo da obra de Maquiavel está, assim, fortemente marcado pelas balizas sólidas estabelecidas por esses três livros, ainda que seja necessário observar que o trabalho de Skinner alcançou maior visibilidade e inscrição no debate acadêmico (em parte por sua proximidade em relação a certos elementos da ideologia liberal hegemônica), tendo certamente se tornado a referência mais forte (ainda que, muitas vezes, tácita) para a construção da figura atual de nosso Maquiavel republicano. O livro de Pocock, como é compreensível, impactou com grande vigor a empresa de revisão da interpretação do ideário das revoluções modernas, mais que a interrogação do próprio "momento maquiaveliano" ou da obra mesma do autor; já o trabalho extraordinário — inovador e difícil — de Lefort (um autor que, via de regra, é associado ao movimento de reflexão sobre os totalitarismos do século XX) não nos parece ter sido suficientemente acolhido e digerido nestes tempos impregnados pelas evidências do liberalismo. Assim, vemos hoje a exegese dos textos de Maquiavel amplamente orientada pelas balizas e motivos sobretudo da leitura de Quentin Skinner, o que sugere a conveniência de começarmos por assinalar os contornos e dificuldades desta matriz de interpretação para examinarmos, em seguida, as questões abertas pela perspectiva lefortiana.

A MATRIZ SKINNERIANA

Em *As fundações do pensamento político moderno*, ao empreender o exame do trajeto de formação do conceito moderno de Estado, Skinner sinaliza seus pródromos no ideário político desenvolvido entre o final do século XII e o início do XVI, levando-nos a identificar aí o solo (o "vocabulário normativo" e o campo de significações e argumentos) em que se move o discurso vigoroso de Maquiavel. O pensador florentino surge como um legítimo herdeiro — ainda que, sob muitos aspectos, transgressor — das representações políticas e da experiência histórica das comunas independentes do centro e do norte da Itália, como depositário do rico arsenal de ideias (ligado à defesa da liberdade republicana)

28 Rupturas maquiavelianas

que se produziu nessas cidades a partir de fontes diversas: conceitos jurídicos dos glosadores e pós-glosadores do Direito Romano, valores e práticas enraizadas nas artes dos retores medievais, cultivadas depois pelos humanistas dos séculos XIV e XV, e ainda concepções políticas difundidas pelo ensino escolástico, como a própria noção do regime misto — republicano —, que se insinua na linguagem política do início do XVI não só pelas leituras de Cícero e Políbio, mas também por uma cadeia de elos que, passando pelos discípulos dominicanos de Tomás de Aquino, chega a Savonarola e aos debates políticos florentinos.

Skinner certamente sabe que nosso autor não se apropria desta complexa herança de ideias sem rebeldia, que sua obra não se deixa dissolver na "matriz intelectual" que partilha com seus contemporâneos. Como ocorre nos "atos de fala" criativos, ele opera nesta linguagem certas torções, agrega-lhe novos elementos, sendo o mais original, no entender do comentador, a "importância excepcional" por ele conferida ao uso da força e da violência no campo da política ("o papel que a força desempenha na direção dos negócios de governo"),[1] o que adviria de sua visão profundamente pessimista sobre a natureza humana e o levaria ao conhecido preceito de associar às boas leis, boas armas, com o qual fustiga todos os profetas desarmados. Sua obra proporia, assim, uma verdadeira "economia da violência", aplicada não mais apenas aos assuntos externos, mas ainda àqueles internos de Principados e Repúblicas; pois, também estas não estariam imunes aos conflitos e a uma certa violência empenhada no sentido de sua conservação.

Esse acolhimento, por Maquiavel, das manifestações "republicanas" da violência e, mais amplamente, seu elogio aos conflitos civis (associados sempre a paixões intensas e destrutivas: ódio, vingança, inveja, ambição, medo), que "causou horror aos contemporâneos",[2] podem, no entanto, sugere o comentador, ser recebidos sem alarme, uma vez que, na realidade, tais conflitos — e os

---

[1] Quentin Skinner, *As fundações do pensamento político moderno*, São Paulo, Companhia das Letras, 1996, p. 151.

[2] *Idem*, p. 202.

Sobre a "divisão civil" (e suas interpretações)

tumultos que carreiam: agitações, gritarias, correrias — encenam para Maquiavel uma hostilidade politicamente construtiva, cuja violência se modera, e como que se civiliza, quando abrigada por instituições republicanas. Observemos como Skinner compreende o teor destes conflitos e a natureza de suas regulações.

Nos seus "Comentários" às Histórias de Tito Lívio[3] — em que visa explicar as razões e condições do sucesso e da grandeza de Roma, contrastando-os com os desacertos e a corrupção de Florença —, Maquiavel traria à compreensão da forma mista do governo romano (a constituição que teria proporcionado a Roma sua "*grandezza*" e a duração de suas instituições) uma "dramática" mudança de direção "com relação às posições convencionais"[4] sobre a questão. Não se trataria mais aí de uma constituição que viria integrar e equilibrar as várias formas e princípios de governo (à maneira de Políbio) ou conciliar e harmonizar as forças sociais opostas que se confrontam nas cidades (os "Grandes" e o "povo", ricos e pobres), à maneira de Aristóteles.[5] Tratar-se-ia, na perspectiva de Maquiavel, de produzir entre estes polos um equilíbrio tenso, uma relação permanente de mútua desconfiança e vigilância

---

[3] Nicolau Maquiavel, *Discursos sobre a primeira década de Tito Lívio*, São Paulo, Martins Fontes, 2007.

[4] Quentin Skinner, *Maquiavelo*, Madri, Alianza Editorial, 1984, p. 84.

[5] Aristóteles, sabemos, já assinala as categorias "ricos" e "pobres" ("abastados e modestos") como as qualificações das "partes por excelência" das cidades (todos os cidadãos podem ser inscritos nesta oposição, diferentemente de outras classificações), que, assim, determinam as constituições mais comumente encontradas, as oligarquias e as democracias. Os ricos querem bens (que consideram a aspiração universal dos homens) e querem governar (o que lhes permite conservar e aumentar seu patrimônio). Os pobres querem ser livres, querem segurança para viver sua vida como bem entenderem, de modo que postulam — dada a independência de cada um — que todos governem, produzindo, na verdade, um regime de flutuação de vontades e não da busca de um bem comum. Ora, o regime político por excelência, o que visa a produzir uma verdadeira comunidade política (a *politeia*, o regime misto), será justamente o que associa no governo (mediante entendimentos e compromissos) estas partes da cidade, em vista da submissão de seus interesses antagônicos, ao interesse de todos, a própria existência da comunidade em que se efetiva o ser político dos homens.

— instilando, assim, nas próprias instituições a hostilidade e o conflito —, de modo a impedir que cada um dos partidos pudesse impor à cidade seus interesses próprios, suas "escolhas de vida" (seja aquela, dos ricos, determinada por um *éthos* aquisitivo e acumulativo, aquecido pelo desejo de bens, seja a dos pobres, advinda de um *éthos* hedonista e dissipativo, atravessado pelo desejo de prazer). Estaria, portanto, aí o ponto do "desvio" maquiaveliano em relação à tradição. Não se trataria mais para ele de limitar e harmonizar os desejos e humores, de produzir a integração das partes antagônicas da cidade, em vista da sua existência e de uma vida e de um bem comuns aos cidadãos. Aqui não há qualquer suporte antropológico ou metafísico para tal acordo. Afastado o finalismo, a ideia de uma inclinação natural para a vida política e para o Bem e ainda aquela de uma sábia ordenação dos poderes capaz de realizá-los, o caminho seria aquele do equilíbrio tenso e da mútua vigilância dos oponentes, que viria conter simultaneamente a ambição aquisitiva e a arrogância prepotente dos "poucos" e, de outro lado, a libertinagem licenciosa do "grande número", as pulsões que, desimpedidas, levariam ao despotismo e à servidão dos cidadãos ou à desagregação anárquica da cidade, à sua dissolução. Nessa perspectiva, diz Skinner, "ainda que movidas integralmente por seus interesses, as facções [*sic*] se verão levadas como que por uma mão invisível a promover o interesse público em atos legislativos".[6] Entendamos bem: um bom cálculo constitucional produziria o desejado equilíbrio e sustentaria, por dispositivos apropriados, a tensão da mútua vigilância, pela qual se assegura "que apenas se aprovem leis 'que conduzam à liberdade' civil".[7] A cidade, afinal, só poderia durar pela mútua resistência destes "humores", que, irreprimidos, tendem a desandar em tirania ou anarquia.[8]

---

[6] Quentin Skinner, *Maquiavelo, op. cit.*, p. 85.

[7] *Idem, ibidem.*

[8] "Se um partido dos ricos se eleva ao principado, corre-se imediatamente o risco da tirania; se os ricos estabelecem uma forma de governo aristocrático, serão inclinados a governar em interesse próprio; se se estabelece uma democracia, sucederá o mesmo com o povo. Em qualquer caso, o bem comum se

Sobre a "divisão civil" (e suas interpretações)

Os tumultos e desordens constantes observados na história de Roma (que, segundo pensam muitos, teriam levado a cidade à ruína não fosse a *virtù* militar de sua elite e sua boa Fortuna)[9] tornar-se-iam, então, para Maquiavel, atestações desta obstrução mútua benfazeja dos interesses diversos dos grandes e do povo: "Digo que quem condena os tumultos entre os nobres e a plebe parece censurar as coisas que foram a causa primeira da liberdade de Roma e considerar mais as correrias e gritarias que nasciam de tais tumultos do que os bons efeitos que geravam".[10] Tendo isto em vista, o comentador conclui, em tom elevado, que Maquiavel "sustenta que o preço da liberdade é a constante vigilância",[11] e que faz desta vigilância a manifestação maior da virtude cívica. O equilíbrio tenso promovido pelas boas ordenações constitucionais e as decorrentes "desordens", tumultos e conflitos abririam espaço entre os dois grupos (as duas "facções", no dizer de Skinner) para a criação das leis portadoras do bem comum.[12]

Mas o que entender aqui por "bem comum"? Entre o desejo de bens e de poder dos grandes e o desejo licencioso que, na trilha da tradição, é atribuído ao povo, que bem lhes poderia ser comum?

---

subordinará à lealdade das facções, com o resultado de que a *virtù* e, consequentemente, a liberdade da república se verão muito depressa abandonadas" (*idem, ibidem*).

[9] Cf. Maquiavel, *Discursos sobre a primeira década de Tito Lívio, op. cit.,* p. 21.

[10] *Idem*, p. 22.

[11] Quentin Skinner, *Maquiavelo, op. cit.,* p. 87.

[12] Na perspectiva de Skinner, a "solução" maquiaveliana (para a produção da *virtù* e da *grandezza* da cidade) seria ainda a reiteração da antiga fórmula da "constituição mista": o ordenamento constitucional que associa os humores popular e aristocrático, mantendo, porém, sua oposição num estado de vigilância mútua, de forma a produzir, entre as pulsões e escolhas de vida das duas "facções", leis que impediriam o arbítrio, a dominação de alguns. Mas, aqui, estamos já na modernidade. Não há mais, portanto, a produção de um "comum", a realização do ser político dos homens, mas apenas uma acomodação mútua (em tensão), que propicia a necessária convivência e a preservação da liberdade de todos pelas leis.

Skinner nos faz entender que este bem maior é, afinal, a liberdade de todos, a vida em comum sob leis, que contêm as pulsões de desordem que movem os adversários; enfim, a "liberdade cívica", isto é, a ausência de interferência arbitrária de outros nos fins visados por cada um: a ausência de dominação. Não importa, no que diz respeito a esse espaço comum que constitui a *Libertà* (como Maquiavel, justamente, denomina a constituição republicana), a heterogeneidade dos interesses e fins visados por cada um destes grupos sociais rivais; eles desejam ambos, em primeiro lugar e fundamentalmente, ser livres para realizar seus fins próprios, suas "escolhas de vida", ou seja, viver sua vida como a entendem, sem dominação e opressão. Desse modo, o verdadeiro bem comum seria a própria Liberdade, a vida sob leis — sempre ameaçada, externamente por potências estrangeiras e internamente pelas "pragas ínsitas", como diria Políbio, da tirania e da licença, produzidas pelos desejos rivais de dominar, dos grandes, e de não ser dominado, do povo.

Se observarmos com atenção, verificaremos que este paradigma de leitura de Maquiavel, com certas inflexões, pode ser identificado em vários outros comentadores contemporâneos. Alguns se incumbem de enfatizar e desenvolver seus elementos propriamente republicanos — o caso conhecido do trabalho de Maurizio Viroli —, outros, um pouco mais distanciados, buscam, como veremos, radicalizar a compreensão da operação política em questão. O livro de Viroli diretamente dedicado à exegese da obra de nosso autor — seu *Machiavelli*, publicado em 1998 — procura acentuar nela os ideais republicanos (a rejeição de toda dependência pessoal, garantida por um governo de leis; a boa ordenação constitucional; a livre expressão dos cidadãos; sua necessária participação nas deliberações públicas) e o registro retórico da obra (sua visada prática, a atenção dada às paixões individuais e coletivas, o interesse pela história), mantendo-se, entretanto, no horizonte da leitura de Skinner, ainda que com a emenda de certos de seus traços. Ele procura mostrar — contra Pocock — que o republicanismo de Maquiavel não encontra seu foco na valorização da virtude do cidadão-soldado, no valor militar e na devoção ao bem público, e

Sobre a "divisão civil" (e suas interpretações)   33

sim na noção do *vivere politico e civile*, ou seja, na defesa da liberdade política, entendida como ausência de dependência pessoal sob um governo de leis, proporcionadas, estas, à cidade por boas instituições (o regime de governo que, evitando a expressão "regime misto", da tradição, ele chama "popular").

Segundo Viroli, o regime republicano — regime popular, governo de muitos — é aquele que reconhece aos diversos componentes da cidade seu lugar adequado no governo e que se mostra, assim, capaz de satisfazer (em alguma medida) e integrar em um "comum" a diversidade dos humores que a habitam.[13] Maquiavel observaria que em Roma, a cidade paradigmática, nobres e povo associam-se no governo (pois o povo romano compartilha o poder com os nobres) enquanto em Florença, observa, o povo "quer estar só no governo",[14] quer excluir a nobreza, o que leva os conflitos a se degenerarem em lutas que terminam não em acordos e leis, como em Roma, mas em vencedores e vencidos ("exílios e mortes de muitos cidadãos").[15] O regime republicano seria, dessa forma, o regime de governo inclusivo, capaz de dar espaço institucional para a expressão e satisfação dos humores dos grandes e do povo (os "homens comuns", os populares), seria aquele regime capaz de abranger e "conter" a vida da cidade, impedindo sua corrupção pela licença ou pelo despotismo.[16] Como se pode notar, já não se

---

[13] "In the *Discourses* Machiavelli praises social conflict between the people and the nobles in Rome as a major cause of the preservation of liberty. Those conflicts, he remarks, led to laws and statutes in favor of public liberty — that is, laws that satisfied, at least to some extent, the people's and nobles' interests" (M. Viroli, *Machiavelli*, Oxford, Oxford University Press, 1998, p. 126).

[14] Maquiavel, *Tutte le opere*, Mario Martelli (org.), Florença, Sansoni, 1971, *Istorie* III, p. 690^2.

[15] *Idem, ibidem.*

[16] "As he clarifies in the *Florentines Histories*, a city can be said to be free ("si può chiamar libera") if it has good laws and good orders which restrain the bad humours of both the nobles and the people — that is the desire of former not to be subject either to the laws or to men, and the licence of the later" (M. Viroli, *idem*, p. 128). Buscaremos mostrar mais adiante a dificuldade de compatibilizar estas observações com os textos alegados.

trata tanto, aqui, como em Skinner, de insistir sobre a vigilância mútua que preserva a liberdade de cada um; mas, sobretudo, de frisar a necessária moderação dos apetites, de modo a compor um bem comum à cidade, um espaço de vida civil e política, circunscrito pelas leis: "As repúblicas livres" — diz o comentador — "devem estar aptas a moderar as paixões e os desejos dos cidadãos, de modo que não transgridam os limites das leis civis".[17] Ele vê neste regime a presença de um bem comum mais espesso que a garantia das liberdades e "escolhas de vida" ressaltadas, liberalmente, por Skinner; enfatiza a existência de um "comum", decantado gradativamente como senso moral e do direito, de decência e decoro, que viria constituir a "virtude civil" e a produzir o apego dos cidadãos à comunidade, insuflando neles o ideal republicano do amor à pátria,[18] da fraternidade e do entendimento.

O empenho maior de Viroli concentra-se, seguramente, no seu intento de mostrar o compromisso de Maquiavel com um "governo de leis", o fundamento da liberdade política e da virtude cívica. A base do *vivere civile* seria o "princípio da legalidade": uma vida em comum, governada por leis gerais (aplicáveis a todas as situações do mesmo tipo) e imparciais (aplicáveis, sem exceção, a todos os indivíduos), civiliza os homens, naturalmente egoístas e maus. O freio das leis os coloca na direção do bem comum; leva--os a servir aos interesses da cidade e os torna bons: "[...] os homens" — diz Maquiavel — "nunca fazem bem algum senão por necessidade; [...] por isso se diz que a fome e a pobreza tornam os homens industriosos e que as leis os tornam bons".[19] Assim, se para ele a república é o melhor regime, é por ser o mais apto a as-

---

[17] *Idem, ibidem.*

[18] "A virtude civil: este é o verdadeiro significado do ideal republicano do amor à pátria", em Norberto Bobbio e Maurizio Viroli, *Diálogos em torno da República*, Rio de Janeiro, Campus, 2002, p. 19). O diálogo de Bobbio e Viroli é de grande interesse para aclarar a natureza do republicanismo de Viroli e também sua leitura de Maquiavel. No mesmo sentido, se lerá com utilidade seu *Republicanism* (tradução de Antony Shugaar, Nova York, Hill and Wang, 1999).

[19] Maquiavel, *Discursos sobre a primeira década de Tito Lívio, op. cit.*, p. 20.

Sobre a "divisão civil" (e suas interpretações)

segurar este império da lei. Monarquias e principados em geral, mesmo quando constitucionais (providos de *"ordini e leggi"* obedecidas também pelo próprio soberano, como no caso da França, visitada duas vezes, em missões diplomáticas, pelo Secretário florentino) e, portanto, capazes de garantir a segurança do povo contra o arbítrio, não proporcionam aos súditos instrumentos suficientes para impedir que o monarca viole as leis e sirva aos seus interesses próprios e não ao interesse comum. Só a república garante de modo eminente o império da lei, a liberdade e também a virtude, em suas expressões maiores. Ademais, para Maquiavel — o intérprete o lembra com o apoio dos textos[20] — o regime popular propicia deliberações mais integradoras e mais amplas, diminuindo o peso dos interesses privados; incentiva a livre expressão dos cidadãos; aumenta as chances de que os mais altos postos da república sejam preenchidos pelos mais capazes, mais distintos e honrados.

No entanto, diante dessa integração civil "constitucional" e do enquadramento legal dos humores e desejos diversos presentes na cidade, como entender, agora, o elogio dos tumultos e dos conflitos ("extraordinários") entre os grandes e o povo a que Maquiavel dá tanta ênfase (e em termos quase idênticos em cada uma de suas grandes obras políticas)? Viroli, em primeiro lugar, assinala que é preciso observar que não encontramos no autor um elogio genérico dos conflitos: são saudados apenas aqueles que resultam em leis, aqueles ocorridos, portanto, dentro dos limites da vida constitucional e das instituições civis, os que respeitam, enfim, de maneira inflexível, as exigências da legalidade, que se resolvem, nos termos mesmos de Maquiavel, "disputando" (subordinados, pois, às *"ordini e leggi"*) e não "combatendo".[21] A "natural inimizade" existente entre o povo e os nobres, quando civilizada pe-

---

[20] Cf. M. Viroli, *Machiavelli, op. cit.*, pp. 128-9.

[21] O texto que vem respaldar o argumento é bastante conhecido: "As graves e naturais inimizades que existem entre os populares e os nobres [...], que mantêm Roma desunida [...] e que mantiveram Florença dividida, produziram em uma e outra cidade efeitos diversos; pois, as inimizades que houve no princípio em Roma entre o povo e os nobres definiam-se disputando, as de Florença,

las instituições, é "a causa maior da preservação da liberdade", diz Viroli;[22] porém, quando rompe *"the rule of law"*, compromete este espaço de Liberdade ou produz sua ruína. Tal hostilidade, como já anotado por Skinner, se canalizada pelas instituições e contida pelas leis, evita a servidão da cidade aos interesses dos grandes e sua corrupção pelas pulsões licenciosas da plebe; visto que, Viroli também o assegura, enquanto o governo exclusivo dos nobres, *"ministri della servitu"*, aponta na direção da tirania, o governo exclusivo do povo, *"ministri della licenza"*, deságua na dissolução dos vínculos políticos. Florença, oscilando entre o domínio de uns e de outros, dos grandes e da plebe, não oscila, pois, como se pensa, entre Servidão e Liberdade, mas entre Servidão e Licença.[23]

No comentário aqui proposto, como se vê, é possível identificar ainda os traços principais do que nos permitimos chamar "matriz skinneriana": a exigência de uma composição constitucional sábia capaz de equilibrar forças sociais movidas por pulsões contrárias (e também contrárias, ambas, ao *"vivere politico e civile"*) e a ideia de que estas *"buone ordini"* permitem a produção de leis que servem aos interesses comuns. Certamente, não se pode esquecer que a leitura de Viroli ganha toda sua originalidade ao assinalar em Maquiavel uma vigorosa presença dos grandes temas da tradição republicana. Pois, o comentador não salienta apenas, incisivamente, o compromisso do autor com *"the rule of law"* ("his advocacy of the rule of law is the core of his republicanism"),[24] com a mais inflexível legalidade, mas ainda com o caráter civil (e civilizado) dos conflitos; com a defesa da ampla participação dos cidadãos na vida política (um *governo largo*); com a valorização da virtude cívica pelo apelo ao patriotismo (de teor político).[25] É bem verdade que o crédito dado por ele à contenção

---

combatendo; as de Roma terminavam com uma lei, as de Florença com o exílio e a morte de muitos cidadãos" (*Machiavelli, op. cit.*, 1971, *Istorie* III, p. 690[1]).

[22] M. Viroli, *Machiavelli, op. cit.*, p. 126.

[23] Cf. Maquiavel, *Tutte le opere, op. cit.*, *Istorie* IV, p. 715[2].

[24] M. Viroli, *Machiavelli, op. cit.*, pp. 146-7.

[25] É preciso insistir em que Viroli, colocando-se no horizonte da interpre-

Sobre a "divisão civil" (e suas interpretações)

legal dos conflitos e à estrita vigência da legalidade leva-nos a lembrar o diagnóstico, formulado por Marie Gaille-Nikodimov acerca da interpretação dada por Skinner ao tema da divisão civil: "Ele não ignorou a importância da teoria [...], mas lhe dá uma interpretação demasiadamente irênica"[26] — demasiadamente confiante talvez no poder das constituições e das leis, elas mesmas, ininterruptamente, objetos de conflito. Transformar tais conflitos em tensões civis (e civilizadas), enquadradas e limitadas pelas imposições constitucionais e legais, é obscurecer seu caráter frequentemente tumultuário e, acima de tudo, afirma a comentadora, esquecer que grande parte destes tumultos se classifica, segundo Maquiavel, na categoria dos "procedimentos extraordinários", extralegais. O caso paradigmático é justamente aquele da instituição do Tribunato romano, em que a plebe se retira para o Aventino para obter representação institucional. Assim, insistindo nestas formas extraordinárias da vazão do humor popular, Marie Gaille completa, com razão: "Mesmo quando [o povo] obtém estatuto institucional, ele continua a tomar esse caminho, visto que reivindica sempre mais do que obteve".[27] O desejo popular é intratável e insaciável.

Permaneçamos, porém, nesse terreno do conflito civil para examinarmos outro comentário, também de índole skinneriana, que se empenha em aprofundar a compreensão de sua natureza e, sobretudo, da sua dinâmica própria. José Luiz Ames,[28] do mesmo

---

tação de Skinner, enfatiza, no entanto, mais que a ideia da liberdade de todos para a realização de suas "escolhas de vida" (que também nele está presente — cf. Viroli, *idem*, p. 128, entre outros), aquela da integração dos interesses (e sua satisfação limitada) em um interesse comum da cidade, um bem comum. Para servir-nos de uma problemática classificação do ideário político, ele faria pesar em sua interpretação um pouco mais a fisionomia "comunitarista" que a liberal.

[26] M. Gaille-Nikodimov, *Conflit civil et liberté: la politique machiavélienne entre histoire et médecine*, Paris, Honoré Champion, 2004, p. 181.

[27] *Idem*, p. 182.

[28] José Luiz Ames, "Liberdade e conflito: o confronto dos desejos como fundamento da ideia de liberdade em Maquiavel", em *Kriterion*, n° 119, 2009.

modo que Marie Gaille-Nikodimov,[29] compreende bem que a oposição Grandes/povo não se refere propriamente, como entre os Antigos, a *"partes"* — fundamentais — da cidade (determinadas por um *éthos* ou um interesse específico, próprio de um estrato socioeconômico da população), e sim a "partidos", constituídos por "humores" antagônicos; menos movidos, pois, por interesses que por paixões (não só as aquisitivas — cupidez, ambição —, mas ainda outras, como insolência, ressentimento, temor, ódio, desejo de vingança) e imediatamente empenhados na dinâmica de um enfrentamento político. Retomando as considerações de Sfez,[30] Ames nos lembra que é preciso distinguir esse conflito grandes/povo de um outro tipo de conflito "característico da condição humana em geral, o qual se inscreve, como sustenta Sfez,[31] 'num desejo comum de levar vantagem sobre seu próximo, segundo a lógica da apropriação'".[32] Não se trata, portanto, do conflito generalizado por riquezas, honras, poder, ou daquela rivalidade contínua desencadeada pelos apetites humanos egoístas e insaciáveis, que Maquiavel também conhece e que o levam a recomendar ao legislador "pressupor que todos os homens são maus e que usarão a malignidade de seu ânimo sempre que para tanto tiverem ocasião",[33] ou ainda a asseverar que "são ingratos, inconstantes, simulados e dissimulados, arredios aos perigos, e ávidos do lucro...".[34] Trata-se de uma relação propriamente política (referida a "classes"), na qual "ao desejo desmesurado dos grandes de apropriação/dominação absoluta opõe-se um desejo não menos desmesurado e absoluto do povo de não o ser, de não ser dominado, nem dominar";[35]

---

[29] Cf. Gaille-Nikodimov, *Conflit civil et liberté*, *op. cit.*

[30] Gérald Sfez, *Machiavel, la politique du moindre mal*, Paris, PUF, 1999.

[31] *Idem*, p. 173.

[32] Ames, "Liberdade e conflito", *op. cit.*, p. 184.

[33] Maquiavel, *Discursos sobre a primeira década de Tito Lívio*, *op. cit.*, p. 20.

[34] Maquiavel, *O Príncipe*, São Paulo, Editora 34, 2017, p. 193.

[35] Ames, "Liberdade e conflito", *op. cit.*, p. 184.

Sobre a "divisão civil" (e suas interpretações)

enfim, mais diretamente: desejo de comandar (de poder e de bens) por parte dos grandes e de liberdade por parte do povo, em enfrentamento político.

Como se vê nesses enunciados, mais do que explorar o teor desses desejos, interessa a Ames perscrutar a dinâmica da sua oposição, tendo em vista, sobretudo, a natureza desmedida desses "desejos", dessas pulsões. O desejo dos grandes, voltado para as riquezas e o poder, manifesta-se no ímpeto progressivo de tudo possuir e a todos dominar, e permanecer no topo, sem rivais — o que aponta para a tirania. De seu lado, o desejo do povo de não ser comandado e oprimido pelos grandes mostrar-se-ia, como vimos, igualmente desmedido, e mais ainda que o dos grandes, dado não suportar graus ou meias medidas. Ele se afirmaria no absoluto, visando ao "não-poder"; visaria a uma liberdade sem qualquer constrangimento ou limite, sem bordas, anárquica. Assim, como recusa absoluta de todo poder, aversão a qualquer comando, o humor popular revelar-se-ia simétrico ao desejo absoluto de poder dos grandes e apontaria, portanto, para a supressão do oponente; teria como alvo a eliminação dos grandes, vocacionados para o domínio. Da mesma maneira, também simetricamente, os grandes visariam à anulação da pulsão desejante do povo, de modo a concentrar a agência da cidade nas próprias mãos, sob seu domínio. Entre estes extremos — entre Cila e Caribde — a cidade só poderia existir (e a vida política durar), assinala o comentador, enquanto se impede a realização (a per-facção) desses desejos, por sua mútua obstrução (como em Skinner), enquanto forem mutuamente represados os impulsos antipolíticos inscritos nesses polos antitéticos. Entre tirania e anarquia, alguma liberdade propriamente política só seria possível na medida em que grandes e povo consigam barrar a efetivação do desejo oposto de impor-se, o desejo de "governar sozinho", na medida em que se mantém ativa a rivalidade que impede a corrupção da cidade.

Ora, se também aqui, da mesma forma que em Skinner, a tensão e os conflitos entre esses polos das relações políticas surgem como benéficos, e necessários, para a conservação da vida coletiva, o que nos levaria ao contraste entre uma leitura tão apaziguadora, afinal, da obra do florentino, conforme a proposta pelo comentador inglês, e aquelas "conclusões perturbadoras"[36] a que nos conduzem as considerações de José Luiz Ames, sendo que suas balizas parecem tão próximas? Se examinarmos bem, certamente poderemos perceber que de um caminho para o outro há apenas um pequeno desvio: Skinner (como também Viroli) apreende os desejos de grandes e povo apenas enquanto diversos (desejo de honras e bens em oposição ao desejo de prazer — duas pulsões diversas, segundo a psicologia moral dos Antigos; duas "escolhas de vida", segundo nossos liberais modernos); já Ames, de maneira mais consonante com a expressão do texto maquiaveliano, os entende como efetivamente contrários — o objeto mesmo da aspiração de uns é negado pela aspiração dos outros: desejo de dominar e de não ser dominado. Vivem, pois, um do outro, ou um pelo outro e "não podem ser saciados conjuntamente".[37] Não há, portanto, entre eles composição possível, nem mesmo aquela do "bem comum" da liberdade de todos para realizar suas "escolhas de vida" (como faz ver a terceira das "conclusões perturbadoras" propostas pelo comentador).[38] São movidos ambos pelo ódio mútuo, pelo empenho na destruição ou anulação de seu inimigo político.

O leitor perceberá que há, efetivamente, algo de perturbador neste Maquiavel revelado por Ames. Logo entenderá que mesmo no que se refere ao regime republicano o comentador não se desvencilharia de uma compreensão das instituições políticas como aparatos do poder e da força dos grandes — ainda que sempre limitados, em alguma medida, pela atividade da pulsão popular negativa —, empregados no sentido de barrar a tendência anárquica da plebe de viver sem comando.[39] Por isso o comentador adverte, na primeira e mais "perturbadora" de suas conclusões, que "a dominação [dos grandes, certamente] [...] é inevitável e, em certa me-

---

[36] *Idem*, p. 193.

[37] *Idem*, p. 183.

[38] Cf. *idem*, p. 194.

[39] "[...] a liberdade absoluta" — diz Ames — "coincide com a anarquia plena, pois pressupõe a ausência de toda ordem fundada na coação e, assim, abre caminho à tirania" (*idem*, p. 189).

Sobre a "divisão civil" (e suas interpretações)

dida, até mesmo desejável",[40] visto que o humor anárquico do povo precisa sempre encontrar alguma resistência advinda da pulsão de dominação dos grandes, sob pena de dissolução da cidade. O potencial dissolvente da pulsão popular como que incita (e mesmo legitima) o poder dos grandes em seu exercício opositivo e repressivo, em benefício da existência de alguma ordem. Não se pode, assim, prescindir do poder dos grandes, movido pela pulsão, em alguma medida necessária, para a riqueza e o comando. Justamente por isso é preciso, então, "abandonar toda utopia",[41] mesmo a republicana, convém dizer. É preciso abandonar qualquer ideia de bem comum ou de universalidade, qualquer ideia de cidade livre governada por leis, como referência e paradigma da ordem política. Não há mais lugar sequer para a "Razão" (calculadora) de um legislador (responsável por equilibrar e manter tensa a oposição das partes da cidade), como não há também qualquer fiador do "universal" ou qualquer ancoragem para um "Direito". Aqui o poder se manifesta sempre como força; requer apenas ser limitado por seu opositor, inerentemente inapto para o governo. O desejo de comando e a opressão (de alguns poucos) revelam-se, afinal, mais benéficos à cidade que a aspiração (do grande número) pela "liberdade". Não haveria mais propriamente um poder da Lei, apenas a força da dominação dos grandes (desejável esta, enfatizamos, desde que limitada pela resistência do desejo popular, tendencialmente anárquico). Na verdade, o princípio da ordem fica do lado dos grandes; são eles os verdadeiros guardiães de alguma liberdade, da produção e conservação de alguma vida civil.

A MATRIZ LEFORTIANA

Claude Lefort, por seu lado, vem marcar uma ruptura decisiva no campo do comentário da obra de Maquiavel, particularmente nesta questão capital da natureza dos humores que se en-

---

[40] *Idem*, p. 193.
[41] *Idem, ibidem.*

frentam na cena política. Em seu comentário dos capítulos iniciais dos *Discursos* — os textos que se supõe constituírem o anunciado "tratado sobre as Repúblicas"[42] —, ele nos mostra de maneira contundente que Maquiavel se afasta das teorias tradicionais relativas aos regimes políticos, bem como da ideia da excelência do "governo misto" republicano, para revelar a operação de uma lógica da ordem política, determinada pela divisão civil. Estas páginas promoveriam, segundo assinala, três deslocamentos decisivos para a história do pensamento político, sendo o primeiro deles, justamente, esta ruptura com a longa tradição da busca pela "melhor constituição", atribuída à ciência de um sábio legislador, que sempre teve em Licurgo seu paradigma. Sobre Roma, Maquiavel mostraria que a *grandezza* e a duração da República não teriam advindo da inteligência de um fundador, isto é, da perfeição das ordenações produzidas na sua origem, mas que sua constituição se aperfeiçoou ao longo do tempo, pelo acolhimento da divisão civil: "Se faltou a Roma um Licurgo que no princípio a ordenasse de tal modo que pudesse viver livre por longo tempo [...], o que não fora feito por um ordenador foi feito pelo acaso", diz Maquiavel.[43] "Eventos felizes" beneficiaram Roma; sua perfeição ela a deveu "ao favor dos acontecimentos".[44] Assim, o caso exemplar romano vem demonstrar que as boas "*ordini e leggi*" produzem--se (ou não) na história de um povo através dos acontecimentos desencadeados pelos conflitos de classe: "a desunião que reinava entre o Senado e o Povo produziu em seu favor o que a lei não havia previsto".[45] Desse modo, Maquiavel passaria da referência tradicional à sabedoria constitucional de um legislador e da conside-

---

[42] Maquiavel, como sabemos, refere-se a este tratado no início do segundo capítulo do *Príncipe*: "Deixarei de lado o discutir as repúblicas, visto que já outra vez discuti longamente sobre isso. Voltar-me-ei só para o principado [...]" (Maquiavel, *O Príncipe, op. cit.*, p. 93).

[43] *Idem*, p. 18.

[44] Cf. Claude Lefort, "Machiavel et la *verità effettuale*", em *Écrire, à l'épreuve du politique*, Paris, Calmann-Lévy, 1992, p. 144.

[45] *Idem*, p. 164.

Sobre a "divisão civil" (e suas interpretações)   43

ração da forma dos regimes à alegação dos acidentes da história e das relações de classe, em busca da decifração da lógica de seus conflitos — e de seus efeitos possíveis. Nas palavras de Lefort (no momento em que observa essa operação em sua leitura do capítulo 9 do *Príncipe*): "Maquiavel abandona espetacularmente as classificações tradicionais dos regimes para considerar apenas a maneira como se resolve a luta de classes".[46]

O comentador aponta ainda dois outros deslocamentos surpreendentes nas páginas iniciais dos *Discursos*. A passagem da representação, bem estabelecida, da nobreza (romana), como sábia, virtuosa e, portanto, apta para o governo da cidade, para aquela de uma elite cúpida, gananciosa e soberba, inimiga da plebe e danosa à ordem política. E, mais ainda (vindo aqui a ruptura mais inovadora e decisiva), a rejeição da representação tradicional do povo, como determinado pelo desejo dissipativo de prazer — e, assim, como tumultuário, volúvel e anárquico —, para apresentá-lo agora como promotor das leis e guardião da liberdade republicana: "Os desejos dos povos livres raramente são perniciosos à liberdade, porque é a opressão que os faz nascer ou a suspeita de que haverá opressão", diz Maquiavel,[47] que nos leva a identificar na atividade do povo a origem e o fundamento de toda ordem propriamente política. Esta nova compreensão do caráter negativo da pulsão popular é o ponto crucial: ela é o ponto de partida de todas as rupturas promovidas pelo pensamento de Maquiavel.[48] O desejo de não ser comandado e oprimido é agora impulso para a liberdade, para a busca de uma vida segura sob a proteção de um Príncipe (não de um déspota ou tirano), nos principados (políticos), ou sob o manto das leis, nas repúblicas — tendo-se em conta

---

[46] Claude Lefort, *Le travail de l'oeuvre Machiavel*, Paris, Éditions Gallimard, 1972, p. 381. Ver Parte II, cap. 2.

[47] Maquiavel, *Discursos sobre a primeira década de Tito Lívio, op. cit.*, p. 23.

[48] Cf. Claude Lefort, "Préface", em Machiavel, *Discours sur la première décade de Tite-Live*, Paris, Berger-Levrault, 1980, p. 10.

que esta potência fundadora, negativa, não aspira (e não é apta) a ocupar ela própria o lugar do poder.[49] O afastamento de Maquiavel do horizonte das representações e convicções estabelecidas surge, assim, como patente. A transformação revela-se total: a maldade, associada à insaciabilidade dos apetites e às paixões, é agora remetida aos nobres, aos Grandes, antes reverenciados por sua excelência intelectual e moral; a pulsão para a vida livre, sob instituições e leis, é atribuída ao povo, tido anteriormente por anárquico, por habitado pelo desejo desregrado e caprichoso de prazer, avesso a toda ordem política. O pensador se desvencilha, portanto, das antigas representações relativas às "partes da cidade", fundadas em categorias psicossociais ou morais (referidas ao movimento das paixões), passando a representá-las como figuras definidas, fundamentalmente, no seu enfrentamento político: "[...] o que faz que os Grandes sejam Grandes e o povo seja povo não é o fato de que tenham, por sua fortuna, por seus costumes ou sua função, um estatuto distinto, associado a interesses específicos e divergentes; é o fato, Maquiavel o diz sem rodeios, de que uns desejam comandar e oprimir e os outros não o ser".[50] Tais categorias — grandes e povo — não nos remetem, pois, a entidades empíricas ou a realidades psicológicas ou sociológicas; elas nos remetem aos embates políticos, à relação essencial de oposição entre desejos, aquele de comandar e oprimir (associado ao desejo de bens, ao desejo de ter) e aquele de não ser comandado e oprimido (desejo de ser,[51] de liberdade, sob a proteção das leis), o elemento fundante de uma ordem verdadeiramente política. É verdade que a pulsão dos grandes, dirigida aos bens e riquezas, pode indicar alguma positividade que se veja alheia à encenação política, mas a pulsão popular, dada sua natureza negativa, não pode ser concebida senão na, e pela, atividade insta-

---

[49] Cf. Lefort, *Le travail de l'oeuvre Machiavel*, *op. cit.*, p. 387.

[50] *Idem*, p. 382.

[51] Diz Lefort: "[...] em sua essência, ele é negatividade pura, recusa da opressão, desejo de ser e não de ter" ("Machiavel et la *verità effettuale*", *op. cit.*, p. 144).

da por sua repulsa à opressão: "o próprio desejo de liberdade" — diz Lefort — "está na dependência das excitações do apetite e da agressão".[52] O povo só alcança efetividade no movimento de negação, no interior da dinâmica política.

Lefort nos faz, portanto, considerar o que há de mais inovador, e mesmo revolucionário, no pensamento de Maquiavel: a ideia de que a ordem não se separa da desordem dos conflitos civis que dilaceram a sociedade; a ideia decorrente de que não há constituição perfeita, acabada, e de que toda comunidade "recobre um rompimento" ("não há possibilidade para o Estado de reduzir a sociedade à unidade")[53] entre "humores" de natureza contrária, que politicamente se definem em oposição, que se replicam, na forma do positivo (desejo de bens e de poder) e do negativo (desejo de Lei e de liberdade); e a ideia, enfim, de que o domínio do público "[...] funda-se sobre o desejo de não ser oprimido, que, apropriadamente, pertence ao povo".[54] Desejo "puramente negativo", "sem objeto",[55] esse do povo, insiste o comentador, que, em outra passagem, se expressa de modo ainda mais contundente: os interesses do povo, diz, "reduzindo-se, em última análise à recusa do comando e da opressão, não comportam nenhuma definição em termos positivos".[56] Desse modo, como se vê, permanece a questão de como compreender a operação deste humor popular e seu papel fundamental na produção de uma ordem política positiva.

É com razão que o comentador enfatiza o caráter "humoral" desta polaridade grandes/povo, o que nos faz compreender que esses desejos não se referem apenas a objetos determinados: eles se referem a pulsões coletivas permanentes; ao se voltarem para alvos

---

[52] *Le travail de l'oeuvre Machiavel, op. cit.*

[53] *Idem*, pp. 381-2.

[54] *Idem*, pp. 484-5. A passagem citada continua: "Seul ce désir — qui tient en respect la puissance des particuliers, celle des Grands dont l'existence se définit par une appropriation —, est en effet de nature à ouvrir dans la société un espace public [...], l'espace anonyme de l'institution" (*idem*, p. 485).

[55] *Idem*, p. 477.

[56] *Idem*, p. 384.

ou objetos específicos, esses desejos são continuamente sobredeterminados pela rivalidade e inimizade "de classe". As oposições pontuais, incidentais, históricas, são sempre, assim, dubladas por algo que as excede,[57] investidas que são por motivações e paixões de interesse político[58] — soberba, arrogância, prepotência, insolência, orgulho, ambição, do lado dos grandes; ódio, humilhação, ressentimento, indignação, cólera, inveja, medo, do lado do povo. Os conflitos pontuais são investidos pelo desejo de anulação do desejo adverso, de aniquilação de seu outro: desejo popular de supressão dos grandes, mediante a equalização promovida pelas leis, e desejo aristocrático de anulação da oposição popular, seja pelo enredamento do povo nas suas rivalidades facciosas, seja por sua condução à passividade. É verdade que a compreensão deste caráter humoral e "de classe" da oposição não nos permite ainda compreender plena e adequadamente a atividade do desejo popular, mormente a atuação desta pulsão, puramente negativa, na produção das leis e instituições civis — o que, certamente, é preciso compreender, se consideramos tal pulsão negativa como fundamento da ordem política. Enfim, é necessário entender como, a partir de sua origem no desejo de liberdade, as "ordini e leggi" positivas, efetivas, se estabelecem e se conservam nas repúblicas.[59] Mas, como veremos em seguida, não é tarefa fácil explicar o surgimento das leis quando se concede a uma "negatividade pura" o lugar do

---

[57] "Aussi bien dans ce qui apparaît au premier regard comme déchaînainement de la passion populaire, agression contre l'État, 'modi straordinarii e quasi efferati', devons-nous lire un autre excès, celui du désir sur l'appétit, seul de nature à fonder l'excès de la loi sur l'ordre de fait de la cité" (*idem*, p. 477).

[58] "Celui-ci (le désir du peuple) est travaillé par des humeurs qui le disposent à l'agression, en même temps qu'il est excité par l'agression des Grands à lutter pour la liberté. En ce sens il est vrai que le corps politique est dans toutes ses parties en effervescence et que tous ses membres sont suscetibles de projeter sur la figure d'un adversaire la haine de classe qui les habite" (*idem*, pp. 482-3).

[59] Como diz nosso leitor dos *Discursos*, "é no espaço da sociedade política que convém interrogar a origem da lei e, ao mesmo tempo, as condições nas quais ela se faz e se desfaz" (*idem*, p. 473) nas cidades.

Sobre a "divisão civil" (e suas interpretações)

fundamento da ordem política. Há, pois, um caminho a percorrer nesta trilha tão audaciosamente aberta por Claude Lefort.

Entre os comentadores que enfrentam o desafio de pensar esta questão, podemos destacar o trabalho de Helton Adverse, que também nos propõe um trajeto crítico bastante perspicaz como ponto de partida de suas considerações e de sua exegese dos textos pertinentes. Em um artigo bem conhecido entre nós,[60] ele começa por se afastar da interpretação proposta por Harvey Mansfield[61] e também daquela de Gérald Sfez[62] — que, entretanto, parte expressamente dos marcos estabelecidos pela leitura lefortiana quanto ao caráter universal e indeterminado do desejo popular —, alinhadas, ambas, à longa tradição da reflexão política fixada na tese da passividade do povo.[63] Estes comentadores, diz Adverse, promovem o "esvaziamento do desejo do povo de todo conteúdo político",[64] assinalando sua inteira exclusão do espaço próprio da ação e sua inteira incapacidade para a produção de leis e do governo: "o povo não deseja governar e quando parece governar está sendo manipulado por seus líderes", diz Mansfield;[65] "o povo não quer saber nada de poder, não se ocupa das condições necessárias para o estabelecimento da não opressão", observa Sfez.[66] Excluído, enfim, de toda produtividade histórico-política, um povo só se constituiria mediante a direção e governo dos grandes: "uma vez que não pode governar, todo regime é sempre o do governo de um príncipe ou de príncipes", completa Mansfield.

---

[60] Helton Adverse, "Maquiavel, a República e o desejo de liberdade", em *Trans/Form/Ação*, vol. 30, n° 2, 2007.

[61] Harvey Mansfield, *Machiavelli's Virtue*, Chicago, The University of Chicago Press, 1996.

[62] Gérald Sfez, *Machiavel, la politique du moindre mal, op. cit.*

[63] Cf. Adverse, "Maquiavel, a República e o desejo de liberdade", *op. cit.*, p. 36.

[64] *Idem, ibidem.*

[65] Harvey Mansfield, *Machiavelli's Virtue, op. cit.*, p. 237.

[66] *Machiavel, la politique du moindre mal, op. cit.*, p. 182.

Ora, os textos de Maquiavel, evidentemente, não parecem a Adverse corroborar essa ideia de um humor popular "desprovido de conteúdo político".[67] É patente, por exemplo, o apego dos povos livres ao seu modo de vida, à vida sob leis (desde que acostumados a viver sem senhor, rejeitam as tentativas de dominação de um príncipe, rebelam-se e resistem), o que os mostra como determinantes para a configuração e sustentação de suas instituições.

Há ainda a reiterada afirmação do papel político dos tumultos populares, como aqueles, paradigmáticos, que levaram à criação dos tribunos romanos (o movimento que "obrigou os grandes a reconhecer a plebe como sujeito político", diz Adverse)[68] e, por fim — o testemunho mais eloquente —, a atribuição ao povo da "guarda da liberdade", da conservação ou sustentação da vida das repúblicas.[69] Tais considerações permitem, então, ao comentador observar que o desejo popular "não pode ser compreendido apenas negativamente porque envolve um princípio de ação".[70] Assim, no seu entender, o esforço a ser feito, sobretudo se quisermos atender à elevação do povo ao papel de "guardião da liberdade" (e ainda, certamente, se pretendemos assumir o caráter republicano da obra de Maquiavel), é o de "positivar o desejo do povo";[71] "provê-lo de conteúdo político",[72] pela consideração de sua atuação "*effettuale*" e sua inscrição no campo das instituições.

Tal operação de "positivação", no entender de Adverse, exige em primeiro lugar que nos afastemos da interpretação da oposição grandes/povo nos termos de uma contrariedade formal de dois elementos excludentes e alternativos (A ou Não-A; se há dominação, não há não-dominação; se há dominação, não há liberdade): "caso se tratasse de uma contrariedade absoluta, a dinâmi-

---

[67] Adverse, "Maquiavel, a República e o desejo de liberdade", *op. cit.*, p. 37.

[68] *Idem*, p. 40.

[69] Cf. *idem*, pp. 41-2.

[70] *Idem*, p. 37.

[71] *Idem, ibidem.*

[72] *Idem, ibidem.*

ca da política se encerraria uma vez afirmado um dos desejos [...]. É porque não há contrariedade absoluta que os dois desejos podem então se afirmar e os conflitos manter rigorosa vida política".[73] Tratar-se-ia, então, de dois termos que se implicam na sua exclusão mútua, polos cuja identidade se estabelece por um antagonismo permanente, de tal modo que "remetem um ao outro indefinidamente", diz ele, retomando comentário de Gaille-Nikodimov[74] e também recuperando para os polos da oposição sua natureza de pulsão, desejo, princípio de movimento. Deste modo, se considerarmos que o desejo de dominação dos grandes implica o polo da não-dominação, e ainda se, recusando-nos a ver aí uma simples privação do desejo de comandar, identificaremos também neste polo negativo um princípio de ação, chegamos ao desejo do povo como desejo ativo de liberdade, imediata e inseparavelmente implicado pelas manifestações (ações) do desejo de dominação. É verdade que a conquista desse traço de "atividade" para o humor popular, a exclusão da representação de sua passividade ("corpo sem cabeça", "matéria informe" oferecida à ação dos grandes, os verdadeiros agentes políticos), não afasta ainda, de forma decisiva, a ideia de que a agitação popular seria politicamente improdutiva; pois, poderíamos pensá-la como uma simples resistência ao poder dos grandes, como atividade de obstrução da dominação, entretanto impotente para a produção do positivo, a produção das leis e instituições da liberdade. Como, então, conferir eficácia política a esse desejo? Como conceber sua "positivação"?, pergunta Adverse. Ou ainda: como compreender o desejo popular enquanto atividade politicamente construtiva, de modo a firmá-lo na posição de fundamento republicano das leis civis?

Para responder a essa questão, parece necessário observar a atuação do humor popular, sua forma de operação na cena política[75] e, nesse sentido, Adverse vem nos lembrar várias passagens

---

[73] *Idem*, p. 41.

[74] Gaille-Nikodimov, *Conflit civil et liberté*, *op. cit.*, pp. 48-9.

[75] Cf. Adverse, "Maquiavel, a República e o desejo de liberdade", *op. cit.*, p. 40.

em que Maquiavel atesta a demanda popular por participação nas magistraturas de governo. A criação dos tribunos, em *Discursos* I, 4, evidenciaria, de maneira exemplar, esta reivindicação de inscrição institucional e se mostraria a melhor comprovação desta aspiração do povo por participar do governo. Sobre a observação de *Discursos* II, 2 de que no seio dos povos livres todos sabem que a *virtù* qualifica para as magistraturas,[76] Adverse comenta: "se tivermos em mente todo o argumento do capítulo, o que isso quer dizer, a não ser que a garantia de participação na vida pública é um bem considerável, com o qual não se pode transigir?".[77] Portanto, segundo ele, para Maquiavel, "ser guardião da liberdade implicava [...] o direito de exercer o poder, seja por via representativa, seja por via direta. O reconhecimento (ou concessão) desse direito satisfaz, no âmbito institucional, o desejo de participação na vida pública".[78] No quadro institucional da cidade, recusar a dominação seria, então, de algum modo, implicar-se no governo; seria, para o povo, reivindicar o direito de partilhar as magistraturas ou, enfim, de participar do poder:[79] "somente assim torna-se possível esclarecer como o desejo do povo pode efetivamente refrear o dos grandes";[80] sem "negá-lo", sem anulá-lo, entende Adverse.

No entanto, a negação do desejo dos grandes, assim traduzida em demanda por participação nas instituições de governo, con-

---

[76] "Perché tutte le terre e le provincie che vivono libere in ogni parte, come di sopra dissi, fanno *profitti* grandissimi. Perché quivi si vede maggiori popoli, per essere e' connubi più liberi, più desiderabili dagli uomini; perché ciascuno procrea volentieri quegli figlioli che crede potere nutrire, non dubitando che il patrimonio gli sia tolto; e ch'ei conosce no solamente che nascono liberi e non schiavi, *ma ch'ei possono mediante la virtù loro diventare principi*" (Maquiavel, *Tutte le opere, op. cit., Discorsi* II, 2, p. 150², grifos nossos).

[77] Adverse, "Maquiavel, a República e o desejo de liberdade", *op. cit.*, p. 40.

[78] *Idem*, p. 41.

[79] Cf. *idem, ibidem.*

[80] *Idem, ibidem.*

Sobre a "divisão civil" (e suas interpretações)　　　　51

duz evidentemente a uma "perigosa"[81] proximidade em relação à pulsão antagônica. E, de fato, o desejo popular de participação derraparia frequentemente na identificação com seu oposto, desandaria em ambição de poder: "o povo" — diz Adverse — "passa a desejar *como* os grandes";[82] os humores se igualam, perpassados por interesses facciosos e privados. Seria necessário observar, segundo ele, que a busca das honras públicas (a ocupação das magistraturas) do lado popular responderia, segundo o caso, a motivações diversas — aspiração pela liberdade ou ambição — e resultaria em benefício para a cidade ou em sua degradação e ruína. Haveria, enfim, uma boa e uma má positivação do negativo — portadoras de efeitos benéficos ou de efeitos destrutivos para a cidade. E esta "plasticidade"[83] do humor popular adviria de sua "indeterminação originária",[84] de sua forma primitiva de pura aversão a toda opressão. A busca de participação nas magistraturas, de início, apareceria apenas como meio para a realização de seu fim, a liberdade ("quem quer os fins, deve também querer os meios", lembra Adverse);[85] no entanto, "a corrupção torna-se uma ameaça real quando o exercício prolongado dos meios faz o povo *esquecer* o fim que ele originalmente deseja".[86] Conclui-se, então, que a boa positivação seria a que busca a participação no governo para defender-se da opressão dos grandes, não deixando que governem sozinhos. A má seria aquela em que esta participação se transforma em ambição de poder, no desejo, agora popular, de "estar só no governo", o que leva ao "desfecho catastrófico da oposição fundamental: o humor do povo se igualou ao dos grandes".[87] Nesse momento, observa o comentador, o povo "deseja o mesmo, do mesmo modo que os grandes, a ponto de apagar assim

---

[81] *Idem*, p. 44.

[82] *Idem*, p. 45.

[83] *Idem, ibidem.*

[84] *Idem*, p. 46.

[85] *Idem, ibidem.*

[86] *Idem, ibidem.*

[87] *Idem*, p. 45.

as distinções entre eles";[88] o povo agora desejaria poder (o mesmo que os grandes), motivado por ambição ("do mesmo modo que os grandes").

Marie Gaille-Nikodimov — que também corrobora, em boa exegese de Maquiavel, a afirmação lefortiana do desejo popular como princípio e fundamento da ordem política — dá para a derrapagem deste desejo uma interpretação ligeiramente diversa daquela adiantada por Adverse. Ela atribui ao solo passional em que se enraízam os humores e seus conflitos a variação dos efeitos, bons ou maus, positivos ou negativos, da atuação da oposição popular aos grandes. A paixão defensiva dos pobres, sua aversão à opressão, flutuando em graus de intensidade diversos, produziria em seu excesso — o excesso do ódio — a aspiração (destrutiva e desastrosa) pela exclusão dos poderosos das magistraturas,[89] levando o povo a querer "governar sozinho" e a passar das "disputas" (que costumam terminar em leis e acordos) ao "combate" (que quase sempre termina em exílios e mortes e leva a governos de facções, não de leis), ou ainda, a passar dos embates políticos, pelos quais obstrui institucionalmente o desejo dos grandes, à guerra civil.[90] Tal excesso poderia ser verificado na intransigência do povo florentino em barrar o acesso da nobreza às magistraturas, deixando-se arrastar por um desejo "injurioso e injusto" que trouxe efeitos desastrosos para a cidade.[91] Nessa *hybris*", o desejo de liberdade derrapa, portanto, em desejo (faccioso) de oprimir. Entretanto, nesta interpretação de Gaille-Nikodimov, o desejo popu-

---

[88] *Idem, ibidem.*

[89] Cf. Gaille-Nikodimov, *Conflit civil et liberté, op. cit.*, pp. 50-2.

[90] Cf. *Istorie* III, 1: "[...] le nimicizie che furono nel principio in Roma intra il popolo e i nobili, disputando, quelle di Firenze combattendo si diffinivano; quelle di Roma con una legge, quelle di Firenze con lo esilio e con la morte di molti cittadini terminavano [...]. La quale diversità di effetti conviene che sia dai diversi fini che hanno avuto questi duoi popoli causata: perché il popolo di Roma godere i supremi onori insieme com i nobili desiderava; quello di Firenze per essere solo nel governo, sanza che i nobili ne participassero, combatteva" (Maquiavel, *Tutte le opere, op. cit.*, p. 690[1]).

[91] Cf. *idem, ibidem.*

Sobre a "divisão civil" (e suas interpretações)   53

lar não se iguala ao dos grandes, não se converte em aspiração por bens e poder, de modo a homogeneizar a cidade no polo dos interesses; o povo permanece definido por sua aversão aos poderosos, agora, porém, movido pelo excesso de um ódio destrutivo, que inviabiliza o equilíbrio e os "acordos"[92] — sempre frágeis e provisórios, lembra ela — que proporcionam à cidade suas leis e instituições.

Independentemente da maneira como estas interpretações da dinâmica da divisão civil compreendem a corrupção do humor popular em sua "má positivação", nos dois casos a atuação propriamente política e republicana do polo negativo se efetivaria pela participação no governo e pela moderação e contenção desta participação, de modo a evitar o excesso assinalado no desejo de "governar sozinho", de "permanecer só no governo", seja por ambição de poder (Adverse), seja por ódio (Gaille-Nikodimov). Nos dois casos, na origem, o humor popular apresentaria um teor ativamente negativo, mas politicamente desastroso; pois, ao se positivar, no primeiro caso, mediante a participação no governo veríamos que se esvazia e se transforma, no segundo, que se intensifica e se corrompe. O remédio para o "esquecimento" de sua natureza política original (perdida na ambição por bens e poder), conforme Adverse, estaria no terror e no medo que acompanham a necessária refundação periódica da cidade.[93] No que respeita a Gaille-Nikodimov, considerada a passagem da forma virtuosa do desejo popular (a da partilha das magistraturas) ao seu excesso vicioso — o querer governar sozinho, insuflado pelo ódio, a aspiração pela tirania —, pode-se conjecturar que a terapêutica que lhe seria adequada só poderia produzir-se no registro moral. Pois, que força seria capaz de barrar esse ódio destrutivo? O que poderia conter o excesso, a ferocidade da violência da multidão? Devemos lembrar que Maquiavel não vê a massa popular como impermeável ao raciocínio e à persuasão (como se constata no final do ca-

---

[92] Cf. Gaille-Nikodimov, *Conflit civil et liberté*, *op. cit.*, pp. 83-5.

[93] Cf. Adverse, "Maquiavel, a República e o desejo de liberdade", *op. cit.*, p. 46.

54 Rupturas maquiavelianas

pítulo 4 do Livro I[94] ou nos célebres capítulos 57 e 58 do Livro I dos *Discursos*),[95] mas, é também bastante sabido que ele, como poucos, denuncia a eficácia das empresas moralizantes no domínio da vida civil. Dada a inflação natural do humor negativo do povo — sua natural tendência à desmedida —, não haveria remédio para a manutenção do frágil equilíbrio que sustentaria a ordem política. Na perspectiva de Gaille-Nikodimov, não parece, assim, muito fácil assumir a observação de Maquiavel de que "os desejos dos povos livres raramente são perniciosos à liberdade".[96]

Voltemos, porém, às próprias formulações de Lefort relativas à natureza do desejo negativo do povo para melhor avaliarmos as dificuldades dessas considerações referidas à "positivação" do humor popular. Mas impõem-se algumas observações preliminares para balizarmos melhor o caminho lefortiano. Em primeiro lugar, é preciso atenção para evitar atribuir às noções de "Grandes" e "povo" realidades substantivas (tomá-los como "coisas"), a serem apreendidas em si mesmas, seja enquanto entidades imediatamente — empiricamente — apreensíveis, seja enquanto definidas por determinações psicológicas ou sociológicas. Estas noções, já vimos,[97] referem-se a realidades cuja existência se determina apenas em sua atividade, no antagonismo fundamental em que se encena

---

[94] "E os desejos dos povos livres raras vezes são perniciosos à liberdade, visto que nascem ou de serem oprimidos ou da suspeita de que virão a sê-lo. E, sendo falsas tais opiniões, há sempre o remédio das assembleias [*concioni*], nas quais surja algum homem de bem que, discursando, lhes mostre que se enganam: e os povos, como diz Túlio, mesmo sendo ignorantes, são capazes de entender a verdade e facilmente cedem, quando a verdade lhes é dita por um homem digno de fé" (Maquiavel, *Discursos sobre a primeira década de Tito Lívio*, *op. cit.*, p. 23).

[95] Cf. *idem*, pp. 165-72.

[96] *Idem*, p. 23.

[97] Vale a pena relembrar a passagem: "[...] grandes e povo não são tais por sua fortuna, costumes, função, interesses específicos e divergentes; o que os faz tais é o desejo de oprimir de uns e o desejo de não ser oprimido de outros — dois desejos insaciáveis" (Lefort, *Le travail de l'oeuvre Machiavel*, *op. cit.*, pp. 381-2).

Sobre a "divisão civil" (e suas interpretações)　　55

a ordem política. Aqui, portanto, o essencial é o "desejo" — o apetite, a demanda — que move forças antagônicas, constituindo-as como "classes políticas". Nas palavras precisas de nosso comentador: "[...] elas não existem senão em seu afrontamento, no que diz respeito ao que constitui para uns a opressão, para outros a recusa da opressão. E esta verdade não é sensível senão para aquele que percebe, para além dos dados imediatos da conduta, os móveis a que ela se prende, para aquele que decifra o desejo, o apetite, a demanda — tantos termos que Maquiavel usa sucessivamente — pelo qual o grupo se põe como classe política".[98] Enfim, o grande número dos "sem poder", ou mesmo um grupo social determinado submetido à opressão (efetiva ou temida),[99] se faz "povo", classe política, ao se manifestar como portador do "humor popular", ao afrontar o desejo de opressão dos Grandes.[100] É verdade que tal enfrentamento pode não ocorrer, que a oposição pode não se estabelecer. O desejo popular pode não se manifestar, seja pela incapacidade dos muitos (a massa ou um grupo social determinado) para se aglutinar na oposição à opressão dos grandes (produzindo a própria passividade), seja pelo investimento, e dispersão, do rancor dos oprimidos no campo das lutas facciosas (não políticas) dos grandes, seja ainda pela corrupção da pulsão negativa em desejo de poder.[101] Nesses casos, desaparece o "povo", a atuação de um "desejo popular". A cena política "falha" e as forças se homogeneízam nas lutas por interesse e nos embates de facções por poder; não há mais "república", pois não há mais

---

[98] *Idem*, p. 385.

[99] Ver passagem citada, logo acima, nota 58.

[100] Podemos observar, por exemplo, que na história da cidade de Florença esta cena política ocorre sucessivamente mediante as oposições de diferentes grupos sociais: os *"popolani"* burgueses contra a dominação da nobreza; o *"popolo minuto"* contra aquela dos *"popolani"*; a plebe contra o *"popolo"*, como frisa Maquiavel no Proêmio das *Istorie* (cf. Maquiavel, *Tutte le opere, op. cit.*, pp. 632²-3¹).

[101] Ver-se-á adiante o caso paradigmático da reversão do desejo popular em desejo de poder — desejo de estar só no governo — no episódio da revolta dos *ciompi*, nas *Istorie florentine*. Cf. Parte II, capítulo 1, adiante.

povo como categoria política. Por isso, falar em positivação do desejo "do povo", certamente obscurece este caráter essencialmente político do conceito: pode sugerir sua substantivação (sendo ele "verbo") e arrisca comprometer a compreensão de sua natureza "puramente negativa".

Não parece tampouco possível, na perspectiva lefortiana, falar em "governo do povo". Maquiavel pretende ser claro: os efeitos da divisão civil são apenas três — principado, liberdade (republicana) e licença: o governo de um príncipe, aliado ao povo; o "governo de leis" produzidas e sustentadas pelo desejo popular de liberdade; a ausência de "*ordini e leggi*" verdadeiras, a impotência da cidade para alcançar a ordem política,[102] permanecendo na desordem de suas lutas facciosas. Para além destas figuras da *mise--en-scène* propriamente política, há apenas despotismo (ou "tiranias") — seja quando o desejo de bens e poder dos grandes não suscita oposição efetiva, seja quando os "sem poder", movidos pela ilusão de encarnar o universal e representar o Direito, entendem poder "governar sozinhos", como observa Maquiavel no início do Livro III das *Istorie*.[103] Assim, é preciso compreender que o regime de Liberdade, o regime republicano, não é aquele do "governo do povo", ou ainda da "vontade do povo". A república, insiste Lefort, é "um regime tal que, nele, o poder não pode ser apropriado, nem por um homem, nem por uma facção. O regime de liberdade aparece como aquele da lei; ou, para falar com rigor, como aquele no qual as leis são referidas ao seu fundamento",[104] o humor negativo do povo. Quando uma parte da cidade se apropria do governo, mesmo se for ela a plebe (quando quer "governar

---

[102] Cf. Maquiavel, *O Príncipe, op. cit.*, p. 147. *Il Principe*, 9: "Per che in ogni città si trovano questi dua umori diversi; e nasce da questo, che il popolo desidera non essere comandato ne oppresso da' grandi, e li grandi desiderano comandare e opprimere il popolo; e da questi dua appetiti diversi nasce nelle città uno de' tre effetti, o principato o libertà o licenzia" (*Tutte le opere, op. cit.*, p. 271¹).

[103] Cf. *Tutte le opere, op. cit.*, p. 690.

[104] Lefort, *Le travail de l'oeuvre Machiavel, op. cit.*, p. 475.

Sobre a "divisão civil" (e suas interpretações)   57

sozinha" e submeter a cidade à sua vontade), desaparece o "regime do anonimato do poder";[105] há tirania.

Uma terceira observação parece ainda necessária. É preciso frisar que Maquiavel, ao se referir ao humor negativo do povo e ao desejo de liberdade — não ser submetido a ninguém —, entende a expressão "liberdade", já vimos, como um regime político, aquele do "governo de leis". Trata-se do regime republicano, que é para nosso autor (como Lefort pretende sustentar "enfaticamente", segundo diz) "o regime conforme à natureza da cidade, conforme à sociedade política tal qual ele a define [...] por um certo modo de constituição".[106] Pois, se também o *"principato nuovo"* se revela um regime político, devemos observar — prossegue ele — que "na própria obra consagrada ao governo de um príncipe, a superioridade das repúblicas é firmemente estabelecida. Nelas, aprendemos, há mais vida (*è maggiore vita*) que em qualquer outro regime. Ora" — continua Lefort —, "a que se deve esta vitalidade de uma cidade? A seu apego à liberdade. E qual é o traço distintivo de uma cidade livre? Nela o homem não depende de homem, ele obedece à lei".[107] Nessa identificação da Liberdade com a obediência a leis, Maquiavel, como sabemos, não faz senão retomar um mote romano (de Lívio, Salústio, Cícero) apropriado pelos humanistas florentinos (Salutati, Bruni e seus seguidores),[108] com a diferença de que não mais atribui a produção destas leis à inteligência e virtude de alguns, mas a atribui à pulsão popular de recusa a toda opressão, à negação da opressão, simplesmente. E Lefort não se cansa de sublinhar o caráter indeterminado deste desejo apontado para a liberdade: "[...] enquanto portador da recusa do comando e da opressão, deve-se convir que nenhum objeto fornece sua medida, que ele destaca o sujeito de toda posição

---

[105] *Idem, ibidem.*

[106] Lefort, "Machiavel et la *verità effettuale*", *op. cit.*, p. 167.

[107] *Idem*, p. 168.

[108] Cf. Maurizio Viroli, *Republicanism, op. cit.*, pp. 48-50, e N. Bignotto, *Maquiavel*, Rio de Janeiro, Jorge Zahar, 2003, pp. 46-7.

particular e o arrima a uma reivindicação ilimitada",[109] diz. Há sempre, portanto, um excesso do desejo de liberdade, seja em relação aos próprios episódios de sua oposição ao comando dos grandes, seja em relação às *"ordini e leggi"* estabelecidas na cidade, o "excesso" que justamente aponta para um registro da Lei "transcendente a todo sistema de fato",[110] que manifesta "o excesso da Lei sobre a ordem de fato da cidade".[111] Esta transcendência da Lei, assinalada no desejo popular de liberdade, é que constitui, segundo nosso comentador, o fundamento do regime republicano, o regime "político" por excelência, "conforme à natureza da cidade".[112]

Mas, enfim, como passar deste desejo indeterminado, ilimitado e insaciável, da Lei para as leis particulares que governam a vida dos homens nas cidades? Se constatamos, como o faz o comentador, "a distância do particular e do universal, a das leis, tais como se definem nos sistemas instituídos de obrigações em que se cristaliza a cada momento uma relação geral das forças, e da Lei, tal qual se dá, transcendente a todo sistema de fato",[113] não po-

---

[109] Lefort, *Le travail de l'oeuvre Machiavel*, *op. cit.*, pp. 722-3.

[110] *Idem*, p. 723. É interessante lembrar toda a passagem, que está no capítulo final de *Le travail de L'oeuvre Machiavel*: "[...] l'analyse du désir [...] elle enseigne qu'il y a dans ce qu'on nomme nature humaine de quoi faire penser non seulement la lutte et l'instabilité qui accompagnent toute forme de société, mais le décalage du particulier et de l'universel, celui des lois telles qu'elles se définissent dans les systèmes institués d'obligations, où se cristallise à chaque moment un rapport général des forces, et de la Loi, telle qu'elle se donne, transcendante à tout système de fait" (*idem*, p. 723).

[111] *Idem*, p. 477.

[112] Lefort, "Machiavel et la *verità effettuale*", *op. cit.*, p. 167. Bignotto enfatiza esta distância entre os dois registros com grande acuidade: "[...] Lefort insiste sobre o fato de que o antagonismo entre os dois humores não é redutível a suas manifestações históricas" (N. Bignotto, "Lefort and Machiavelli", em Martín Plot (org.), *Claude Lefort: Thinker of the Political*, Londres, Palgrave MacMillan, 2013, p. 43); "[...] o desejo do povo alicerça a liberdade porque nenhum regime de leis pode coincidir inteiramente com ele" (*idem*, p. 45).

[113] Lefort, *Le travail de l'oeuvre Machiavel*, *op. cit.*, p. 723.

Sobre a "divisão civil" (e suas interpretações)   59

demos deixar de perguntar como se produzem as leis a partir do desejo de liberdade, a partir do "desejo da Lei", que, segundo Lefort, define politicamente o povo. Ora, o comentador parece convencido — e certamente com razão — de que Maquiavel não responde a essa questão: "[...] a questão da origem da lei não o interessa muito [...] o que lhe importa é evidenciar o vínculo da liberdade e da lei, mostrar que em uma verdadeira república os homens têm mando sobre as leis e que suas dissensões, longe de serem destruidoras de toda vida civil, são sua geradora",[114] diz ele, no primoroso ensaio que citamos. De fato, seja no *Príncipe*, seja nos *Discursos*, é o fundamento popular do poder político e das leis que vemos nosso autor, acima de tudo, evidenciar.[115] E, dado que o caminho da obtenção das próprias leis não é tematizado (como o é no caso da obtenção do poder político por um príncipe, na mais conhecida de suas obras), esta "lacuna" parece, justamente, fazer que a obra "trabalhe" ainda em seus leitores, produzindo respostas diversas à questão, como vimos em Adverse, Gaille-Nikodimov, e também, de alguma forma, em Ames e Sfez, nomes aos quais poderíamos acrescentar ainda outros, como Philip Pettit ou John McCormick, que, a partir da obra do florentino (mas, por caminhos bem diversos daquele aberto por Lefort), avançam, a seu modo, neste tema da ação popular nas repúblicas.[116]

---

[114] Lefort, "Machiavel et la *verità effettuale*", *op. cit.*, p. 169: "[...] la question de l'origine de la loi ne lui importe guère, ce que lui importe est de mettre en évidence le lien de la liberté et de la loi, de montrer que dans une véritable république les hommes ont prise sur les lois et que leurs dissensions, loin d'être destructrice de toute vie civile, en sont génératrices". Seja o contexto, seja o uso do plural "leis" em uma das frases deste texto mostram que aí a expressão "lei" (com minúscula) refere-se às leis civis, às "*ordini e leggi*" das repúblicas.

[115] Nas *Histórias florentinas* e no *Discurso sobre as formas de governo de Florença* o registro é diverso. Aí estão diretamente em causa, sobretudo, práticas e "*ordini e leggi*" históricas.

[116] Cf. Philip Pettit, *Republicanism: A Theory of Freedom and Government*, Oxford, Clarendon Press, 1997, e J. P. McCormick, "Machiavelli's Political Trials and 'The Free Way of Life'", em *Political Theory*, vol. 35, nº 4, ago. 2007. Pettit e McCormick buscam delinear em Maquiavel, e a partir dele, o

O próprio Lefort, entretanto, como sabemos bem, fixa-se no mote da indeterminação do desejo popular, encontrando nesta indeterminação o alicerce sobre o qual construirá, adiante, sua teoria[117] sobre a lógica que elucida os traços das democracias modernas, seu pensamento relativo à "invenção democrática".[118] A aspiração pela Lei e pela Liberdade que perpassa e move o humor popular, reaparecerá, assim, mais à frente em sua obra,[119] como o elemento "simbólico", a referência "vazia" à Lei e ao Direito, que sustenta a incessante produção das leis e instituições nas sociedades históricas da modernidade. Ao atribuir ao conflito de classes e, mais precisamente, ao desejo negativo do povo — seu desejo, indeterminado, de liberdade (a recusa de todo comando e opressão) — o lugar do fundamento da ordem política (lugar antes

---

campo da "participação popular" repertoriando um espaço de práticas participativas: o primeiro, acentuando a participação pelo voto e pela "contestação" (as dimensões "autoral" e "editorial" da atividade popular nas democracias, mediadas por instituições representativas e por instituições contestatárias de natureza jurídica); o segundo, acentuando os antagonismos de classe, busca radicalizar na direção de uma participação direta do povo no governo, mediante instituições específicas de classe.

[117] Permitimo-nos usar esta expressão, de inscrição difícil no trabalho de Lefort, tendo em vista que ele próprio concede ao seu uso no texto que assina com Marcel Gauchet em 1971 para suas considerações sobre as democracias (cf. Claude Lefort, *Le travail de l'oeuvre Machiavel, op. cit.*, p. 7; para a referência do texto escrito com Gauchet, ver nota 119 abaixo).

[118] Trata-se de uma evidência para os leitores da obra de Lefort. Veja-se Bignotto ("[...] o estudo de Lefort sobre Maquiavel é a fundação sobre a qual se constrói sua filosofia política" — em Martín Plot (org.), *Claude Lefort: Thinker of the Political, op. cit.*, p. 34); Flynn ("Minha intenção nesta seção não é avaliar a interpretação que Lefort faz de Maquiavel [...], mas ver seu trabalho de interpretação como elemento gerador de muitos dos conceitos fundamentais de seu próprio pensamento" — *idem, ibidem*), entre outros.

[119] Porém, já aparece em um desenvolvimento amplo e preciso a partir do texto-chave (que retoma notas de cursos ministrados por Lefort em Caën e que ele assina com o então jovem estudante Marcel Gauchet) publicado em *Textures*, 71/2-3, em 1971: "Sur la démocratie: le politique et l'institution du social" — um texto fundamental para a compreensão dos conceitos lefortianos mais importantes.

Sobre a "divisão civil" (e suas interpretações)

atribuído a Deus, à Natureza ou à Razão), Maquiavel marcaria o início do processo de "desincorporação" da sociedade, do esvaziamento do lugar do fundamento, que confere uma constituição "fundamentalmente interrogativa"[120] às sociedades democráticas modernas. É a leitura de Maquiavel que leva nosso autor a verificar que nas sociedades democráticas "a identidade e a unicidade do campo social são dimensões simbólicas, que não podem tomar a consistência do real",[121] que o regime democrático fornece ao conflito de classes uma "*issue symbolique*", projetando para além dos antagonismos sociais um lugar (inocupável, porém "sempre virtualmente presente aos olhos da coletividade")[122] da Lei e do Universal, do qual o poder se faz — sempre provisoriamente — "representante". A competição aberta pela ocupação do lugar do poder — alimentada pelos interesses, mas também pela interrogação social sobre o bem, o direito, o justo — vem, então, ancorar a historicidade da sociedade, produzir suas transformações, ou ainda, se recusada (quando um poder se põe nesse lugar como "seu proprietário exclusivo"),[123] vem trazer o cumprimento da ameaça (que ronda permanentemente as democracias) da "tomada do poder pelo imaginário"[124] de uma "sociedade em harmonia com seus fins, da coincidência consigo mesma",[125] a ameaça totalitária. Deste modo, a partir do discurso da obra maquiaveliana, do que ela dá a pensar, Lefort a inscreve em um horizonte amplo de interpretação da modernidade, localizando nela o princípio desse movimento de esvaziamento da legitimidade do poder, a abertura de um domínio de historicidade e liberdade, "guardado" pelo ódio permanente do povo, da massa dos sem poder, em relação à opressão de seus oponentes de classe.

---

[120] Cf. Gauchet e Lefort, "Sur la démocratie", *op. cit.*, p. 18.

[121] *Idem*, p. 16.

[122] *Idem*, p. 18.

[123] *Idem*, p. 16.

[124] *Idem*, p. 31.

[125] *Idem*, p. 11.

No entanto, ainda que consideremos que o comentário de Lefort seja de uma excepcional sensibilidade para as rupturas fundamentais promovidas pela obra de Maquiavel e que, de certo, leve ao núcleo da revolução que ela realiza (além de fazê-la trabalhar no leitor contemporâneo, iluminando sua própria experiência política), podemos pensar que a diversidade das interpretações da dinâmica da "divisão civil" que hoje testemunhamos nos impelem a recolocar a questão da operação do desejo popular e da produção das *ordini e leggi* que ele promove e autoriza. As próprias observações críticas que propusemos anteriormente parecem tornar incontornável essa exigência de aprofundar nossa compreensão do estatuto e da atuação desse humor que produz e sustenta a vida política. Não se trata, no entanto, de nos afastar do horizonte lefortiano. Pois, tomando este caminho, consideramos imperativo assumir, desde o início, com Lefort, o caráter "puramente negativo" desse desejo, entendendo que a pulsão aquisitiva (de bens e de mando) de "alguns" suscita a oposição de um "todos" a todo comando e opressão, o desejo de liberdade. E pensamos que se impõe, igualmente, assumir que esta oposição se reveste da forma de um "conflito de classes":[126] uma divisão irredutível, entre dois desejos opostos, irreconciliáveis, absolutamente irrestritos, ilimitados, no seu impulso em direção ou à dominação ou à liberdade (apontando ambos, portanto, como bem assinala José Luiz Ames, para a anulação de seu polo antagônico).

Se tal compreensão da divisão civil não nos parece suficiente, é porque não se pode deixar de considerar que, sem perder de vista seu caráter puramente negativo, na sua atuação efetiva, nos enfrentamentos imediatos do desejo adverso, esse desejo popular opõe-se sempre a alvos determinados, a objetos determinados da ambição dos grandes — sem desconsiderar por certo, como já as-

---

[126] As expressões "divisão de classe", "conflito de classe", "luta de classes" aparecem reiteradamente neste comentário da obra de Maquiavel (por exemplo, nas páginas 382, 473, 476, 482, 722, 725 de *Le travail de l'oeuvre Machiavel*), para designar a oposição grandes/povo. Lefort confere à expressão do vocabulário marxista um novo significado, alçando-a para o registro do político.

Sobre a "divisão civil" (e suas interpretações)

sinalamos, que cada um de seus atos seja "sobredeterminado" pelo desejo indeterminado de liberdade,[127] como também o desejo dos grandes pela ambição ilimitada de bens e de poder. Desse modo, podemos seguramente entender que a oposição do desejo determinado de comandar e oprimir e do desejo indeterminado de liberdade revela a lógica que governa os episódios da divisão civil; elucida, por assim dizer, o "jogo", mas não cada um dos "lances" particulares subordinados a esta lógica (pelos quais se manifesta a cada vez, de modo determinado, o "povo"). Em seus lances efetivos, a atuação da negatividade da pulsão popular deveria, assim, ser pensada sempre como uma negação determinada por sua oposição a cada uma das múltiplas afirmações particulares do desejo dos Grandes (inscrito, este, primitivamente, no domínio que podemos chamar de "econômico"). Em outras palavras:[128] no registro da efetividade, a oposição não se produziria de imediato sob a figura da contrariedade formal entre dois elementos de extensão universal — todos os grandes, todos os "populares" —, postos em oposição pela afirmação e a negação de um mesmo predicado universal, a dominação.[129] Nesse registro, a oposição deve ser pensa-

---

[127] Os "sem poder", o povo, querem algo determinado e, simultaneamente (como condição mesmo deste querer, sobredeterminando este desejo determinado), "desejam desejar" (querem querer por si mesmos, querem "não ser dominados"), desejam ser, diz Lefort (*op. cit.*, 1972, p. 477, e *op. cit.*, 1992, p. 144, já citados), desejam a liberdade face ao desejo dos grandes que os oprime. Que sejam lembradas também as extraordinárias observações de Lefort, no mesmo sentido, sobre o desejo de liberdade em seu comentário de La Boétie (cf. Lefort, "Le nom d'un", em Étienne de La Boétie, *Discours de la servitude volontaire*, Paris, Payot, 1976, pp. 261-4).

[128] Na verdade, a "lógica menor", no seu capítulo das oposições lógicas ou das oposições das proposições — afirmativas ou negativas (quanto à sua forma) e universais ou particulares (quanto à extensão) —, pode oferecer algum apoio para elucidar nossa questão [...] ainda que este apoio deva ser visto como aproximativo, pois guarda, certamente, alguma franja de inadequação.

[129] E esta oposição, menos ainda pode ser pensada na forma da figura que o quadro da lógica formal das oposições designa como "subcontrárias". Esta é a forma que lhe imprime Skinner, a da oposição de dois termos particulares quanto à extensão ("alguns" e "alguns outros", ainda que sejam poucos e mui-

da na forma da contradição: entre um polo particular positivo (interesses determinados, particulares, de "alguns") e um polo universal negativo (a negação da opressão destes interesses pelo "todos" popular). Pois, um "povo" se manifesta e se afirma sempre em termos universais (Maquiavel, sabemos, refere-se a ele, frequentemente, como "*universale*"), em termos políticos, portanto. Ele fala sempre a língua universal das leis: "todos", "ninguém". Já os grandes, movidos pela ambição de bens e de mando, por interesses particulares ou facciosos (de "alguns"), só se definem como classe política por sua aversão — e seu ódio — ao povo e às imposições das leis. Só a oposição popular, portanto, faz deles "classe" e, assim, propriamente atores políticos. Ausente a oposição popular, eles se pulverizam na defesa de seus interesses.

Podemos, então, entender que a negação politicamente produtiva se manifesta na forma da contradição do desejo (político) popular relativamente à afirmação dos interesses particulares, "econômicos", dos grandes, e que ela se manifesta diretamente na forma de leis, em universais políticos. Se o desejo popular é originalmente indeterminado e "puramente negativo" (recusa de toda opressão), não deixa, desse modo, de ser politicamente produtivo e de ocupar o lugar de sujeito da produção das leis: por sua oposição determinada à dominação sempre particular dos grandes, ele desdobra sua potência de negação na aspiração por leis e direitos, na produção de universais políticos. Não fosse assim, o papel conferido por Maquiavel ao povo, o papel de fundamento das leis e da ordem política, ficaria certamente comprometido. Na impossibilidade de compreendermos a invenção das leis civis, positivas, pela forma abstrata da oposição grandes/povo, ver-nos-íamos acuados, para explicar sua produção, a recorrer novamente à inteligência de um sábio legislador ou à prudência política de uma elite, dos grandes — mediações que, como bem mostrou Claude Lefort, Ma-

---

tos; enfim, grandes e povo tomados como "partes" de um todo, "facções" (cf. Skinner, *Maquiavelo*, *op. cit.*, p. 85) ou grupos sociais que se apresentam tão somente como "diversos", enquanto querem bens, uns, querem prazer ou independência, outros.

Sobre a "divisão civil" (e suas interpretações)

quiavel descarta nitidamente.[130] Ora, concebida sua atividade sob a figura da contradição relativamente aos *fatos* da dominação, pensada como negação da particularidade opressiva de interesses determinados dos grandes, o surgimento das leis se esclarece inteiramente. As leis se produzem quando a manifestação do desejo de "um" ou de "alguns", contrariando aos "muitos", provoca, em oposição à particularidade desses interesses, o surgimento de uma proposição universal ("todos"/"ninguém") que se revele capaz de aglutinar forças suficientes para sustentar sua eficácia e vigência políticas. Quando — para tomar um exemplo qualquer — ao enunciado (particular afirmativo, quanto ao sujeito e ao predicado) "alguns buscam estender suas propriedades na direção da floresta" vem se opor seu contraditório (universal negativo) "ninguém estenderá propriedades na direção da floresta", sustentado pela força de um "grande número", teremos lei e, com ela, a instituição ou o alargamento de um espaço político.

Se Maquiavel, como mostra Lefort, rompe com a velha tradição da atribuição de um caráter passivo, passional e anárquico, ao humor popular, identificando nele um princípio de ação e o fundamento da ordem política, talvez seja possível, portanto, avançar mais nessa direção, reconhecendo a pulsão negativa não só como uma potência (crítica) de esvaziamento contínuo do lugar do poder (exercida através de seu antagonismo permanente, constitutivo, em relação aos grandes), mas também como o princípio imediato (sem a mediação da inteligência de um sábio ou da prudência dos excelentes ou competentes) da produção das leis, dos universais histórico-políticos. O humor negativo do "povo" não é mais, então, princípio de independência e desordem (rebeldia anárquica a toda ordem e governo); e não é também, enquanto desejo da Lei (simbólica), apenas o motor da busca e da produção imaginária reiterada de "boas ordenações". É possível ver nele o próprio "autor" das leis e o sujeito da invenção histórica de leis e direitos. Não

---

[130] Sem a oposição "determinada" aos interesses dos grandes não se explicaria a produção das leis senão pela inteligência de um ou pela virtude de alguns, algo que Maquiavel, nos *Discursos* (I, 4), descarta claramente ao assinalar a maldade da nobreza romana, como o comentário de Lefort mostra bem.

obstante o caráter tumultuário e frequentemente violento da expressão dos "desejos dos povos livres" — que Maquiavel assegura serem "raras vezes perniciosos à liberdade" —,[131] em Roma, os tumultos da plebe levam diretamente, por si próprios, à criação dos tribunos e, em Florença, a "ínfima plebe" — os *ciompi* — leva a cidade à criação de novas corporações (alargando o universo da cidadania), à anulação de dívidas, anistias e outras leis. Por pouco tempo, se dirá; o que é verdade, visto serem estabelecimentos históricos. Mas, sabemos também que a grandeza destas criações e das invenções políticas não se mede pela duração dos feitos e conquistas. Sabemos bem, afinal, que "o tempo tudo varre". O desejo de liberdade se realiza na produção popular continuadamente viva de efêmeras conquistas históricas.

---

[131] Maquiavel, *Discursos sobre a primeira década de Tito Lívio, op. cit.*, I, 4, p. 23.

Rupturas II:
O distanciamento dos paradigmas antigos do "regime misto"

Alguns pressupostos, ao que parece, estão razoavelmente estabelecidos. Primeiramente, aquele de que Maquiavel, ao lado de seu *De principatibus*, e talvez antes dele, escreveu, ou ao menos esboçou, um tratado sobre "as repúblicas", a que ele faz alusão na primeira frase do segundo capítulo de *O Príncipe*. Depois, podemos ainda admitir — após o convincente estudo de Felix Guilbert, publicado originalmente em 1953 (*"Composizione e sttrutura dei Discorsi"*)[1] — que os dezoito primeiros capítulos dos *Discursos* correspondem a esse trabalho. Desse modo, verificamos o alcance e a importância decisiva destes capítulos, para além da reconsideração da imagem de Roma e de sua história (narrada por Lívio) proposta pela obra.

Ora, um tratado sobre as repúblicas, pela tradição, será evidentemente uma investigação sobre a natureza e as propriedades do "regime misto" de governo, chamado republicano. E abordar o tema do "regime misto" na Florença de então implica rememorar as teorias de Aristóteles (os tratados políticos do autor retraduzidos por Leonardo Bruni, depois da versão de Guilherme de Moerbeke no século XIII) e as de Políbio, também bastante conhecidas dos florentinos, através do próprio Leonardo Bruni e da tradução de Perotti para os cinco primeiros livros das *Histórias*, já na primeira metade do século XV.[2] Mas, como mostra Eugenio Garin,

---

[1] Em F. Guilbert, *Machiavelli e il suo tempo*, Bolonha, Il Mulino, 1977.

[2] Referimo-nos à tradução de Niccolò Perotti e remetemos sobre isso ao informadíssimo ensaio que abre o opúsculo de Eugenio Garin, "Polibio e Machiavelli", em *Machiavelli fra politica e storia*, Turim, Giulio Einaudi, 1993.

também o Livro VI da obra de Políbio, aquele da "teoria política", é bastante conhecido e debatido pelos eruditos da cidade (que falam grego), como comprovam traduções privadas, que estiveram ao alcance de Maquiavel.[3] Assim, como poderia nosso autor, em Florença, falar do regime misto ou da Roma republicana sem referir-se a Políbio? Como comentar Tito Lívio, sem trazer ao discurso o historiador grego, que Bruni e Perotti haviam afirmado ser impossível separar?[4]

Sem esquecer a reedição da tradução de Perotti no início do século XVI,[5] as glosas — e mesmo citações — do Livro VI trazidas no início dos *Discorsi* atestam bem a penetração das teorias do historiador no ambiente intelectual e político florentino, visto que Maquiavel, ao mobilizá-las, parte claramente das referências comuns assumidas por seus ouvintes e leitores para, em seguida, tomar a direção daquelas "águas e terras desconhecidas", daquele caminho "ainda não trilhado por ninguém", assinalado no proêmio do livro. Nossa tarefa é, pois, a de observar as estratégias, a direção e o alcance de seu afastamento da "opinião comum" a seus interlocutores, aquele público impregnado pelo que Claude Lefort chamou "a ideologia florentina". E se é certo que a empresa dos *Discorsi*, em matéria e espírito, está umbilicalmente atada às relações de Maquiavel com os inflamados jovens republicanos dos *Orti Oricellari*, com boas razões presumiremos que o horizonte "ideológico" de que se destacam seus "comentários" sobre a obra de Lívio é aquele do humanismo cívico, retomado nos dias de Savonarola e de Piero Soderini, sobretudo por esses jovens que, nas palavras de Lefort, passaram a se interrogar "sobre as causas do fracasso do regime [republicano] e sobre as chances de mudança",[6] nos novos dias de principado, posteriores a 1512.

---

[3] Cf. Eugenio Garin, *Machiavel entre politique et histoire*, Paris, Allia, 2006, p. 27.

[4] Cf. *idem*, p. 25.

[5] Cf. *idem*, pp. 30-1.

[6] Claude Lefort, Prefácio ao *Discours sur la première décade de Tite-Live*, Paris, Berger-Levrault, 1980, p. 15.

Sabemos, assim, do apego desses jovens (alguns bem próximos do autor, como Zanobi Buondelmonte e Luigi Alamani) ao paradigma romano construído por Políbio e Cícero e retomado, adiante, pelos humanistas florentinos no "mito da romanidade de Florença":[7] a imagem da cidade da concórdia civil; dos patrícios devotados ao bem público; da plebe ordeira. É esta figuração de Roma e a própria idealização de sua boa ordem política que Maquiavel virá afrontar, pois, eles são responsáveis, em grande medida, pela perda da *libertà* republicana florentina. O autor vem mostrar àqueles jovens — como Lefort foi o primeiro a assinalar — que uma oposição eficaz aos Medici passa pela ruptura com essa ideologia, como indica, de maneira eloquente, o proêmio de seus *Discorsi*. Se a *virtù* dos Antigos desapareceu, se dela "não restou nenhum sinal" ("o que me admira e condói", lamenta),[8] isso não se deve ao ócio, à indolência ou à fraqueza — brandura ou pusilanimidade — que o cristianismo instilou no mundo; isso se deve sobretudo à idealização dos paradigmas antigos, tornados exemplos retóricos, hiperbólicos e inalcançáveis. É o que faz sua imitação parecer impossível, "como se o céu, o sol, os elementos, os homens tivessem mudado de movimento, ordem e poder, distinguindo-se do que eram antigamente".[9]

"É para afastar os homens desse erro", diz o autor, "[que] julguei necessário escrever, acerca de todos os livros de Tito Lívio que não nos foram tolhidos pelos malefícios dos tempos, aquilo que, do que sei das coisas antigas e modernas, julgar necessário ao maior entendimento deles, para que aqueles que lerem esses meus comentários possam retirar deles mais facilmente a utilidade pela qual se deve procurar o conhecimento das histórias."[10] Ao invés da idealização do passado, que sigam os procedimentos do conhe-

---

[7] Cf. Claude Lefort, *Les formes de l'histoire*, Paris, Gallimard, 1978, p. 156.

[8] Cf. Maquiavel, *Discursos sobre a primeira década de Tito Lívio, op. cit.*, Proêmio, p. 6.

[9] *Idem*, p. 7.

[10] *Idem, ibidem.*

O distanciamento dos paradigmas antigos do "regime misto"

cimento produtivo das "artes" (*tekhnai*), como a medicina e o direito: que se busque nos livros de Lívio o que eles têm de mais útil, ou seja, o conhecimento das causas dos acontecimentos narrados. Que a história seja pragmática como desejara Políbio! Tudo isso é sabido e estabelecido. Vamos, portanto, buscar apreciar a inteligência crítica de Maquiavel no solapamento da "mitologia florentina" que ele promove; pois, não resta qualquer dúvida de que seu elogio de Roma caminha na contramão da "imaginação" política de seus concidadãos.

No primeiro capítulo de seus "comentários", mobilizando a opinião comum de que o destino das cidades se decide na sua origem (aí se forja sua identidade: sua forma constitucional, seu caráter), Maquiavel associa, como de praxe, a grande *virtù* e o império duradouros de Roma ao seu princípio e à forma impressa pelo legislador às suas *ordini*; enfim, ele os associa à sua boa fundação: a *virtù* do fundador e das instituições por ele erigidas anunciariam já a duração e o destino de *grandezza* daquela cidade ("o império que aquela república atingiu").[11] Trata-se, portanto, de compreender os méritos desta fundação, por comparação a outras, através de uma tipologia construída com elementos aduzidos por historiadores e filósofos em suas considerações sobre as origens das cidades — uma classificação que visa, estrategicamente, como logo se perceberá, comentar, opondo-os, os casos de Roma e Florença.

Como sabemos, são duas as classes maiores propostas nessa tipologia: "cidades edificadas por naturais do lugar", que se associam para mútua proteção (sob a forma monárquica ou sob um regime popular), e "cidades edificadas por forasteiros", seja como colônias, seja como cidades livres. Esse último caso se subdivide em "fundadas através da conquista de um outro povo" ou "inteiramente novas" (o caso privilegiado em que a Fortuna da cidade depende inteiramente da *virtù* do fundador, seja quanto à boa escolha do local, seja quanto à qualidade das leis — este o caso de Roma, afastada a hipótese fabulosa de sua fundação por Eneias). O capítulo passa, então, por várias considerações sobre a relação

---

[11] *Idem, ibidem.*

72   Rupturas maquiavelianas

dessas duas determinações fundamentais da fundação (a escolha do local e a instituição das leis), retomando as discussões dos Antigos, como aquelas do Livro VII dos tratados políticos de Aristóteles (sobretudo os capítulos 5 e 11) ou, para o caso específico de Roma — com adição de comparações —, aquelas observações, tornadas "lugares-comuns", que podemos nós, hoje, encontrar no Livro II do *De re publica* de Cícero, nos capítulos de 3 a 12. Entretanto, o que nos importa aqui é a conclusão do autor, fundada nesta tipologia, sobre o caso de Roma, cujas origens incertas[12] (como as de quase todas as cidades, aliás) a colocam alternadamente nas duas grandes classes iniciais: "[...] se se considerar que Eneias foi seu primeiro fundador, se dirá que está entre aquelas fundadas por forasteiros; se se considerar que foi Rômulo, se dirá que é daquelas edificadas por homens nascidos no local; mas, seja qual for o modo considerado, se verá que Roma teve um princípio livre, sem depender de ninguém",[13] completa. Este será o traço que, para além da tipologia, de fato interessará, como o leitor irá constatar no início do segundo capítulo.[14] De todo modo, Maquiavel ainda observa aqui, sobre Roma, seguindo a convenção, que a boa escolha do lugar (fértil, protegido, mas com abertura para o mar) e suas boas leis (capazes de barrar o ócio que costuma advir da abundância proporcionada por um solo fértil) explicam que "numerosas vitórias e a grandeza do [seu] império não a puderam corromper durante muitos séculos, mantendo-a cheia de uma *virtù* com que nenhuma outra cidade ou república jamais se ornou".[15]

Todavia, podemos constatar (não obstante Cícero atribuir a Rômulo a escolha da implantação geográfica da cidade)[16] que se Roma, ao cabo, termina por ser classificada pelo autor no primei-

---

[12] Esta incerteza já é assinalada pelo próprio Tito Lívio no início de sua história sugerindo o caráter mítico das narrativas da fundação.

[13] Maquiavel, *Discursos sobre a primeira década de Tito Lívio*, op. cit., p. 11.

[14] Cf. *idem*, p. 12.

[15] *Idem, ibidem.*

[16] Cf. Cícero, *De re publica*, II, 5, III, p. 115.

O distanciamento dos paradigmas antigos do "regime misto"   73

ro grupo ("cidades edificadas por naturais do lugar"; pois, a hipótese retida é a da fundação por Rômulo), não houve, então, em seu caso, a inteligência da boa escolha do lugar e, como também se verá, logo adiante, no início do segundo capítulo, não foi uma boa legislação original que produziu a *virtù* romana, visto que, diferentemente de Esparta, as boas leis lhe vieram "ao acaso e, em várias vezes, segundo os acontecimentos"[17] e não, como no caso dos espartanos, pela inteligência feliz de seu fundador. Roma, na verdade, nasceu como principado. Assim, como se vê, as crenças que sustentam a classificação, não obstante serem aparentemente assumidas, revelam-se irrelevantes; não explicam o sucesso de Roma. Entretanto, logo manifestam uma outra utilidade: permitem observar, meridianamente, algo que Maquiavel se dispensa de explicitar: se os florentinos acreditam que sua origem os destina à *virtù*, à *libertà* e à *grandezza*, que o esqueçam. Rodeada também por salubres e férteis colinas, às margens aprazíveis do Arno — seu Tibre — e herdeira presumida das boas leis romanas, abate-se sobre Florença o duro diagnóstico: cidades como Alexandria (fundada pelo virtuoso imperador, beneficiada pela fertilidade do Nilo e a proximidade do mar),[18] raras vezes realizam grandes progressos, diz ele, sem deixar de apontar seu alvo: "semelhante a essa foi a edificação de Florença, sob o império romano. Ou foi edificada pelos soldados de Sila, ou pelos habitantes dos montes de Fiesole, que, confiantes na paz que houve no mundo no tempo de Otaviano, reuniram-se para morar na planície, às margens do Arno; assim, não foi possível em seus primórdios aumentar seus territórios, além daqueles que, *por cortesia do príncipe, lhe eram concedidos*".[19]

---

[17] Maquiavel, *Discursos sobre a primeira década de Tito Lívio*, op. cit., p. 13.

[18] Cf. *idem*, p. 11.

[19] *Idem*, p. 9, grifos nossos. Maquiavel volta a esta oposição, nascidas livres e nascidas servis, no Livro I, cap. 49: "[...] não é de admirar que as cidades que desde o início tiveram seu princípio na servidão, tenham não dificuldade, porém impossibilidade de ordenar-se de um modo que lhes possibilite viver civil e pacificamente. Conforme se vê, foi o que ocorreu à cidade de Florença, que, por ter sido no princípio submetida ao império romano e ter vivido sob o

Edificada pelos naturais do lugar ("no tempo de Otaviano") ou, como pretendia Bruni, fundada pelos soldados de Sila ainda no período republicano, Florença, como Alexandria, não teve origem livre, não podendo, portanto, esperar um destino de grandeza. Que busquem os florentinos, por um verdadeiro conhecimento das histórias e pelas lições das "coisas do mundo", afastar-se de suas ilusões, de suas imaginações, para conhecer a *verità effettualle delle cose*, as verdadeiras causas da grandeza das repúblicas, para encontrar saída para os impasses de seu presente. É esta, sem dúvida, a mensagem central do primeiro capítulo.

No segundo capítulo, ao vir à questão dos regimes de governo, à questão das *ordini*, mais uma vez partindo da opinião comum, Maquiavel busca a referência canônica ao Livro VI das *Histórias* de Políbio, o paradigma clássico do melhor dos regimes, o misto republicano. Mas, se o objeto do capítulo são as repúblicas, tomada a expressão nesse momento no sentido geral de "estados" ("de quantas espécies são as repúblicas e de que espécie foi a república romana" — esta, evidentemente, da espécie mista), o discurso começa, no entanto, por um caminho inusitado, todavia articulado ao capítulo anterior. Somos remetidos à tipologia antes estabelecida para assinalar o desinteresse da investigação constitucional por cidades "que nasceram submetidas a outras", "dependentes de outras" ou, como se dirá adiante,[20] "nascidas na servidão", visto não terem identidade própria e ser quase impossível, como vimos, pretenderem alçar-se à excelência. Trata-se, portanto, de examinar, diz, "as que nasceram distantes de todo tipo de servidão externa e logo se governaram por seu próprio arbítrio",[21] acrescentando, "seja como repúblicas, seja como princi-

---

governo alheio, passou longo tempo subjugada, sem pensar em si mesma; depois, chegada a ocasião de respirar, ela começou a constituir suas ordenações, que, misturando-se às antigas que eram ruins, não poderiam ter sido boas: assim, foi-se ela arranjando por duzentos anos, intervalo de que se tem segura memória, sem jamais ter possuído um estado pelo qual pudesse realmente ser chamada república" (*idem*, pp. 144-5).

[20] Cf. *idem*, I, 49.

[21] *Idem*, p. 12.

O distanciamento dos paradigmas antigos do "regime misto"

pados; cidades que tiveram não só diferentes princípios, mas também diferentes *legge* e *ordini*".[22] Pois, como afastar Roma, nascida livre, mas como principado, dessas considerações, evidentemente apontadas para a questão das boas leis e da perfeição das constituições? Assim, impõe-se, de imediato, a distinção que se segue: "algumas receberam leis [perfeitas] em seu princípio ou depois de pouco tempo, de um só homem e de uma só vez — como as de Licurgo dadas aos espartanos; outras as receberam ao acaso e em várias vezes, segundo os acontecimentos, como ocorreu a Roma".[23] No primeiro caso, o da *politeia* dos lacedemônios, mais feliz que a dos romanos, pôde-se viver "sob tais leis, sem corrigi-las", por oitocentos anos. No segundo caso, aquele — menos feliz, mas "não de todo infeliz" — de Roma, não houve na origem uma ordenação perfeita; ainda assim, ela se inscreve entre as cidades que "têm um princípio bom, passível de melhorar, [e] podem vir a tornar-se perfeitas graças a algum acontecimento"[24] — justamente o que será considerado no terceiro capítulo ("Que acontecimentos levaram à criação dos tribunos da plebe em Roma, *o que tornou a república perfeita*", grifos nossos).

Sabemos que vem de Políbio a observação sobre a construção do regime romano, não de uma vez, mas ao longo do tempo. Porém, como Lefort já observou agudamente, o historiador grego ainda assim decifra a construção romana pela obra de Licurgo, que funciona para ele como um "fiador teórico" da apreciação da constituição temporal do modelo romano.[25] Já com Maquiavel, tudo se agencia no sentido de solapar a ideia de uma inteligência constitucional perfeita — operada por raciocínio —, e de afastar o paradigma espartano, o que se patenteia logo adiante, no sexto capítulo, em que o foco da questão da *virtù* das instituições desloca-se da perspectiva da composição formal do governo, da inteligência da articulação de sua mecânica constitucional, para aquele

---

[22] *Idem, ibidem.*

[23] *Idem*, p. 13.

[24] *Idem, ibidem.*

[25] Cf. Claude Lefort, *Le travail de l'oeuvre Machiavel, op. cit.*, p. 469.

da produção histórica dessa *virtù*, para aquele das causas históricas — e não propriamente "constitucionais" — da liberdade.[26] Ora, a aspiração por uma forma constitucional equilibrada, pela produção de um regime temperado e harmonioso, aos moldes de Veneza, obcecara a elite florentina após a criação do Grande Conselho, em 1494,[27] e afinal se realizara com a adição do princípio monárquico ao regime então estabelecido (que já associava, com seus Conselhos, democracia e aristocracia), mediante a introdução da figura do *gonfaloniero* vitalício, o "*dòge*" dos florentinos. Como lembra aqui Maquiavel, "após os acontecimentos de Arezzo, em 1502",[28] a cidade alcançara, então, seu ideal de uma constituição perfeita, que — ele observa, não sem alguma ironia — durou apenas dez anos, ainda menos que a constituição de Sólon que, ele dirá adiante, teve "vida tão breve que, antes dele morrer, viu nascer a tirania de Psístrato",[29] como Florença viu renascer a dos Medici.

Assim, visando a demolição dos mitos florentinos, Maquiavel não deixa de trazer à consideração de seu leitor "o que dizem alguns que escreveram sobre as repúblicas",[30] propondo, nesse segundo capítulo, uma síntese, no geral bastante fiel, da teoria de Políbio exposta no Livro VI das *Histórias*, do qual ele glosa ou reproduz passagens centrais (não obstante algumas alterações significativas,[31] sobretudo quanto à repetição, natural e necessária, do ciclo dos regimes). Após a exposição da anaciclose polibiana

---

[26] Cf. *idem*, p. 471.

[27] Cf. entre outros, Marie Gaille-Nikodimov, *Conflit civil et liberté*, *op. cit.*, p. 47, nota 35.

[28] Maquiavel, *Discursos sobre a primeira década de Tito Lívio*, *op. cit.*, p. 13.

[29] *Idem*, p. 18.

[30] *Idem*, p. 14.

[31] Deixo de apontar tais alterações; mas lembro que são bastante comentadas, como ainda recentemente, por Laurent Gerbier, em Marie Gaille-Nikodimov, *Le gouvernement mixte*, Sainte-Étienne, Publications de l'Université de Saint-Étienne, 2005.

— que termina regularmente, também aqui, com o louvor da constituição de Licurgo, relembrando sua extraordinária duração —, é que Maquiavel volta ao caso de Roma, aquele da boa constituição realizada ao longo do tempo, ao acaso dos acontecimentos. Nessas considerações finais do capítulo, contudo, o comentário sobre a constituição romana poderá não parecer fugir muito do quadro convencional delineado por Políbio e Cícero: a cidade começa como principado (porém, "em conformidade com a vida livre");[32] ao expulsar os reis, "aqueles que os depuseram, ao estabelecerem imediatamente dois cônsules para ficar no lugar dos reis, na verdade, depuseram em Roma o nome, mas não o poder régio",[33] constituindo, assim, uma mescla de principado e aristocracia, para, depois, integrar ao regime o princípio popular; pois, logo, "tornando-se a nobreza romana insolente [...] o povo sublevou-se contra ela; de modo que, para não perder tudo, ela foi obrigada a conceder ao povo sua parte".[34] E Maquiavel acrescenta em seguida: "permanecendo mista, constituiu-se como uma república perfeita".[35] Enfim, tirante a insistência sobre a causa maior desses movimentos constitucionais — a desunião e a hostilidade entre a plebe e o Senado —, tudo aqui parece corroborar a consideração polibiana sobre esse processo feliz de advento de um regime misto, cujos elementos se compõem, pela sabedoria do povo romano[36] (e não de um só homem, de um Licurgo), nas dobras do tempo.

---

[32] Tal conformidade será explicitada no capítulo 9 (cf. Maquiavel, *Discursos sobre a primeira década de Tito Lívio, op. cit.*, p. 42).

[33] *Idem*, p. 18.

[34] *Idem*, p. 19. Observe-se que, ao atribuir à nobreza romana esta concessão à parte popular, Maquiavel manifesta o caráter essencialmente aristocrático desse regime.

[35] *Idem, ibidem.*

[36] Cf. Políbio, *Histórias*, VI, p. 332: "O legislador espartano, portanto, discernindo em seu raciocínio a origem e a evolução naturais das formas de governo, estruturou sua constituição sem ter aprendido com as adversidades, enquanto os romanos, embora tendo chegado ao mesmo resultado final no tocante à sua forma de governo, não chegaram a ela mediante qualquer processo de raciocínio, mas *graças às lições hauridas em muitos embates e dilemas, e esco-*

É o decisivo terceiro capítulo que virá explicitar e confirmar o movimento de ruptura do comentador de Lívio e Políbio com a tradição. A inflexão se insinua já no final do segundo capítulo pela repetição, por três vezes, do bordão da "desunião do senado e da plebe" (no juízo de Cícero, a desgraça da República). É verdade que, aí, a fórmula poderia ainda ser lida na chave tradicional da tensão entre estas partes diversas da cidade, que a sabedoria de um legislador (como Sólon) ou um *princeps* (como Cipião) conseguiria desarmar e compor, dirigindo-as no sentido do interesse harmonizado de todos, o bem comum da cidade. Entretanto, nesse terceiro capítulo, depois de trilhar o caminho balizado pela opinião comum, será difícil manter tal entendimento. Nele se abre claramente o portal do novo continente anunciado, o novo horizonte daquele saber "efetivo" das coisas políticas.

Entretanto, poderíamos, com certeza, ainda conjecturar que nosso autor, ao insistir na hostilidade entre o senado e a plebe romanos, abandonaria a fórmula da harmonia da composição polibiana, para voltar ao paradigma do regime misto aristotélico, mobilizado por Leonardo Bruni ao comentar as instituições florentinas. Pois não se aludirá mais, a partir do segundo capítulo, ao princípio monárquico. O papel constitucional equilibrador, antes atribuído aos Tarquínios, e a introdução do princípio popular são agora sintetizados, no registro institucional, na função e atuação dos tribunos da plebe. Logo se observa, porém, que não é o paradigma aristotélico que se impõe a partir deste terceiro capítulo. Aristóteles propõe seu regime misto, sua *politeia*, como a composição constitucional das duas partes fundamentais da cidade, ricos e pobres — portanto, como mistura de oligarquia e democracia — em vista da integração progressiva dos humores dessas classes que dividem as cidades. Ora, para Maquiavel (Lefort foi o primeiro a mostrá-lo) não há nenhuma composição possível entre esses humores; mostra-se impossível colocar a cidade no horizonte do acordo e da concórdia. Em Aristóteles, a associação de ricos e po-

---

lhendo sempre o melhor à luz da experiência ganha em desastres obtiveram o mesmo resultado de Licurgo, ou seja, a melhor de todas as constituições existentes em nosso tempo" (grifos nossos).

bres no governo, já foi assinalado, permite ao legislador reunir as "partes" que se mostram capazes de abranger a comunidade econômico-social como um todo, limitando e submetendo seus interesses diversos ao interesse comum, de modo a integrar e integralizar o composto político pela produção de leis, de universais políticos. O filósofo opera com as categorias psicossociais da cultura política grega, distinguindo homens e grupos sociais segundo suas pulsões, por bens ou por "liberdade" (independência licenciosa, segundo os Antigos), ou ainda pela busca da excelência nas aristocracias. Para ele, a pulsão popular é tendencialmente anárquica, como para Platão. Já em Maquiavel o estofo do desejo popular é inteiramente outro. Ele não é mais visto como dissociativo, movido, como antes, pelo desejo dispersivo de prazer, pelo desejo de cada um de viver em segurança como bem entender. Como mostra agora o terceiro capítulo, o povo aspira pela proteção das leis; seu desejo aponta para o universal — que não é mais produzido por composição com os grandes, ricos e poderosos, mas *tão somente* por seu desejo de não ser por eles comandado e oprimido. Aos tribunos, é conferida, assim, a mesma função institucional antes exercida pelos Tarquínios: defender o povo da ganância e insolência dos grandes; assinalar o interesse geral, fazendo barreira aos assaltos dos ricos e poderosos. Não há mais, aqui, qualquer composição do desejo de bens e do desejo de liberdade, vergados ambos pela máquina constitucional na direção de um bem comum. A boa constituição agora é aquela que, mediante a ação do tribunato da plebe, dá lugar à atividade do humor popular, à negação da opressão. O regime verdadeiramente republicano (nem aristocracia, nem democracia) é o governo das leis (que "tornam os homens bons")[37] derivadas de um único princípio motor, o desejo de não dominação. As boas leis não vêm mais da composição de três, nem de dois princípios; vêm da operação de um só. Um singular "regime misto"!

Impõe-se, no entanto, a essa altura, uma observação ao comentário de Lefort a esse terceiro capítulo. Ele confere aos tribu-

---

[37] Maquiavel, *Discursos sobre a primeira década de Tito Lívio, op. cit.*, p. 20.

nos — que vêm revezar os Tarquínios na contenção da maldade da nobreza — a posição de um terceiro termo, destacado, como regulador da luta de classes[38] — um terceiro, como foram os Tarquínios, mas certamente, sobretudo, como será o *principe nuovo*, no seu papel de anteparo à ambição e prepotência dos grandes. E convenhamos que tal compreensão corresponde à própria letra de Maquiavel nas linhas finais do capítulo, em que diz: "os romanos ordenaram com tanta proeminência e reputação [os tribunos] que, a partir de então eles puderam ser *intermediários* [*mezzi*] entre a plebe e o Senado, para obviar a insolência dos nobres".[39] Parece necessário, contudo, tomar com precaução esta expressão. Tudo nesse tratado leva o leitor a associar, e mesmo a colar, os tribunos ao humor popular. Quando se diz, no segundo capítulo, que a nobreza insolente "se vê obrigada a conceder ao povo sua parte",[40] esta parte popular se consubstancia, evidentemente, na instituição do tribunato; e não restará dúvida, pelos textos que vêm adiante, que os tribunos são estabelecidos "para a segurança da plebe",[41] que representam institucionalmente o papel do humor negativo do povo: "refrear a nobreza",[42] barrar sua ganância e insolência. Também no final do quarto capítulo isto se estabelece de maneira ainda mais explícita. Observa-se sobre a instituição dos tribunos que, "além de dar a parte que cabia ao povo na administração, tais tribunos foram constituídos para guardar a liberdade romana, como se mostrará no capítulo seguinte".[43] Ora, a quem, segundo Maquiavel, se deve dar a guarda do *vivere libero*, da liberdade pública? Evidentemente, aos plebeus, aos "populares" que têm "maior vontade de viver livres [...], que, não podendo eles mesmos apode-

---

[38] Lefort, *Le travail de l'oeuvre Machiavel*, op. cit., p. 473.

[39] Maquiavel, *Discursos sobre a primeira década de Tito Lívio*, op. cit., p. 21 (grifos nossos).

[40] *Idem*, p. 19.

[41] *Idem*, p. 21.

[42] *Idem, ibidem*.

[43] *Idem*, p. 23.

rar-se dela [liberdade], não permitirão que outros se apoderem".[44] É, assim, sobretudo mediante a ação dos tribunos (mas também dos tribunais),[45] que se desafogam os humores da plebe por vias ordinárias ("sem o emprego de modos extraordinários").[46] E são eles ainda os canais privilegiados das acusações públicas, que evitam as calúnias que apodrecem e arruínam as repúblicas.[47] Eles são, enfim, a expressão institucional necessária do desejo popular de não opressão; não são o terceiro elemento equilibrador da oposição grandes/povo. Se são "intermediários", é apenas no sentido de oferecerem ao humor popular "modos ordinários", canais institucionais, para a sua vazão, constituídos que são, já na origem, pela pressão popular para a "conservação da liberdade".[48]

Não parece haver, portanto, qualquer resquício de um terceiro elemento nas instituições romanas, nas quais Maquiavel vê operar, fundamentalmente, o conflito entre grandes e povo. Não há qualquer sombra do paradigma polibiano, como anota, aliás, com precisão, Marie Gaille-Nikodimov.[49] Não há qualquer equilíbrio desses humores fundamentais e menos ainda sua mistura por via constitucional à maneira aristotélica; eles são vistos como antitéticos e inconciliáveis. Para que prevaleça a república, o governo das leis, é preciso que se imponha, que prevaleça, o humor popular — guardião do *vivere libero* — e ainda seus instrumentos institucionais de expressão, como, em Roma, o poder dos tribunos. Aqui a lei não é "meio-termo", "mistura temperada", conciliação ou compromisso; ela não manifesta um acordo (mesmo que provisório e instável)[50] entre os desejos dos grandes e do povo: a pre-

---

[44] *Idem*, p. 24.

[45] Cf. *idem*, cap. 7.

[46] Cf. *idem*, cap. 7, p. 36.

[47] Cf. *idem*, cap. 8, p. 39.

[48] Cf. *idem*, cap. 4, p. 23.

[49] Gaille-Nikodimov, *Conflit civil et liberté*, *op. cit.*, p. 83, nota 64.

[50] Cf. *idem*, p. 82: "Les lois et les institutions apparaissent comme le fruit d'un compromis entre la plèbe et le sénat. Ainsi, l'organisation politique romai-

valência e efetivação do desejo de dominação e opressão dos grandes assinala tirania e só a afirmação do humor popular configura a liberdade, constitui república.

Como compreender, então, esta questão do "regime misto" na obra de Maquiavel? O comentário de Lefort ao segundo capítulo dos *Discorsi* termina com a seguinte consideração: "perguntamo-nos se a própria fórmula do governo misto é justa para ele", ou se é "apenas um artifício para conduzir seu leitor a uma nova via".[51] Sua conclusão é clara: "Maquiavel introduz sob a capa da teoria clássica — a da *Política* de Aristóteles e das *Leis* de Platão — uma interpretação da história de Roma que requer novos conceitos. Apoiando-se em Políbio, ele utiliza um argumento que mais serve para oferecer ao leitor uma transição para a sua interpretação, ou para mascarar provisoriamente a distância que ele toma relativamente aos Antigos".[52] Despedimo-nos assim, segundo Lefort, da categoria maior da reflexão política dos Antigos; passamos, enfim, com Maquiavel, a novos conceitos, ao "novo mundo" de compreensão da natureza da ordem política.

Sem pretender reproduzir nessa questão a disputa entre partidários da ruptura de Maquiavel com a tradição do "regime misto" e partidários da continuidade (sem querer trazer para o nosso tema o conhecido caso da oposição entre as linhagens de Eugenio Garin e Paul Oskar Kristeller nos estudos do Renascimento), não podemos deixar de lembrar a posição antagônica à de Lefort da parte de outros leitores, que podem ser bem representados pela boa formulação da questão por Marie Gaille-Nikodimov: "Reencontramos várias vezes nos *Discorsi*", diz ela, "uma análise dos efeitos da confrontação dos humores em termos de vigilância e limitação recíprocas dos grandes e do povo, que poderia nos convidar a voltar à ideia de constituição mista [...]. É em negativo que

---

ne n'est plus considéré comme un mélange de formes de gouvernement, mais comme le résultat d'un accord provisoire et fragile entre deux désirs antagonistes qui, pour s'assouvir, doivent accorder quelque chose à l'autre".

[51] Lefort, *Le travail de l'oeuvre Machiavel, op. cit.*, p. 471.

[52] *Idem*, pp. 470-1.

o leitor compreende o caráter benéfico do confronto institucionalizado dos desejos e, portanto, da criação e manutenção de magistraturas que dão a cada humor o meio de luta contra a afirmação excessiva do desejo do outro. Desse ponto de vista, não deixa de fazer sentido aproximar a análise de Maquiavel daquela dos pensadores da constituição mista".[53]

Se, como vimos, não há propriamente regime misto — mistura ou limitação recíproca de poderes, nem produção de um benfazejo equilíbrio institucional entre eles, como pretende Quentin Skinner —, num ponto ao menos, devemos admitir, Gaille-Nikodimov tem inteiramente razão: sobre a dimensão institucionalizada do confronto grandes/povo. Pois, é certo para Maquiavel o papel central das instituições na conservação (guarda) da liberdade, já que a república não supõe o povo em permanente revolta e insurgência. É necessário, segundo o nosso autor, que a oposição popular aceda ao registro das *ordini*, da constituição da cidade, para que se produza uma verdadeira república. Há, de fato, enfim, um problema constitucional relativo à distribuição das magistraturas nas repúblicas: a composição constitucional deve dar lugar e exprimir o antagonismo fundamental e a confrontação permanente entre seus polos. A oposição grandes/povo deve, efetivamente, encontrar vias de expressão "ordinárias", estáveis; deve alcançar o terreno das instituições políticas, "compondo-as", fazendo delas o palco de sua atuação. Devemos ver nisso alguma continuidade ou ponte entre o velho continente da política e o *mundus novus* descortinado pela obra de Maquiavel? É verdade que Lefort costuma se desinteressar um pouco, não pelas leis, mas pelas questões propriamente constitucionais. Para ele o fundamental é a ação dos movimentos populares impulsionados pelo desejo da proteção das leis e do Direito. Isso o faria desconsiderar o caráter "misto" das instituições republicanas maquiavelianas?

Ora, o leitor sabe bem da insistência de Maquiavel na consideração dos *modi ed ordini* — aptos ou não a abrigar os conflitos, a acolher ou não a expressão do descontentamento popular — res-

---

[53] Gaille-Nikodimov, *Conflit civil et liberté*, *op. cit.*, p. 85.

ponsáveis pelas boas leis romanas.[54] Veja-se, no Livro I, capítulo 4: "[...] toda cidade deve ter os seus *modos* para permitir que o povo desafogue sua ambição, sobretudo as cidades que queiram valer-se do povo nas coisas importantes".[55] Lê-se também adiante, no Livro I, capítulo 6: "Se alguém, portanto, quiser ordenar uma nova república, terá que examinar se quer que ela cresça em domínio e poder, como Roma, ou que permaneça dentro de limites exíguos. No primeiro caso, é necessário ordená-la como Roma e dar lugar da melhor maneira possível a tumultos e dissensões entre cidadãos [*universali*]".[56] O secretário florentino não deixa, pois, de atentar para a operação propriamente constitucional da divisão política, como se vê nos *Discursos*, e, sobremaneira, nas *Istorie* ou ainda no *Discorso*.[57] Nestas duas últimas obras, voltadas para a reflexão sobre a história e as instituições de sua Florença, é manifesta a condenação do caráter faccioso de suas sucessivas formas constitucionais: "A razão pela qual todos estes regimes foram defeituosos é que as reformas foram feitas não para a satisfação do bem comum, mas para a consolidação e segurança de uma das partes, segurança esta que também não foi alcançada por restar sempre uma parte descontente, o que se constitui num poderoso instrumento nas mãos daqueles que desejavam alterar o regime",[58] diz, ecoando observação de Aristóteles nos *Políticos* (V, 1). A cidade oscila, portanto, segundo julga, entre principado e república; e nem mesmo "verdadeiros":[59] principado indeciso (embaraçado por Conselhos), república "*governata da ottimati*", sem

---

[54] Cf. Maquiavel, *Discursos sobre a primeira década de Tito Lívio, op. cit.*, I, 4, p. 21.

[55] *Idem*, p. 22.

[56] *Idem*, p. 30.

[57] "Discurso sobre as formas de governo de Florença", escrito por Maquiavel em 1523 — em Helton Adverse (org.), *Maquiavel: Diálogo sobre nossa língua e Discurso sobre as formas de governo de Florença*, Belo Horizonte, Editora UFMG, 2010.

[58] *Idem*, § 4, p. 61.

[59] Cf. *idem*, § 1.

O distanciamento dos paradigmas antigos do "regime misto"

povo,[60] ou, ao se querer popular, "injuriosa e injusta" para com os *ottimati*,[61] tornando-se, assim, instável, pusilânime, incapaz de *grandezza*, por não assumir e dar abrigo constitucional ao antagonismo fundante da vida política.

É preciso insistir: a república maquiaveliana é o governo das leis e não governo do povo, como também, aliás, na tradição dos regimes chamados mistos. E, se há em Maquiavel "regime misto", esse regime é aquele que encena institucionalmente a operação da oposição grandes/povo, o que permite a expressão ordinária da negação popular da opressão. Tal regime e suas leis não se produzem mais, como no passado, pelo equilíbrio ou pela mistura de humores e interesses promovida pela constituição (um governo de mescla de humores, um regime justamente "misto"). Eles advêm tão somente da atividade (negativa) do humor popular e apenas vigem e são efetivos enquanto ativamente ancorados nele — pois que "[...] niuno ordine è stabile senza provedergli il defensore",[62] segundo sentencia. As (boas) instituições republicanas são aquelas que abrigam e fazem operar ordinariamente, institucionalmente, a resistência à opressão — sem prejuízo, é certo, dos "modos extraordinários" (e mesmo *eferati*) que necessariamente se verificam não apenas no momento de sua invenção/criação, mas também naquelas situações em que são negados ao humor popular canais ordinários de expressão. Pois, diz Maquiavel, "é tanta a ambição dos grandes que, se por vários caminhos e de vários modos, ela não é freada em uma cidade, isto leva essa cidade à ruína".[63]

---

[60] *Idem*, § 2.

[61] Maquiavel, *Tutte le opere*, op. cit., *Discorsi* III, 1, p. 690[2].

[62] *Idem*, *Istorie* II, 5, p. 661[2].

[63] *Idem*, *Discorsi* I, 37, p. 120[1].

Rupturas III:
Sobre a originalidade
do republicanismo renascentista

em homenagem a Luiz Carlos Bombassaro

Desde o final do século XIX e no decorrer do XX, os estudos renascentistas, em todos os seus registros, alcançaram uma espessura e uma importância consideráveis. Tornaram-se incontroversos o alcance e o interesse históricos daquela *renascentia romanitatis* ocorrida a partir do século XIV, quando, segundo Burckhardt,[1] "a Itália inteira se apaixona pela Antiguidade", passa a cultivar as letras clássicas e confere à formação nas artes liberais — repropostas nas disciplinas dos *studia humanitatis*[2] — o *status* de formação superior. Já quanto ao sentido e o estatuto intelectual desta extraordinária experiência cultural e política que abre nossa modernidade, quase tudo, no entanto, é controverso. A disparidade das avaliações relativas à natureza desta civilização italiana é conhecida: dos estudos de Georg Voigt e Jacob Burckhardt àqueles dos movimentos de empenho nacionalista e patriótico dos próprios italianos da segunda metade do XIX; dos trabalhos de Ernst Cassirer aos de Rodolfo Mondolfo; ou, finalmente, daqueles propostos por Eugenio Garin e Paul Oskar Kristeller, que balizam hoje, em suas grandes linhas, o campo das controvérsias.

Se é certo que esses debates ecoam em nosso tema, podemos constatar que talvez alcancem nele uma radicalidade ainda mais

---

[1] Jacob Burckhardt, *O Renascimento italiano*, Lisboa/São Paulo, Editorial Presença/Martins Fontes, 1973, p. 140.

[2] Esta formação desdobra o *trivium* da educação fundamental tradicional, as *artes sermonales* (gramática, dialética e retórica), em cinco disciplinas, afastando a dialética e introduzindo o estudo de poesia, história e filosofia moral.

aguda, ao se colocar em causa a própria existência do nosso objeto: um republicanismo (propriamente) renascentista — um elemento, no entanto, central nas inovações do período, escrutinado em trabalhos extraordinários como os de Hans Baron, J. G. Pocock e mesmo os de Eugenio Garin, Paul Oskar Kristeller e Quentin Skinner, em suas sondagens dos pródromos do pensamento político moderno. Ora, James Hankins, professor da Universidade Harvard, nome de peso nos estudos contemporâneos do Renascimento, em uma erudita apresentação do humanismo (*The Cambridge Companion to Renaissance Humanism*), formula de maneira acentuadamente polêmica a questão. Convém citá-lo extensamente:

> Nas modernas histórias do pensamento político, os escritos humanistas sobre o republicanismo têm previsivelmente atraído muito mais atenção que suas reflexões sobre monarquia e tirania. Mas, a expressão comum "republicanismo renascentista" é, em alguma medida, uma designação incorreta [*is to some extent a misnomer*] visto que a tradição republicana na Itália começa no século XII e se estende até o final do XVIII. Expressões da ideologia republicana aparecem primeiramente em meados do século XII e permanecem continuamente na tradição até a queda da República Vêneta sob Napoleão em 1798. Os momentos-chave na história do pensamento republicano na Itália ocorrem com a retomada da *Política* de Aristóteles pelo final do século XIII e com os escritos de Maquiavel no início do XVI. Comparativamente a essas influências maiores, a contribuição humanista para o ideário republicano antes de Maquiavel é modesta. Ela não altera significativamente os termos do debate medieval sobre republicanismo, nem foi tão original em outros sentidos, de modo a se poder falar utilmente de uma tradição distinta de um republicanismo renascentista.[3]

---

[3] J. Hankins, "Humanism and the Origins of Modern Political Thought",

Há cidades republicanas, como Florença e Veneza (em que a república é "reinterpretada em termos oligárquicos"),[4] e há humanistas republicanos; não há "republicanismo renascentista" com marca própria, acredita Hankins. Procuremos, todavia, considerar brevemente a natureza desse ideário político, tomando como orientação sobretudo os trabalhos amplos e fecundos desenvolvidos entre nós, especialmente na UFMG — professor Newton Bignotto à frente, mas também os professores Helton Adverse, Gabriel Pancera e ainda outros. Como eles, acreditamos dever começar por Hans Baron — o grande historiador alemão, que se transfere para os Estados Unidos nos anos da Segunda Guerra Mundial —, cujas investigações conferem às considerações sobre o período e ao tema uma nova direção. O subtítulo do seu livro fundamental — *The Crisis of the Early Italian Renaissance* (escrito antes de 1955 e publicado em Princeton, em sua forma final, em 1966) — indica já seu propósito de abrir um caminho original: *Civic Humanism and Republican Liberty in the Age of Classicism and Tyranny*. Até aquele momento, como sabemos, o Renascimento, no campo do comentário, era acima de tudo o momento do cultivo das letras clássicas (*"age of classicism"*) e, politicamente, como estabelecido a partir do trabalho de Burckhardt, o tempo dos poderes despóticos (*"age of tyranny"*, as tiranias, de perfis diversos, dos séculos XIV e XV). Estas ganham em seu livro, *O Renascimento italiano*, todo o relevo, deixando um espaço exíguo para as repúblicas — Veneza e Florença —, cuja importância histórica não considera tão significativa quanto a das tiranias.

Baron entende, pois, como se vê, ampliar o horizonte e fletir as posições estabelecidas sobre a significação histórico-política do período, assinalando, expressamente, que o elemento de continuidade entre o Renascimento e nosso tempo não é o individualismo, refletido em tiranos e *condottieri* (Burckhardt), mas justamente o

---

in Jill Kraye (org.), *The Cambridge Companion to Renaissance Humanism*, Cambridge, Cambridge University Press, 1996, pp. 128-9.

[4] *Idem*, p. 129.

republicanismo, a reivindicação da liberdade republicana. No epílogo do livro, ele parece mesmo sugerir o caminho que será posteriormente trilhado por John G. Pocock,[5] observando que "o humanismo, como moldado pela crise florentina, produziu uma matriz [pattern] de conduta e pensamento que não permaneceria limitado aos humanistas florentinos [incluindo-se entre eles Maquiavel]",[6] comparado por ele ao sal que deu força "para o surgimento do mundo moderno",[7] o nosso mundo, segundo assinala. Desse modo, este historiador traz uma tese forte para os estudos do Renascimento, a qual ele próprio resume na Introdução de uma coletânea de seus textos:[8] "até aí", diz, "enfatizava-se a continuidade entre o desenvolvimento da Idade Média e da Renascença",[9] agora, no entanto, "sem poder esquecer o que aprendemos sobre a evolução orgânica da cultura medieval e renascentista, estamos nos voltando, com um olhar mais agudo, para o exame de fatores inegavelmente novos que, na passagem e no começo do *Quattrocento*, entram no crisol da civilização renascente".[10] Ao invés de uma passagem gradual, nos séculos XIV e XV, das comunas livres às *Signorie* autocráticas, como entendia a historiografia corrente, Baron vê aí uma súbita mudança, no curso de poucas décadas, um período "explosivo", "repleto de desafios" e choques políticos, bem como a emergência de novas ideias relativas à vida pública, que transformam, segundo diz, o perfil do humanismo. Assim, ele se empenha em mostrar que o ideário que emerge no início do *Quattrocento* já não podia ser deduzido dos escritos do *Trecento*,

---

[5] John G. A. Pocock, *The Machiavellian Moment: Florentine Political Thought and the Atlantic Republican Tradition*, Princeton, Princeton University Press, 1975.

[6] Hans Baron, *The Crisis of the Early Italian Renaissance*, Princeton, NJ, Princeton University Press, 1966, p. 460.

[7] *Idem*, p. 461.

[8] Hans Baron, *Humanistic and Political Literature in Florence and Venice at the beginning of the Quattrocento*, Nova York, Russel & Russel, 1968.

[9] *Idem*, p. 3.

[10] *Idem, ibidem*.

justamente por trazer — agora na expressão de Bignotto[11] — "uma nova consciência da importância dos valores cívicos e da dignidade da vida compartilhada na cidade". Enfim, nas últimas décadas do *Trecento*, segundo Baron, verifica-se um processo de rápida valorização da vida cívica (da vida ativa dedicada aos concidadãos e ao serviço público),[12] que traz consigo, assinala, tanto inovações literárias, quanto uma nova relação com a história, novos valores morais, novos modelos de vida.[13] No período de uma geração, em poucas décadas, a atmosfera cultural mudara. E o historiador observa também que tais transformações — cujo epicentro localiza em Florença — não apresentam causas culturais (advindas de desdobramentos do "classicismo" literário), nem motivações econômico-sociais; explicam-se por acontecimentos políticos: o crescimento das cidades, os movimentos das conquistas, a instabilidade e a violência das guerras põem a Itália diante de uma situação nova, uma crise de transição, cuja expressão mais dramática estaria na guerra de Florença contra Milão, no momento em que o ducado, a partir da década de 1380, começa a aspirar à formação de um grande estado regional no norte e no centro da península. Tal movimento se antecipa, como se observa, ao processo de formação das grandes monarquias nacionais europeias ocorridas no século seguinte. Assim, seria no quadro daquele confronto, associado a ele, que viria desabrochar o novo horizonte ético e político do humanismo.

Mas podemos contornar os fatos e seus desfechos, alegados pelo historiador, para ressaltar diretamente o ideário cívico produzido em Florença no período do conflito, sem nos aprofundarmos também nas críticas endereçadas às teses de Baron,[14] que se

---

[11] Newton Bignotto, *Origens do republicanismo moderno*, Belo Horizonte, Editora UFMG, 2001, p. 18.

[12] Hans Baron, *Humanistic and Political Literature in Florence and Venice*, *op. cit.*, p. 7.

[13] *Idem*, p. 8.

[14] Na verdade, tais críticas referem-se menos ao teor que ele atribui às ideias e valores que teriam, então, surgido, e mais à afirmação de sua originalidade e novidade, relativamente ao legado das cidades independentes (Quentin

referem, muitas delas, à dificuldade para o estabelecimento das relações que haveria entre os escritos e os acontecimentos lembrados pelo historiador. Na Introdução da preciosa coletânea, *Litterary and Political Aproaches to Early Renaissance Literature: A Problem of Method*, Baron reconhece francamente tais dificuldades de datação. Ele mesmo aponta ali vários casos problemáticos de cronologia e diz acreditar que a própria postulação dessa comunicação entre a história política e a cultura literária daquele momento possa ajudar a estudar e resolver estas questões relativas ao surgimento do ideário cívico.

Consideremos, portanto, os traços deste *Bürgerhumanismus*, as novas concepções atinentes ao valor da vida pública, referidas por Baron, originalmente, à Renascença florentina e à crise dos anos 1400. Seu perfil mais saliente — o elogio da liberdade, o patriotismo, o chamado à participação política e a defesa do governo popular — encontra-se sobretudo, há consenso, nos escritos de Leonardo Bruni, o discípulo de Salutati, tradutor de Aristóteles e chanceler da cidade a partir de 1428. Vários de seus textos integram o núcleo deste renovado humanismo. Em primeiro lugar, sua *Laudatio Florentinae Urbis* (1404), a grande celebração da cidade como herdeira de Roma e guardiã da liberdade e da igualdade republicanas. Este texto traz o comentário de Bruni sobre as instituições de sua cidade, apresentadas como um governo popular equilibrado, sob a tutela de leis legitimadas pelo assentimento do povo florentino e por sua herança histórica.[15] Ora, o que é certamente necessário observar aí, como comenta Newton Bignotto,[16] "é o fato de que, ao referir-se à cidade como sujeito de direito e ao pensar sua organização política, o autor não se sinta compelido a apelar para uma fonte superior de legitimação: Florença busca sua

---

Skinner, *As fundações do pensamento político moderno*, *op. cit.*, p. 93) ou mesmo relativamente ao próprio republicanismo "romano" (James Hankins, "Humanism and the Origins of Modern Political Thought", *op. cit.*).

[15] Cf. Newton Bignotto, *Origens do republicanismo moderno*, *op. cit.*, p. 124.

[16] *Idem*, p. 129.

identidade em raízes que podem ser descobertas na história". Aí, justamente, podemos identificar o traço central e original desse republicanismo florentino. Sem recusar a religião, sem polemizar sobre o fundamento das leis, Bruni se afasta da referência a Deus e às estruturas universais da Igreja e do Império, como mediadoras das leis divinas, e remete a fonte da legitimidade às próprias instituições da cidade e à sua história. O comentário de Bignotto é preciso:

> O que não podemos esquecer, entretanto, é que a independência pressuposta por Bruni é de outra natureza do que aquela almejada pelas comunas do *Trecento* e que, por isso, a liberdade tem um significado muito mais radical, uma vez que não admite tutela de princípios externos à própria cidade. [...] O republicanismo que se deriva daí é muito mais radical do que aquela defesa tímida e prudente do direito de legislar em matérias referentes à organização interna das cidades,[17]

que ocorrera nos séculos anteriores, nas comunas independentes da Itália.

Na "Oração fúnebre a Nanni Strozzi" (1427), general morto em batalha contra os milaneses no mesmo ano, bem como no *De Militia* (1421), podemos ver desdobramentos desta radicalização do republicanismo no apelo a um patriotismo de referência institucional (defesa da liberdade e da igualdade proporcionadas pela constituição popular) e histórica (o apego à imagem da cidade portadora da missão de defesa da liberdade republicana contra a tirania). É esta missão histórica atribuída a Florença que levará Bruni, ao escrever as suas *Historie Fiorentinii Populi* (1410-1420), a reinventar a origem da cidade, para fazê-la herdeira de Roma, portadora de seu legado de liberdade e das virtudes republicanas.

Evidentemente, nessas histórias, o intento de Bruni não é realizar uma descrição realista das instituições florentinas e de seu passado. Discursos e história — também esta penetrada de moti-

---

[17] *Idem*, pp. 128-9.

Sobre a originalidade do republicanismo renascentista

vos retóricos — têm aqui uma função político-prática: visam a construir uma ideia da cidade, estabelecer uma memória coletiva e uma identidade política que deem sentido a uma ação política comum.[18] Não é na chave do realismo histórico, portanto, como bem observa Helton Adverse, que seus textos podem ser julgados; e seria também incorrer em certo simplismo imaginar o autor como um mero propagandista de sua cidade, como um secretário subalterno que põe sua formação retórica a serviço das oligarquias (servindo, quer aos Albizzi e seus aliados, quer posteriormente aos Medici). Parece difícil, assim, acompanhar a avaliação um tanto rasa de Hankins[19] de que "os escritos de L. Bruni nos dão um bom exemplo de como o *folklore* populista da comuna medieval é tacitamente [*quietly*] reinterpretado como ideologia oligárquica".

É importante lembrar a complexidade destas obras (não apenas a de Bruni, mas ainda as de Salutati, Gregorio Dati e outros) e da situação em que emergem; lembrar o contexto da ameaça milanesa e o esforço patriótico para unir e motivar os cidadãos para a defesa da pátria. Além do conflito com os tiranos de Milão, há a oposição às forças do partido guelfo e da Igreja, as lutas das facções e a necessidade de proteger os cidadãos com relação a elas, como há também, certamente, o mascaramento da nova ordem advinda da repressão das reivindicações democráticas e da oposição da burguesia florentina (os estratos altos e médios da população) à extensão dos direitos políticos à "plebe", alcançada pela Revolta dos *ciompi*.[20] É, portanto, preciso reconhecer com Claude Lefort ao menos que a obra de Bruni "surge como eminentemente ambígua".[21] De qualquer modo, a convicção de Leonardo Bruni — fosse ela "ideológica" ou ingênua — sobre o caráter democrá-

---

[18] Cf. Helton Adverse, "A matriz italiana", in Newton Bignotto (org.), *Matrizes do republicanismo*, Belo Horizonte, Editora UFMG, 2013, pp. 78-81.

[19] Newton Bignotto, *Origens do republicanismo moderno*, *op. cit.*, p. 129.

[20] *Idem, ibidem*. Sobre a Revolta dos *ciompi*, ver adiante "Lições das *Histórias florentinas*", pp. 133-79.

[21] Claude Lefort, *Desafios da escrita política*, São Paulo, Discurso Editorial, 1999, p. 153.

tico (e promotor de prosperidade, de virtude, letras e artes) das instituições florentinas não parece tão férreo e inabalável, como se constata em sua correspondência.[22] Pois, o certo é que, dez anos depois de sua "Oração fúnebre" — é Baron que o observa — no opúsculo "Sobre a constituição dos florentinos" (escrito em 1439 para os participantes do Concílio então sediado na cidade), ele já não atribui à sua cidade a *forma popularis*. No dizer de Lefort, "o credo do humanismo cívico não resistiu à transformação do regime ocorrida com a dominação dos Medici".[23] Florença surge nesse escrito como sendo, há muito, um "regime misto", sobrepondo-se, agora, às referências romanas, os ensinamentos dos livros *Políticos* de Aristóteles, traduzidos pelo chanceler. A partir de meados do *Trecento*, o poder teria se inclinado para o lado dos aristocratas e ricos, que pagam a proteção da república a mercenários, em função da desmobilização da milícia cidadã. Baron assinala a mudança e comenta, por seu lado, que "[...] a orgulhosa crença cheia de juventude na liberdade democrática da vida política florentina que surgira nas guerras de independência contra Giangalleazzo e Filippo Maria [os tiranos milaneses] ficará recolhida nos anos do principado dos Medici".[24] Essa crença ficaria recolhida e obscurecida, porém, não desaparecida, segundo o historiador, que vê as convicções e temas daquele humanismo cívico ressurgirem, na mesma Florença, na passagem do *Quattrocento* para o *Cinquecento*, em vários autores, inclusive — e sobretudo, acredita ele — na obra de Maquiavel. Assim, o longo principado dos Medici representaria apenas "um desvio temporário" do campo político e cultural do humanismo cívico: "As sementes plantadas durante a passagem do *Trecento* para o *Quattrocento* criaram raízes e cresceram até a metade do século. O que fora adquirido então viveria ou reemergeria e remodelaria condutas e pensamen-

---

[22] Cf. Helton Adverse, "A matriz italiana", *op. cit.*, p. 78

[23] Claude Lefort, *Desafios da escrita política*, *op. cit.*, p. 152.

[24] Hans Baron, *The Crisis of the Early Italian Renaissance*, *op. cit.*, p. 428.

tos quando, nos dias da república de Savonarola e Maquiavel, a liberdade cívica de Florença fosse restaurada".[25] Essa tese de Baron sobre o desenvolvimento de uma configuração cívica do humanismo e sobre sua reemergência na Renascença italiana tardia (no momento da interrupção do principado dos Medici em 1494) foi, como sabemos, retomada a seu modo por Pocock em 1975 e amplamente assumida, como uma tradição bem determinada e balizada, pelo pensamento político contemporâneo. E, certamente, não se podem negar os vasos comunicantes que associam esse humanismo a uma obra tão original quanto a de Maquiavel, que testemunha, sem dúvida, a pregnância daquele ideário cívico no momento que Pocock justamente denominou "maquiaveliano". No entanto, sem desconsiderar a comunicação dos temas e referência comuns, o extraordinário comentário lefortiano da obra do florentino nos faz compreender que é tão certo que "o pensamento de Maquiavel se elabora nesta matriz do humanismo cívico, quanto também que conquista sua identidade destacando-se dele".[26] É preciso verificar que no caldo de uma mesma linguagem o discurso de Maquiavel toma uma direção oposta: ele empreende um contradiscurso e propõe uma nova concepção de república.[27]

Enfim, como observa Lefort em várias ocasiões,[28] o contraponto entre Maquiavel e os humanistas do século anterior é completo. No registro institucional, ele recusa a tese da excelência do "governo misto" (nenhum regime assegura o equilíbrio e a concórdia) ou mesmo aquela de um bom governo popular ("Maquiavel não deixa supor que 'o povo' possa exercer o poder").[29] No

---

[25] *Idem*, p. 439.

[26] Claude Lefort, *Le travail de l'oeuvre Machiavel, op. cit.*, p. 771.

[27] *Idem, Desafios da escrita política, op. cit.*, p. 193.

[28] *Idem, Le travail de l'oeuvre Machiavel* (1972), "Maquiavel e os Jovens" e "O nascimento da ideologia e o humanismo" (in *As formas da história*, São Paulo, Brasiliense, 1990), "Maquiavel e la *verità effettuale*" (in *Desafios da escrita política*, São Paulo, Discurso Editorial, 1999).

[29] *Idem, Desafios da escrita política, op. cit.*, p. 195.

registro dos valores, inverte o discurso humanista: não é a virtude moral que leva às boas leis que, por sua vez, levam à boa educação dos cidadãos; são as boas leis que levam à sua boa educação e, esta, às virtudes. No registro da história, Maquiavel ataca o mito da romanidade de Florença, mostrando que Roma não é um paradigma constitucional a ser copiado, pois sua grandeza não viria da concórdia promovida por sua constituição; vem dos conflitos e da sua abertura para a manifestação do desejo popular no interior de suas instituições.

Apoiado em Maquiavel, Lefort pode, assim, identificar no ideário do humanismo cívico o nascimento de um gênero novo de discurso, justamente aquele que não busca mais os fundamentos e sustentações de suas representações e valores fora de si mesmo, em algum elemento transcendente (a Justiça, o Direito, a Revelação divina) — produzindo uma representação teológica do mundo político —, mas sustenta em si e por si suas representações, projetadas como "reais", como exteriores ao pensamento, "sem [deixar] vestígios da sua origem".[30] Evidências discursivamente construídas, e passíveis de ser reconhecidas por um sujeito universal, por todos os homens.[31] E tal é justamente a natureza do discurso dos humanistas florentinos, de Bruni em especial: ele faz a defesa da liberdade contra o despotismo; assinala esta defesa dos povos livres como missão universal de sua cidade (uma missão confirmada por evidências históricas); produz a identificação de Florença à Roma republicana e a seu legado de grandeza; faz a defesa do regime popular de igualdade perante a lei, que — segundo observa — promove uma nobre competição pela virtude e as honras públicas. É esse discurso "ideológico", em sentido preciso, que Maquiavel viria, então, desmontar. Ele vem apontar, mostra Lefort, o engano da ideia de volta às origens da cidade e de imitação de um paradigma — o romano — sem criação histórica (pois não se pode anular a diferença dos tempos); o engano da ideia da existência de uma "boa sociedade" (não há "o melhor regime", a divisão ci-

---

[30] *Idem*, "O nascimento da ideologia e o humanismo", *op. cit.*

[31] *Idem*, p. 253.

vil é inultrapassável); o engano, enfim, da ideia de que a defesa da liberdade florentina é a defesa da liberdade de todos (tendo em vista que a grandeza da cidade se faz certamente às custas da submissão de muitas outras).

Como se vê, o humanismo cívico fornece a Maquiavel (e a seus jovens contemporâneos dos *Orti Oricellari*, que ouvem seus *Discorsi*) grande parte da tópica, vocabulário e conceitos de suas reflexões — fornece-lhe uma linguagem, que ele, no entanto, toma a contrapelo, em chave crítica. Do mesmo modo, é certo também que os humanistas retomam a linguagem do republicanismo medieval e sua herança romana; mas também eles o inscrevem em um discurso de natureza diversa, de teor original, emancipado das referências transcendentes do passado, fiador ele mesmo de suas "evidências" e razões histórico-políticas — justamente a observação que permite a Lefort, guiado pelas críticas de Maquiavel a seus predecessores, identificar aí o surgimento de um gênero novo de discurso político: o nascimento da "ideologia".

Talvez não fosse descabido acreditar que, em termos temáticos, a contribuição do humanismo cívico para o ideário republicano tenha sido modesta, como pretende Hankins. No entanto, desconhecer sua originalidade relativamente ao medieval significa ignorar o principal, os fundamentos e a própria lógica das representações assumidas. É preciso lembrar que não basta identificar tópicas e fazer semântica histórica para compreender a natureza e o sentido de um discurso; é preciso escavar seu enraizamento político-social, buscar as articulações da argumentação e seus princípios.

Rupturas IV:
Virtude moral e virtude política, o Príncipe e sua *virtù*

Virtude moral e virtude política, Aristóteles as distingue. Ainda que a questão seja controversa na exegese de seus *Políticos*. No Livro III, 4, propõe-se diretamente a examinar esse ponto: "se a virtude do homem bom e do bom cidadão são a mesma ou são diversas".[1] E, como de hábito, o filósofo traz aí uma comparação esclarecedora. Num grupo de marinheiros, dadas suas diferentes funções, há, para cada um, uma excelência própria: ser bom piloto, bom remador e assim por diante. Há, no entanto, uma excelência que se aplica a todos: "a navegação segura é um fim [um bem] comum; ela é, com efeito, o que deseja cada um dos marinheiros".[2] Do mesmo modo, a virtude política desdobra-se em diferentes formas, observa ele; pois, trata-se de buscar o bem comum da cidade a partir de posições diversas e também, evidentemente, segundo os requisitos das diferentes constituições, não havendo, portanto, uma virtude única para um bom cidadão. Ela é sempre relativa às exigências de sua posição em cada regime.

Ora, tais cidadãos, como os marinheiros num barco, podem desempenhar bem suas funções (diversas e adequadas à constituição da sua cidade) sem ser homens de perfeita virtude (moral), já que "é impossível que exista uma cidade em que todos os cidadãos sejam homens bons; sendo, no entanto, necessário que cada um cumpra bem sua tarefa própria, como efeito de sua virtude

---

[1] Aristóteles, *Os políticos*, III, 4, 1276 b 18.

[2] *Idem*, 1276 b 27.

própria".[3] Isto mostra, segundo ele, que a virtude política, que é plural,[4] não coincide com a virtude (moral) do homem bom, que é única, a virtude perfeita. E há mais ainda: a própria virtude moral não se desdobra imediatamente em virtudes políticas, aquelas adequadas ao desempenho excelente de um cidadão em um determinado regime, já que não é o mesmo, por exemplo, ser "bom cidadão" em uma democracia ou em uma aristocracia. Um homem moralmente bom pode não ser um bom cidadão em uma democracia, ainda que, por outro lado, nas aristocracias, o bom cidadão governante deva, evidentemente, ser um homem bom: "só o governo dos melhores absolutamente segundo a virtude, e não de um homem bom em uma perspectiva particular, pode ser legitimamente chamado aristocracia. Com efeito, apenas aí o homem de bem e o bom cidadão são um só e mesmo absolutamente, enquanto nas outras [constituições], apenas são bons em relação à constituição que é a deles", diz, no Livro IV, 7,[5] o capítulo dedicado à natureza e às qualidades das aristocracias. Porém, já no Livro III, 18, isto estava devidamente patenteado: "[...] a excelência de um homem bom é a mesma que aquela de um cidadão da cidade excelente",[6] aquela dos "sonhos" de um *nomotheta*.

No entanto, essa disjunção realista admitida por Aristóteles não é o padrão das relações entre excelência moral e excelência política, dos Antigos até o "humanismo cívico" do Renascimento. Aqui o paradigma clássico é aquele estabelecido por Cícero, mormente em seu catecismo moral, *Dos deveres*, talvez o texto da Antiguidade clássica que mais influente foi entre os humanistas. Nesse escrito, a última de suas obras (endereçada como uma herança

---

[3] *Idem*, 1276 b 38.

[4] "Além do mais, visto que a cidade é formada por gente dissemelhante [...], é necessário que não haja uma excelência única para todos os cidadãos, como não há, entre os coreutas, para um corifeu e um assistente" (*idem*, 1277 a 5-10). A passagem (1288 a 37) que parece contradizer esta, como assinalaremos mais adiante, diz respeito a uma cidade que fosse perfeita (ou uma perfeita aristocracia).

[5] *Idem*, IV, 7, 1293 b 2-7.

[6] *Idem*, III, 18, 1288 a 38.

ao filho e, através dele, aos jovens romanos dos estratos sociais superiores), Cícero entende fundar algo já intensamente presente em seus primeiros textos políticos — o *De re publica*, o *De oratore*, o *De legibus*, redigidos entre 55 e 51 a.c. —, seu combate ao alheamento das novas elites romanas em relação ao interesse público e a afirmação da exigência moral da participação na vida pública. Impõe-se o preceito da colocação do interesse comum à frente daqueles privados (alimentados, estes, pelos apelos da utilidade e do prazer) ou até mesmo do chamado à especulação filosófica, como em sua crítica aos epicuristas no Proêmio do *De re publica*. Como é sabido, no seu tratado *Dos deveres*, o filósofo assenta a dimensão e o alcance políticos do sistema da moralidade, estabelecendo a precedência dos deveres relativos à comunidade (*officia ex communitate*) sobre todos os outros e produzindo o argumento que, adiante, no Renascimento, virá alimentar o embate pela superioridade da "vida ativa" sobre a "contemplativa" e das virtudes cívicas sobre aquelas do indivíduo dedicado ao cultivo da própria excelência moral (sustentada quase sempre pelo esteio das disciplinas da oração e da contemplação).[7] Nessa obra, como se sabe também, Cícero, sem contradição com sua profissão cética, assume a moralidade estoica como a mais aprovável, mantendo, portanto, a suspensão no que diz respeito aos fundamentos desta moralidade. Pois, ele adverte que não se apresenta nesse trabalho como um intérprete do estoicismo; vai a ele, nas suas palavras, "conforme nosso costume, tirando de suas fontes, segundo nosso tirocínio e arbítrio, aquilo que nos aprouver".[8] Observação necessária, visto que procede a várias críticas ao *peri tou kathekon-*

---

[7] Para a presença do pensamento de Cícero entre os renascentistas — sobretudo quanto ao *De Vita Civile* de Matteo Palmieri e seu empenho em fundar, pela conexão entre a virtude cívica e os desígnios divinos, uma moralidade política no contexto dos valores cristãos —, conferir o ensaio de Helton Adverse: "Virtude moral e virtude política no Renascimento italiano: o sonho de Dante no *Vita civile* de Matteo Palmieri", em Helton Adverse (org.), *Filosofia política no Renascimento italiano*, São Paulo/Belo Horizonte, Annablume/Programa de Pós-Graduação em Filosofia da UFMG, 2013.

[8] Cícero, *De officiis*, I, 6.

Virtude moral e virtude política, o Príncipe e sua *virtù*   101

tos, o catecismo moral do escolarca estoico Panécio de Rodes, que toma como ponto de partida de sua exposição.

A principal dessas críticas, sabemos, é aquela que assinala no manual do filósofo estoico (que disserta sobre o honesto, o útil, e sobre os conflitos — que seriam aparentes — entre o útil e o honesto) uma lacuna importante para o acabamento de seu sistema da moralidade: "com efeito", diz Cícero, "não se costuma deliberar apenas sobre se alguma coisa é honesta ou desonesta, mas também acerca daquilo que é mais honesto entre dois propósitos honestos e, do mesmo modo, acerca do mais útil entre dois propósitos úteis".[9] Ora, é justamente por esta brecha aberta no sistema estoico que se insinua a decisiva afirmação da precedência dos *officia* relativos à comunidade, em relação, sobretudo, àqueles deveres relativos ao conhecimento. Tal proposição traz consigo a afirmação da proeminência da ação sobre a contemplação, que o racionalismo e o rigorismo estoicos (que tudo remetem à *homologia*, à conformidade com a natureza e à intenção moral do agente — ao agir por dever e não em função dos alvos da ação) certamente encontram alguma dificuldade para assimilar. Pois, a virtude estoica, ao rebaixar o "escopo", os bens visados pela ação, a meios para o exercício da virtude, tende a concentrar-se na intenção moral do agente e passa a visar como *télos*, tão somente a retidão moral da ação conforme à natureza. Assim, parece ofuscar a eficácia prática da ação e reforçar sua dimensão noética (conhecer o que a natureza quer para consentir consciente e racionalmente ao que impõe), fazendo também o exercício da virtude tender a fixar-se no agente singular, tender a se personalizar e individualizar, afastar-se do horizonte da ação comum.

Em Cícero, os princípios do estoicismo moral ganham uma certa inflexão: ele retoma a cada momento o mote de que a verdadeira virtude está no seu exercício e na prática da vida em comum, concreta, do agente moral inscrito em uma comunidade e engajado em seus *skopoi* apropriados. Milton Valente, excelente leitor da ética ciceroniana, assinala esse movimento com grande acuida-

---

[9] *Idem*, I, 10.

de: "importa pouco a Cícero pintar-nos o ideal de uma sabedoria abstrata. Seu propósito era outro: dar ao homem, cuja reflexão é com frequência impotente para ultrapassar a esfera da utilidade, uma linha de conduta inflexível e de valor absoluto — o sentido do bem comum".[10] A moralidade passa, então, a ser definida não mais imediatamente pelo que a natureza "quer"; pois, esse *télos* esse fim, vê-se mediado pelo que a vida social "requer" do sujeito moral, visto que a busca da utilidade comum, o bem de sua cidade, entre os propósitos honestos é o que a natureza dos homens, seres comunitários, *mais* quer.

Como se vê, Cícero, em certo sentido, faz um caminho em direção inversa àquele de Aristóteles. Se este é levado a admitir que o bom cidadão pode não coincidir com o homem de excelência moral perfeita, dissociando, como vimos, em certa medida, a virtude moral e a virtude política, Cícero, por seu lado, faz da segunda, da virtude cívica, o próprio paradigma da excelência perfeita: a busca da utilidade comum figura, vimos, entre as coisas honestas, a mais honesta. De um lado, porque "a virtude reside inteiramente em seu exercício";[11] de outro lado, porque seu alvo maior é a promoção do bem comum, o serviço da pátria — na expressão do filósofo, "a conservação da vida em comunidade", a primeira das inclinações naturais dos homens. Será exatamente este o ensino assumido, a seu modo, tanto pelos manuais do gênero "*speculum principis*", como também pelos pensadores do humanismo cívico: primazia da ação sobre a contemplação e maior dignidade da vida política; enfim, a vida ativa como forma de vida superior, eminência da virtude cívica. O bom cidadão, dedicado à pátria, é o homem da virtude perfeita, merecedor da glória supraterrena, como ensina o "sonho de Cipião", no final do *De re publica*.

É verdade, como verifica Quentin Skinner, que, ao longo dos séculos XIV e XV, essa concepção ciceroniana da excelência moral vai ganhando uma face renovada, vai assumindo novos traços —

---

[10] Milton Valente, *A ética estoica em Cícero*, Caxias do Sul-RS, Educs, 1984, p. 391.

[11] Cícero, *De re publica*, I, 2: "não basta possuir virtude como se fosse uma arte qualquer, se ela não for usada".

sem abandonar, devemos observar, seu enquadramento original, bem como sua constante associação à forma de governo republicana, vista como aquela mais adequada para o desabrochar da virtude. Vem, em primeiro lugar, mostra-nos o historiador das ideias, por oposição ao conceito medieval de nobreza, a ideia de que esta não pode ser medida "pela antiguidade da linhagem ou pelo volume das riquezas, mas acima de tudo pela capacidade de desenvolver os próprios talentos, de atingir um senso adequado de espírito público e, assim, canalizar as energias para o serviço da comunidade".[12] Acentuam-se, pois, as ideias de "esforço e mérito" e, logo, a projeção da virtude na força moral que sustenta a ação do cidadão no sentido de levar sua cidade à grandeza — uma força moral alimentada nas repúblicas pela emulação produzida na competição pelas honras públicas e pela glória.[13] Na visão de Skinner, no entanto, o deslocamento fundamental está na acentuação do traço de vigor, força moral e de caráter, que leva o *vir virtutis* a vencer os obstáculos com que se defronta em sua ação pelo bem público — um traço que tenderia a referir a virtude novamente ao desempenho do indivíduo moral, à sua "força criativa capaz de moldar o próprio destino e fazer o mundo social adequar-se a seus desejos",[14] trazendo para si e para a cidade honras públicas e glória.

Segundo nosso historiador das ideias políticas, o pensamento de Maquiavel se inscreveria na linhagem direta dessas concepções humanistas. Também ele, diz, associa a virtude à capacidade de agir que visa à grandeza e à glória do agente e da cidade. Porém, o secretário florentino radicalizaria estas postulações herdadas do humanismo cívico, desembaraçando tais aspirações do ator político virtuoso das amarras morais e constitucionais. Tratar-se-ia

---

[12] Quentin Skinner, *As fundações do pensamento político moderno, op. cit.*, p. 102.

[13] Pode-se observar que o empenho na busca das honras públicas e da glória não é, certamente, estranho à matriz ciceroniana nem à associação que, posteriormente, se fará — em Patrizzi, sobretudo — desta virtude política com a formação nas disciplinas da retórica e da filosofia moral.

[14] Quentin Skinner, *As fundações do pensamento político moderno, op. cit.*, 115.

aqui de fazer "o que for necessário" para conservar *lo stato* e sua liberdade e conquistar a glória, mais uma vez, a própria e a de sua pátria. O fim permaneceria, portanto, o mesmo que aquele dos humanistas cívicos, ainda que a medida da virtude do agente passasse a ser "a necessidade". O fim, agora, segundo Maquiavel, impõe seus meios, sejam eles os que forem: "donde é necessário" — diz — "querendo um príncipe se manter, aprender a poder ser não bom e usá-lo ou não o usar, consoante a necessidade".[15] Estaria concluída desta maneira a ruptura com a tradição (estoico-cristã) e estabelecido o escândalo do maquiavelismo. A *virtù* (política) se imporia sobre a *virtute* (moral) nas práticas da vida em comum.

Mas, que entendamos bem esta ruptura, diz Skinner: "vulgariza o pensamento de Maquiavel quem lhe cola a etiqueta de pregador do mal.[16] Ele está longe de querer tomar o mal por bem e é bem raro que diga que as virtudes tradicionais não devam ser consideradas admiráveis em si mesmas".[17] Todos sabemos que Maquiavel recusa a Agátocles, o tirano da Sicília, "que se conduziu como criminoso" ao longo de sua vida, o selo da *virtù* principesca, não obstante seu sucesso. Não se pode identificar a *virtù* ao vício.[18] Mas, é verdade também que a *virtù*, aqui, não exclui o vício: "a noção definitiva de quem é homem de *virtù* para Maquiavel e suas palavras finais de aconselhamento ao príncipe podem ser resumidas dizendo-se que ele o aconselha a que, mais do que tudo, trate de tornar-se um homem de 'disposição flexível', capaz de variar sua conduta do bem ao mal e do mal ao bem conforme

---

[15] Nicolau Maquiavel, *O Príncipe, op. cit.*, cap. XV, p. 183.

[16] Trata-se, certamente, da leitura mais longeva e persistente da obra: ela promoveria o maquiavelismo. Esta compreensão ganha corpo no século XVI francês (o das guerras de religião), estende-se pela Inglaterra do século XVII e nos alcança, paradigmaticamente, com a interpretação de Leo Strauss, que vê em Maquiavel a ruptura do direito natural dos clássicos e a expressão de uma política demoníaca.

[17] Quentin Skinner, *As fundações do pensamento político moderno, op. cit.*, p. 138.

[18] Cf. *idem*, p. 159.

lhe ditarem a Fortuna e as circunstâncias".[19] Nem sempre se poderia agir segundo os padrões a que se aspira e que se admira. Da *virtute* à *virtù* se assinalaria, portanto, essa disposição para a flexibilidade moral do ator político: aceitar o que a necessidade impõe pela variação dos tempos e das circunstâncias. Assim, para nosso comentador, os fins da ação política para Maquiavel permaneceriam os mesmos da tradição da moral aristocrática e humanista (*"mantenere lo stato"*, realizar grandes feitos, buscar honra e glória para si e para a cidade); mas, tais fins já não se mostrariam mais alcançáveis apenas pelas disposições convencionais da moralidade. Impõe-se, no nosso mundo turvo, acolher a violência e o mal... quando necessários.

James Hankins não discorda de Skinner; mas, na sua trilha, procura trazer outros balizamentos para o caminho maquiaveliano. Entende mostrar a natureza propriamente ética desta flexibilidade moral, desta dissociação entre os *fins* fixados pela tradição da moralidade (a utilidade comum, a conservação e o serviço da comunidade) e os *meios*, distanciados dos preceitos das virtudes convencionais. Assinala que o deslizamento se dá em uma camada mais profunda que aquela da superfície das relações políticas. A operação maquiaveliana supõe, assinala ele, tanto o afastamento do princípio metafísico-teleológico (e "eudaimonista") dos Antigos, quanto, mais especificamente, da convicção estoica sobre a inteira racionalidade da natureza, bem como a do agente moral que, como parte da natureza, busca conformar-se a ela racionalmente. Perde-se, enfim, em Maquiavel, a garantia metafísica para a correspondência entre o agir honesto racional — o do sábio — e a utilidade que resulta de sua ação (o que permitia a Cícero dizer "só é útil o que for honesto"); pois, é esse "ato de fé na racionalidade oculta do mundo", segundo a feliz formulação de Pierre Aubenque, que sustenta a preceptiva moral paradigmática do *De officiis*. Sem tal garantia da realização necessária dos fins racionais da natureza (a que buscam conformar-se os preceitos morais), o agente se descobre destituído da fiança da razão universal e, portanto,

---

[19] *Idem, ibidem.*

responsável pelos resultados de seus atos. Agora, diz o intérprete, "nem todo fim bom pode ser assegurado por bons meios e nem todo meio bom leva a um bom fim".[20] Abrir-se-iam, portanto, aqui, "os dilemas da ética moderna".[21]

Não haveria, portanto, em Maquiavel, um divórcio entre a política e a moralidade, mas o exercício de uma nova racionalidade ética, a de uma "ética consequencialista", que impõe ao ator político o cálculo relativo aos resultados de cada uma de suas ações, que confere a ele a responsabilidade pelas consequências de seus atos, inscritos sempre em um quadro de circunstâncias contingentes. Contingentes, mas não imprevisíveis, assinala Hankins, pois isto inviabilizaria a responsabilidade do agente por suas ações. É necessário que ele conte com uma razoável previsibilidade sobre os resultados de seus atos, uma exigência a que Maquiavel responderia com seu conceito (pessimista) de uma natureza humana razoavelmente uniforme no espaço e no tempo, inteiramente movida pelos impulsos egoístas e pela rivalidade dos homens, mediados — e medidos — por cálculos racionais. Passaríamos, pois, da imprevisibilidade dos comportamentos humanos, dominados pelos apelos aleatórios das paixões (que a ética dos Antigos, justamente, pretende disciplinar através de sua preceptiva racional), à previsibilidade que se oferece ao cálculo, ainda que sempre limitado, da *virtù* do ator político, que aplica os postulados desta antropologia às circunstâncias de sua ação. A "ciência política" de Maquiavel coincidiria, assim, com esta ética consequencialista: "o observador experimentado [da natureza humana]", diz Hankins, "estará apto a predizer o comportamento dos atores políticos e, então, a tomar decisões corretas, de modo a evitar consequências indesejáveis".[22] Não haveria, enfim, divórcio entre política e moralidade, como pensam muitos leitores de Maquiavel;[23] e é esse "novo mundo

---

[20] J. Hankins, "Humanism and the Origins of Modern Political Thought", *op. cit.*, p. 136.

[21] *Idem*, p. 131.

[22] *Idem*, p. 137.

[23] Cf. *idem*, p. 136.

Virtude moral e virtude política, o Príncipe e sua *virtù*   107

ético que Maquiavel começa a explorar na segunda década do século XVI",[24] diz ele.

São muitas as dificuldades dessa interpretação. A primeira delas, a projeção de uma "natureza humana", universalmente inscrita em indivíduos interesseiros e egoístas — a volta, pela porta dos fundos, de um naturalismo travestido de ciência (ou de hipótese científica) para embasamento da ordem política. Claude Lefort já nos adverte sobre esse equívoco em seu artigo "Machiavel, la dimension économique du politique",[25] um dos textos mais esclarecedores de sua exegese da obra:

> [...] cederíamos à mesma ilusão da maioria dos intérpretes imaginando que a natureza do homem decide aquela de suas relações sociais. As considerações de Maquiavel sobre sua natureza só ganham a cada vez todo seu sentido nos limites de uma argumentação particular; e por esta razão, são frequentemente contraditórias. [...] O que importa a nosso autor não é portanto a natureza humana, tomada em si mesma, é a divisão de um desejo que somente se forma no estado social ou, mais precisamente, o estado político (lá onde há cidade): oprimir/não ser oprimido.[26]

Tema de difícil interpretação, portanto, este de uma "antropologia maquiaveliana", da qual ao menos se pode dizer que não se resolve sem a consideração da fratura política do social que constitui a marca fundamental da obra do filósofo.

É nitidamente certo que a ideia de uma ordem teleológica do mundo, que sustentava a racionalidade ética e política dos Antigos, não tem mais lugar na obra de Maquiavel. Hankins, certamente, tem razão em assinalar nela, como Leo Strauss, o acontecimento da grande ruptura moderna e o advento de uma nova ra-

---

[24] *Idem, ibidem.*

[25] Claude Lefort, *Les formes de l'histoire, op. cit.*

[26] *Idem*, p. 131.

cionalidade para o domínio da filosofia prática. O que é menos certo — é preciso reafirmar — é ver nessa ruptura, como ocorrerá adiante, a afirmação de um novo fundamento natural para o registro da prática: a antropologia que viria embasar o direito natural moderno.[27] O que é preciso observar é que nosso filósofo, afastando a teleologia metafísica, vem a identificar, através do exame da história (ou das "histórias"), uma lógica da produção dos universais políticos. Esta se manifesta no movimento de negação da opressão, a qual advém, para muitos, do poder de poucos para fazer prevalecer seus interesses. O refrão relativo a esta oposição se repete em formulações semelhantes, em todas as grandes obras de Maquiavel: "[...] em todas as cidades se encontram esses dois humores distintos: de que advém que o povo deseja não ser comandado nem oprimido pelos grandes e os grandes desejam comandar e oprimir o povo".[28] O universal se produz, assim, nesta e por esta negação da particularidade da opressão exercida pelos grandes — o que faz do desejo dos muitos, do povo, o fundamento da ordem política. Mesmo nos principados o poder político se mostra inseparável do desejo popular de não opressão, da recusa dos efeitos opressivos da pulsão aquisitiva e de mando dos particulares que buscam comandar e sobrepor-se aos demais.

É verdade que ao considerar o principado civil, Maquiavel observa que "é causado ou pelo povo ou pelos grandes, consoante seja uma ou outra destas partes que tem ocasião [de fazê-lo]".[29] Entretanto, ele assinala também que apenas o príncipe apoiado no povo obtém efetiva autoridade e poder, enquanto aquele apoiado nos grandes (ancorado não na aspiração por universais políticos, mas nas pulsões dos interesses particulares) encontrará sempre sérias dificuldades para se estabelecer e se manter. Em vista disso,

---

[27] Cf. o ensaio da Parte III, neste volume, "Antigos, modernos e 'Novos Mundos' da reflexão política".

[28] Maquiavel, *Tutte le opere, op. cit., Il Principe*, IX, p. 271[1]; *O Príncipe*, 2017, IX, p. 147. Conferir também: *Discorsi* I, 4 e 5, pp. 822-32; *Istorie fiorentine* II, 12, p. 666[1]; *idem*, III, 1, p. 690[1], entre as principais formulações relativas à divisão civil.

[29] *Il Principe*, IX, p. 271[1]; *O Príncipe, op. cit.*, IX, p. 147.

todo o capítulo IX, sabemos, se articula no sentido de persuadir os príncipes a conservar ou conquistar o apoio popular, tendo em vista o *mantenere lo stato* e a consolidação de seu poder: "Deve, portanto, alguém que se torna príncipe mediante o apoio do povo mantê-lo como amigo, o que lhe será fácil, visto ele não lhe pedir senão para não ser oprimido. Mas" — continua — "alguém que, contra o povo, se torne príncipe com apoio dos grandes, deve antes de qualquer outra coisa procurar ganhar o povo, o que lhe será fácil, desde que tome a sua proteção",[30] enfrentando os grandes. Sustentado, pois, pelos muitos, estabelecerá um poder sólido; apoiado pelos poderosos, um simulacro de poder[31] — fundado um sobre a rocha, outro sobre a areia movediça dos interesses. Movidos pelo desejo de bens e poder, os grandes jamais manterão lealdade e fidelidade ao príncipe. Por pouco que este contrarie seus interesses, o abandonam ou se voltam contra ele.[32] Por isso é necessário sempre precaver-se em relação a eles, "pois, existindo neles mais visão e mais astúcia, antecipam-se sempre para se salvar e procuram posicionar-se junto de quem esperam que vença".[33] Se, porém, ao contrário, tomar o povo sob sua proteção, o príncipe também será, em contrapartida, protegido por ele nos "tempos incertos e adversos", quando abandonado e traído pelos seus pares ou pelos magistrados. Enquanto o príncipe der vida e expressão ao universal ("ele mantém com seu ânimo e suas instituições animado o universal", diz Maquiavel),[34] fazendo que "seus cidadãos tenham necessidade do estado dele, eles lhe serão sempre fiéis".[35] É necessário, enfim, ter o povo como amigo e desdenhar

---

[30] *Idem, ibidem.*

[31] Enquanto o povo "faz um príncipe para ser defendido sob sua autoridade" [...], os grandes "dão reputação a um deles e fazem-no príncipe a fim de poderem, à sua sombra, saciar o apetite deles" (*idem*). E tais apetites, lembra, "não se podem satisfazer com honestidade e sem injúria para outros" (*idem*).

[32] Cf. *idem.*

[33] *Idem, ibidem.*

[34] *Idem*, p. 272²; *idem*, p. 151.

[35] *Idem, ibidem.*

aquele provérbio gasto (*proverbio trito*) segundo o qual "quem funda sobre o povo, funda sobre o lodo".[36] O problema que se põe, então, para o agente político, para aquele, sobretudo, que se mira "naqueles príncipes que fizeram grandes coisas" é o da eficácia de sua ação inscrita nesta lógica política da divisão social — justamente a questão que constitui o núcleo e organiza as matérias deste opúsculo dirigido aos príncipes.[37] Como alcançar, manter e operar o favor do povo e escapar à ferocidade dos grandes e à voracidade de seus apetites? Como operar os dois fatores da equação política: equilibrar-se entre a necessidade de enfrentar os grandes (para a proteção do povo e a conservação do próprio poder frente aos opositores e concorrentes) e evitar a desconfiança dos muitos, predispostos a ver no príncipe um dos Grandes, um entre os demais competidores do jogo violento e fraudulento por riquezas e poder?

A resposta dada por Maquiavel a essas indagações é tão complexa quanto afrontosa para as boas convicções morais. Pois, já de início, uma coisa é certa: nesta cena da divisão civil, neste espaço político da confrontação das disposições ou "humores" contraditórios de grandes e povo, não se pode esperar que o príncipe encarne as virtudes políticas convencionais. Seria louvabilíssimo — lemos no capítulo XV — que ele possuísse todas as virtudes consideradas necessárias para o bom governo, sobretudo aquelas nomeadas "principescas" pela tradição (a liberalidade; a clemência e a piedade; a boa-fé e a honestidade, opostas à astúcia e à fraude; a magnanimidade e a religião, o respeito a Deus e a devoção). No entanto, tais qualidades laudabilíssimas "não podem ser inteiramente atendidas, porque as condições humanas não o consentem",[38] diz. A sentença de nosso autor é bem conhecida: "um ho-

---

[36] *Idem, ibidem.*

[37] "Os estados bem ordenados e os príncipes sábios têm com toda diligência pensado em não exasperar os grandes [*di non desperari e' grandi*] e satisfazer o povo e mantê-lo contente: porque está é uma das matérias mais importantes que há para um príncipe" (*idem*, XIX, p. 285[2]; *idem*, XIX, p. 209).

[38] *Idem*, XV, p. 280[2]; *idem*, p. 185.

Virtude moral e virtude política, o Príncipe e sua *virtù*

mem que em todos os aspectos queira fazer profissão de bom tem de se arruinar entre tantos que não são bons. Donde ser necessário, querendo um príncipe manter-se, aprender a ser não bom e usá-lo e não o usar consoante a necessidade"[39] — assumir o que Skinner nomeia "uma disposição [moral] flexível".

Essa passagem do capítulo XV expressa também, diretamente, o que Quentin Skinner aponta como a crítica "simples e devastadora" de Maquiavel ao humanismo clássico e àquele seu contemporâneo.[40] As lições morais dos livros humanistas de aconselhamento aos príncipes pareceriam a ele "como um erro primário e desastroso".[41] Assim, como vimos, a "doutrina fundamental", "o núcleo de seus conselhos aos novos governantes" seria essa exigência de guiar-se pelo que dita a necessidade, segundo a variação dos tempos e das circunstâncias, sem qualquer limite para os "aparentes vícios", nem qualquer sugestão ao príncipe "para comportar-se honradamente em relação aos súditos e aliados. Pois, isso" — continua o comentador — "é exatamente o que não deve fazer, visto que todos os homens, em todos os tempos, 'são mal-agradecidos, volúveis, simuladores e dissimuladores, arredios nos perigos, ávidos de privilégios'".[42] Essa antropologia "realista" seria, então, justamente, a base da grande inflexão da moralidade política anunciada por Maquiavel na direção da flexibilidade moral necessária, nesse "mundo sombrio em que a maioria dos homens não são bons".[43]

Ora, esse imperativo — sentenciado no capítulo XV e repetido no capítulo XVIII — do necessário recurso a meios "não bons", da necessária passagem da ação política pela violência e a astúcia, não pode ser adequadamente compreendido, como já sugerimos, sem a consideração da lógica da divisão social posta na origem das

---

[39] *Idem*, p. 280[1]; *idem*, p. 183.

[40] Cf. Quentin Skinner, *As fundações do pensamento político moderno*, *op. cit.*, p. 52.

[41] *Idem, ibidem*.

[42] *Idem*, p. 57.

[43] *Idem*, pp. 51-2.

instituições, das leis e do direito republicanos (nos *Discursos*), mas também no fundamento do poder nos principados civis, políticos. Sem o desejo dos muitos de viver sob leis e instituições ou, na falta delas, de buscar a proteção de um príncipe, sem, enfim, o interesse comum (honesto) de impedir os danos causados aos muitos pelo desejo de possuir e mandar dos particulares (protagonizado este, na cena da divisão civil pelos Grandes, por seu desejo insaciável de bens e poder), não haveria a instituição de um verdadeiro poder político (seja das leis republicanas, seja de um príncipe de estofo político). Mas não basta a esse príncipe a caução popular e a majestade de seu *stato* para enfrentar os grandes, para escapar das suas armadilhas, para assustar os lobos. Ser-lhe-á necessário também recorrer à violência e à astúcia para barrar a ambição e a prepotência dos poderosos (*potenti*). "Deveis saber" — diz o Secretário aos príncipes — "que há dois gêneros de combate: um com as leis, outro com a força. O primeiro é próprio do homem, o segundo das bestas. Mas, porque o primeiro não basta, convém recorrer ao segundo. Portanto, é necessário a um príncipe saber usar bem a besta e o homem"[44] (e, entre as bestas, como propõe longa tradição, recomenda adotar a raposa e o leão: "raposa para conhecer as armadilhas e leão para assustar os lobos").[45] As ações do príncipe de *virtù* — seus "*modi e governi*",[46] bons e "não bons" — não se impõem, como se vê, em função da maldade universal dos homens; elas são ditadas não pelo egoísmo de todos, mas, ao contrário, pela defesa do interesse comum dos muitos. Enfim, a ordem política, aqui, não se limita a conter — pela astúcia e mesmo a violência do Estado — a maldade natural e conflituosa dos homens; ela a nega e a vence na produção da "coisa comum" (*modi, ordini, legge, governi*); e, enquanto dura, civiliza os homens.

Maquiavel, é preciso, portanto, dizer, está longe de desconhecer a maldade "dos homens". Ele a afirma, de modo contundente, nos capítulos XVII e XVIII do *Príncipe* e aconselha aos legisla-

---

[44] *Il Principe*, XVIII, p. 283[1]; *O Príncipe, op. cit.*, XVIII, p. 199.

[45] *Idem, ibidem.*

[46] *Idem*, XV, p. 280[1]; *idem*, p. 182.

Virtude moral e virtude política, o Príncipe e sua *virtù*   113

dores, nos *Discursos*, a "pressupor todos os homens maus e sempre prontos a usar a malignidade de seu ânimo todas as vezes que tenham livre ocasião".[47] O príncipe ingênuo, cioso das virtudes morais, age como se os homens fossem bons e "se arruína entre tantos que não são bons",[48] porque "os homens", tomados como particulares, no registro de suas pulsões pré-políticas (econômicas, podemos dizer), definem-se justamente por seus conflitos de interesses e seu egoísmo. Sendo sábio, o príncipe permanecerá, então, sempre amigo do povo, do *universale*, ao qual ele mesmo, por sua oposição aos grandes, dá figura e expressão política. Sendo sábio, conhece a maldade dos homens, mas também a "honestidade" do humor popular,[49] cuja força e apoio lhe permitem *mantenere lo stato*, encenar e sustentar uma vida comum, o "*vivere civile* e político". Em suma, devemos entender que um príncipe pode "ser mau" e buscar por todos os meios, como os grandes — grande que ele é —, apenas os próprios interesses, o que nosso autor desaconselha e censura. No entanto, não podendo "ser bom", deve "aprender a poder ser 'não bom'",[50] sem ser mau, dobrando-se, quando necessário, à violência e à fraude contra os interesses dos particulares, em função da instituição e manutenção da "coisa comum": o "manter seus súditos unidos e fiéis a si",[51] *mantenere lo stato*.

---

[47] *Discorsi* I, 3, p. 81¹.

[48] *Il Principe*, XV, p. 280¹; *O Príncipe, op. cit.*, XV, p. 183.

[49] Ainda no capítulo IX, nosso autor observa que "não se pode satisfazer os grandes com honestidade, sem injúria para os outros; mas, o povo sim: porque a finalidade do povo é mais honesta que a dos grandes, querendo estes oprimir e aquele não ser oprimido" (*idem*, IX, 271²; *idem*, IX, pp. 147-8).

[50] *Il Principe*, XV, p. 280¹; *O Príncipe, op. cit.*, XV, p. 183.

[51] Veja-se o capítulo XVII sobre a crueldade e a piedade: "Deve, portanto, um príncipe não se preocupar com a má fama de cruel, *para manter os seus súditos unidos e fiéis*, visto que, com pouquíssimos exemplos, será mais piedoso do que aqueles que, por demasiada piedade, deixam prosseguir as desordens, de que nascem massacres ou rapinas; porque estas costumam ofender uma coletividade inteira (*una universalità intera*), *ao passo que as execuções que provém do príncipe ofendem um particular*" (*Il Principe*, XVII, p. 282¹; *O Príncipe, op. cit.*, XVII, p. 193, grifos nossos).

Mas, há ainda um aspecto crucial dessas considerações dirigidas ao príncipe político: o perigo maior para ele, obrigado a ser "não bom" em relação aos grandes, será sempre, justamente, o de "parecer mau" aos olhos dos muitos e, assim, de perder seu favor, incorrendo em seu desprezo ou seu ódio. Desse modo, não podendo "ser bom", é imperativo que, aos olhos do povo, pareça, ao menos, "não mau", o que certamente exige dele grande capacidade de simulação e dissimulação[52] em relação às "maldades" necessárias, dirigidas a seus adversários e inimigos. Para tanto, impõe-se, primeiramente, que saiba limitar tais maldades, só entrando no mal *necessitato*, sob pena de parecer (e ser) tirânico e rapace ou ainda de se comprazer na desumanidade e crueldade. De outro lado, deverá, acima de tudo, ter em conta que os muitos julgam pelas aparências ("todos veem aquilo que tu pareces, poucos sentem aquilo que tu és")[53] e o avaliam sempre pelo critério das qualidades morais convencionais, sendo-lhe, assim, "realmente necessário parecer tê-las [...]: parecer piedoso, fiel, humano, íntegro, religioso, e sê-lo", na medida do possível, sabendo sempre — continua — "que um príncipe, e mormente um príncipe novo, não pode observar todas essas coisas pelas quais os homens são chamados de bons, estando amiúde necessitado, para manter seu estado, de atuar contra a palavra dada, contra a caridade, contra a humanidade, contra a religião".[54] Ele se equilibra, pois, entre a necessidade de enfrentar os grandes — os lobos — e aquela de obter e manter a adesão dos muitos, que não podem vê-lo como "mau", como

---

[52] Cf. *Il Principe*, XVIII, p. 283[2]; *O Príncipe, op. cit.*, XVIII, pp. 199-201.

[53] Vale citar toda a passagem: "Deve, pois, um príncipe ter cuidado para que não lhe saia da boca uma coisa que não esteja repleta das supracitadas cinco qualidades, e que, a ouvi-lo e vê-lo, ele pareça todo piedade, todo fidelidade, todo integridade, todo humanidade, todo religião: e não há coisa que seja mais necessário parecer ter que esta última qualidade. Os homens em geral [*in universali*], julgam mais pelos olhos que pelas mãos, porque ver toca a todos, sentir toca a poucos: todos veem aquilo que tu pareces, poucos sentem aquilo que tu és" (*Il Principe*, XVIII, p. 284[1]; *O Príncipe, op. cit.*, XVIII, p. 201).

[54] *Idem, ibidem.*

Virtude moral e virtude política, o Príncipe e sua *virtù*   115

um dos grandes, movido apenas por seus interesses e que, acima de tudo, levam em conta os resultados de sua ação: "o vulgo prende-se é com o que parece e com o desfecho das coisas; e no mundo não existe senão o vulgo, pois os poucos não tem vez quando os muitos têm onde se apoiar"[55] — apoiar-se em um príncipe de *virtù*, beneficiado pela fortuna, coroado pela glória.

Como se vê, os valores morais não estão ausentes do campo da política maquiaveliana. Eles vigem como padrão de medida da atuação do agente político por parte do vulgo, e mesmo por parte do príncipe, que se vê obrigado a levar em conta tais padrões e a respeitá-los ou, então, simular respeitá-los, quando o desviar-se deles se revelar necessário. Observa-se, assim, com toda a evidência — como indicava Hankins —, que já não se encontra mais aqui a moralidade de estofo estoico-cristão, aquela das prescrições incondicionais, racionalmente deduzidas de princípios. Aqui os paradigmas éticos vêm dos costumes.[56] A moralidade a ser observada não alega qualquer lastro metafísico ou fim último das aspirações e ações dos homens que fosse capaz de legitimar comportamentos torpes requeridos pelo enfrentamento das paixões e das contingências que agravam a vida em comum. E não se afirma mais também o imperativo da busca de um bem comum abstrato ou de uma universal concórdia, aptos a sustentar uma "ética consequencialista". Aqui, o *mantenere lo stato* é um imperativo imediatamente político, determinado pela lógica da divisão civil.

Aí está o realismo maquiaveliano: nem inclinações naturais, nem cálculos racionais; há tão somente os conflitos dos particula-

---

[55] *Idem*, pp. 284[1-4]2; *idem*, pp. 201-2.

[56] Newton Bignotto, em excelente ensaio sobre as relações entre ética e política em Maquiavel não deixa de advertir que para ele "a política depende [sim] dos julgamentos morais, uma vez que os homens sempre avaliam seus governantes a partir de noções herdadas da tradição, embora não sejam capazes de discernir a verdade ou não das palavras do príncipe. [...]. Falar, pois, do lugar das representações [as representações comuns do bem e do mal] não implica dizer que a ética não tem nenhum papel na política. Corresponde a mostrar que a ética, vivida como costume, é a janela através da qual percebemos as ações humanas" (Newton Bignotto, "As fronteiras da ética: Maquiavel", in Adauto Novaes (org.), *Ética*, São Paulo, Companhia das Letras, 1992, p. 117).

res movidos por seus interesses — o registro que poderíamos denominar "econômico" — e a aglutinação, política, dos muitos em nome de um "todos" (a constituição de universais políticos), contra a opressão daqueles poucos que se fizeram poderosos, *potenti*, na arena dos embates por seus interesses. Não há, enfim, referência a Deus, à natureza ou a pactos racionais para a fundação política; há a produção histórica de postulações "universais" na e pela negação da imposição, opressiva para os muitos, dos interesses de uns poucos. Ora, na ausência do fundamento natural-racional, que lhe assegurava uma normatividade universal e inflexível, é agora a própria ética que se vê referida a esses universais históricos, insinuando-se no campo da política, novamente elevada, então, ainda que num quadro diverso do aristotélico, a saber arquitetônico da razão prática. Não é a política maquiaveliana que, afinal, supõe — pela conservação dos bons fins da atividade política — uma vinculação ética; é toda a ética — no plano público e privado — que agora se vê subordinada à lógica da política: o acolhimento da divisão civil entre grandes e povo; a produção popular de universais prático-políticos (postos nas reivindicações da proteção institucional das leis e de direitos); as exigências do parecer (pois não há transparência nas relações humanas) e a diferença dos tempos — as condições de realização de uma vida comum entre os homens.

Merleau-Ponty, em sua extraordinária "Nota sobre Maquiavel", reconhece no *Príncipe* um "preceito de política que bem poderia ser também" — diz — "a regra de uma verdadeira moral";[57] pois, como a política maquiaveliana, essa moral se dá em "uma

---

[57] É preciso lembrar também o parágrafo final do ensaio: "Si l'on appelle humanisme une philosophie de l'homme intérieur qui ne trouve aucune difficulté de principe dans ses rapports avec les autres, aucune opacité dans le fonctionnement social, et remplace la culture politique par l'exhortation morale, Machiavel n'est pas humaniste. Mais si l'on appelle humanisme une philosophie qui affronte comme un problème le rapport de l'homme avec l'homme et la constituition entre eux d'une situation et d'une histoire qui leur soient communes, alors il faut dire que Machiavel a formulé quelques conditions de tout humanisme sérieux" (Maurice Merleau-Ponty, *Signes*, Paris, Gallimard, 1960, pp. 282-3).

relação com homens e não com princípios"[58] e, seguramente, só se realiza na afirmação de uma ordem e de uma virtude de natureza política, isto é, pela tomada de posição do agente do lado do universal — do lado popular —, em oposição à ambição e prepotência, particularistas, de uns "poucos".

[58] *Idem*, p. 278.

Anotações críticas:
Sobre o campo do comentário
da "obra Maquiavel"

A obra de Maquiavel está entre aquelas que parecem excluir de imediato uma abordagem puramente textual de reconstituição de sua coerência lógica ou doutrinária, desvinculada de seu contexto ou, mais amplamente, da história. Mesmo no nível das representações mais comuns e sedimentadas da obra (reduzidas frequentemente à consideração do *Príncipe*), excetuada aquela, mais vulgar, que a toma por um tratado doutrinário — intemporal — de maquiavelismo, ou aquela que faz dela o momento de fundação da moderna ciência política, todas as demais enfatizam seu vínculo com um determinado tempo: ou ela é o documento e registro da época turbulenta das tiranias renascentistas; ou a empresa política do republicano florentino que, maquiavelicamente, ensina ao povo os procedimentos dos poderosos; ou ainda, finalmente — em função da ênfase que se dá à carta dedicatória do *Príncipe* e ao seu capítulo final —, um tratado patriótico de exortação à libertação da Itália, uma tarefa que viria a dar sentido aos procedimentos descritos no livro, como meios ordenados para tal fim, a necessidade de "acomodar-se aos tempos", de cumprir o que dita a necessidade da construção e conservação de um Estado italiano, em um tempo histórico determinado, aquele do nascimento dos estados nacionais europeus.

É certo que uma parte do comentário mais erudito enreda a exigência de contextualização histórica por caminhos mais exigentes e mais complexos, ainda que também muito diversos. Mesmo os comentadores que, como Pierre Mesnard, o discípulo de Émile Bréhier, veem as obras de filosofia essencialmente como "construções racionais" e autorais e entendem que, mais ainda no registro político, elas não se produzem como "fantasias individuais", mas como sínteses de uma certa experiência intelectual e política. Isso, justamente, obrigaria seu leitor a buscar a história contemporânea da obra, que é, diz Mesnard, a "fonte das ideias matrizes que dominam o sistema"[1] e o terreno de suas proposições sociais. O comentador deve, assim, encontrar "os elementos que a vida social submete ao juízo do filósofo",[2] a experiência que ele elabora e à qual impõe uma determinada coesão racional. Portanto, também no caso de Maquiavel, diz ele, não seria um pensamento abstrato que presidiria o sistema, mas uma experiência real, o fenômeno que domina massivamente seu mundo e sua época, a instabilidade da vida e de todas as instituições ("a instabilidade é o flagelo das instituições do período"[3] e seu grau máximo coincidiria com o período da vida adulta de Maquiavel). Desse modo, a essa experiência da instabilidade, o intérprete fará corresponder a "ideia matriz do sistema", seu substrato doutrinário. Pois, o pessimismo sobre a natureza humana que perpassaria a obra do filósofo encontraria ainda um "fundamento metafísico" na cosmologia averroísta dos paduanos, com seu mobilismo universal (o cosmo determinado por uma energia constante em eterna mudança de equilíbrio, segundo leis imutáveis), e suas consequências antropológicas (a instabilidade e inquietação perpétua dos homens) e psicológicas (seus desejos insaciáveis). Evocando tais bases, Mesnard interpreta, então, a obra de Maquiavel como "a empresa de compreensão das instabilidades e dos meios de remediá-la". Teríamos uma obra inteiramente voltada para a criação de estabilidade, de equilíbrios, seja no registro do poder pessoal (*O Príncipe*), seja naquele das instituições (os *Discorsi*); estaria voltada, enfim, para a busca das "condições da duração" no registro das coisas políticas.

Mas, enquanto Mesnard interpreta, assim, a dimensão histórica da obra buscando o seu contexto social e suas supostas in-

---

[1] Pierre Mesnard, *L'essor de la philosophie politique au XVIe siècle*, Paris, J. Vrin, 1969, p. 211.

[2] *Idem*, p. 3.

[3] *Idem, ibidem*.

fluências doutrinárias, outras leituras importantes vêm enfatizar, antes, a intenção político-prática do discurso, procurando assinalar as oposições fundamentais em que a obra se inscreve, a posição ocupada pelo autor na cena política e os destinatários por ele visados. É certo que compreendem tanto os polos desse embate quanto seus interesses e horizontes também de modos bastante diversos. Pois, como se sabe, são inúmeros os caminhos das interpretações que dão destaque ao horizonte prático das filosofias políticas. Leo Strauss, por exemplo, inscreve a obra de Maquiavel em uma empresa filosófico-política de latitude surpreendente. Através de uma escrita que seria ela própria política (com suas estratégias, seus caminhos oblíquos, artifícios e silêncios... aquela "arte de escrever [hoje] esquecida"), disposta a embaralhar pistas para o leitor comum e para os adversários, Maquiavel revelaria ao leitor avisado — não tanto pelos enunciados da obra, mas por sua trama — seu verdadeiro propósito: solapar as pretensões políticas da Igreja, desacreditar o poder de Roma. Mais ainda: para além disto, ele pretenderia abater o "reino das trevas", excluindo da vida civil a influência maléfica do cristianismo, a autoridade da tradição judaico-cristã ou, como diz secamente o comentador, "a autoridade da Bíblia".

Seja no *Príncipe*, seja nos *Discorsi*, por caminhos diversos e em vista de interlocutores diversos (o "príncipe atual", a elite dirigente, ou o "príncipe potencial", o jovem ávido de saber, o leitor atento),[4] o intuito de Maquiavel seria, enfim, o mesmo: a destruição deliberada da religião que desvitaliza e enfraquece a cidade dos homens. Decorreria daí seu ataque à moralidade e à virtude — aliadas da religião na afirmação de um Bem transcendente —, sua recusa das distinções do bem e do mal, do justo e do injusto, que sustentam os valores éticos e o direito. Maquiavel, portanto, com uma ousadia extraordinária, reivindicaria para si um dos papéis da encenação da gigantomaquia em que se enfrentam as alternativas essenciais e atemporais do pensamento político. Fren-

---

[4] Leo Strauss, "The Twofold Character of Machiavelli's Teaching", em *Thoughts on Machiavelli*, Glencoe, Illinois, The Free Press, 1958 [reimpresso em 1969], pp. 20 ss.; ver, em geral, todo o capítulo, pp. 15-53.

Sobre o campo do comentário da "obra Maquiavel"

te à afirmação de um princípio último (o Bem) regulador do universo das ações e da ordem política (o direito natural dos clássicos) ele assumiria, em nome do realismo, a posição da afirmação dos desejos e dos interesses, tudo reduzindo a estratégias de força e de astúcia submetidas, às inclinações da "vontade". Essa alternativa, já figurada e afastada pela filosofia clássica, seria agora, com ele, pela primeira vez, abertamente afirmada e ensinada, fazendo, então, o nosso pensador destacar-se no campo da reflexão política como o "mestre do mal" ("*teacher of evil*"), responsável por subtrair à vida social e política qualquer tipo de motivação moral.

Porém, o registro histórico implicado na obra pode ser pensado de modo menos épico, um tanto mais prosaico, como se pode ver no trabalho de Felix Gilbert. A partir de um precioso estudo[5] das *consulte e pratiche* — as grandes reuniões consultivas de debate de opinião dos magistrados e cidadãos influentes de Florença, sobretudo entre 1494 e 1512 —, esse historiador procura reconhecer os traços da empresa maquiaveliana em uma direção mais próxima do embate efetivo das posições políticas que se confrontam no tempo em sua cidade. Maquiavel, ator político de relevância em Florença, segundo assinala, mantém-se atado ao quadro das questões políticas e das referências intelectuais daquele momento, os foros do debate republicano, anterior à restauração dos Medici e mesmo posterior a ela, mais adiante. Suas posições doutrinárias se compreenderiam, fundamentalmente, a partir do embate que nesse período opõe os defensores do Grande Conselho, os partidários de um *governo largo*, mais democrático, e a oligarquia florentina, partidária de um *governo stretto*, em nome (pois, ela tudo submete aos cálculos de seus interesses) da eficiência e da racionalidade. Para Gilbert, o sentido da obra se iluminaria pela compreensão de suas convicções profundamente antiaristocráticas, pela figura de um opositor político às manobras obstrucionistas que a oligarquia opõe às instituições da República instituída em 1494 (pois seria, no entender de Maquiavel, a cupi-

---

[5] Felix Gilbert, *Machiavelli and Guicciardini: Politics and History in Sixteenth-Century Florence*, Princeton, Princeton University Press, 1965.

dez dos ricos, que ele odeia, a responsável pela perda do regime republicano e pela destruição da liberdade dos florentinos). Por isso o veríamos condenar em seus textos a riqueza e o facciosismo — sempre atrelado a interesses dos poderosos —; acusar o desejo dos Grandes de monopolizar o poder e, em oposição a esses males, afirmar a eminência do "governo misto", do regime que promove, no plano institucional, o confronto (como aquele que em Roma opõe o Senado e o Povo) entre as partes fundamentais da cidade que, pela oposição de suas "disposições psicológicas" e "papéis" políticos diversos, fariam crescer a vitalidade da sociedade.[6] Se Maquiavel dedica *O Príncipe* aos jovens Medici e os *Discorsi* a dois jovens republicanos (Zanobi Buondelmonte e Cosimo Rucellai), ele o faz, observa Gilbert, em vista dos acenos republicanos dos primeiros (interessados, então, em governar um estado menos turbulento e em estabelecer instituições mais duráveis) e dos interesses dos segundos em compreender, depois de 1512, os motivos da derrocada da República bem como as chances de sua restauração. No *Príncipe*, visaria a um possível "alargamento" do governo (com o conselho para que o Príncipe se apoie no povo e não nos grandes, estabelecendo um principado político), nos *Discorsi*, avaliaria, mais teoricamente, as condições e as chances históricas de um regime antiaristocrático, verdadeiramente republicano.

Claude Lefort[7] está certamente entre aqueles que propõem a contextualização política da obra como inscrição nos embates e debates do calor da hora em Florença. Como Gilbert — em cujas investigações históricas se apoia amplamente —, procura a perspectiva do "observador próximo" para encontrar as balizas que definem o horizonte das questões formuladas por Maquiavel e para compreender o sentido de suas interrogações. As informações históricas lhe permitem assentar, com clareza, a posição antioligárquica do autor e seu alinhamento com a defesa de um *governo largo* e democrático. Lefort, no entanto, não se limita, como Gilbert, a assinalar nos textos a elaboração e defesa dessa tese e seus

---

[6] Cf. *idem*, cap. 4.

[7] Claude Lefort, *Le travail de l'oeuvre Machiavel, op. cit.*

Sobre o campo do comentário da "obra Maquiavel"

desdobramentos temáticos (a questão da *virtù*, da cidadania militar, da exemplaridade de Roma, entre outros). Enquanto o historiador se movimenta no elemento das informações documentais e dele vai aos textos (tomados, na verdade, também como documentos, capazes de ampliar e precisar o quadro de sua interpretação), o filósofo, ao contrário, parte dos textos e vai à história para iluminar por ela os caminhos do discurso, o trabalho do pensamento, as reflexões de um homem político. Isso, justamente, lhe permite destacar a obra dos limites mais estreitos de um contexto que absorve virtualmente a própria obra e a situa (como um pensamento já pensado) na trama das diversas posições e de suas oposições. Aqui o intérprete busca apreender a obra "em trabalho", na atividade crítica do pensamento, portadora de invenção e criação. Desse modo, Lefort entende mostrar não apenas a posição ocupada pela obra no tabuleiro da vida política e dos enfrentamentos dos florentinos — ou ainda seus alinhamentos práticos —, mas, para além deles, procura detectar os pontos de sua ruptura com as teorias e práticas dos diversos grupos que se opõem nessa cena, buscando alcançar a lógica deste pensamento político.

Assim, o trabalho de Maquiavel vai surgir nitidamente como uma empresa, quase sistemática, de exploração das representações centrais inscritas na cena política florentina, e ainda daquilo que nela aflora apenas em sinais, por não poder ser figurado e enunciado, e menos ainda compreendido. Para Lefort, sua obra se realiza, em suma, como um grande empreendimento de desvelamento e crítica da "ideologia florentina", do interior da qual ela emerge. Ao fio de suas investigações, Maquiavel, segundo o comentador, vai manifestando a cumplicidade surda dos discursos que se digladiam naquela arena política; vai revelando entre eles vasos comunicantes, afinidades, uma mesma mitologia política: a bondade das instituições legadas pelo passado (ali, as reformas pretendem-se restauração); o risco das mudanças (o temor das *ordini nuove*); a virtude do justo meio, do menor risco e das contemporizações (a aspiração pela estabilização de um sistema de forças); a necessidade da *unione* face ao perigo extremo da discórdia. Embora falando uns em nome dos princípios cristãos, outros buscando a imitação dos clássicos, outros ainda falando em nome da Razão — o discurso religioso dos *piagnoni*;[8] o daqueles que reivindicam o ideário do humanismo cívico; o discurso racionalista da oligarquia — todos se implicam na trama de um mesmo "discurso coletivo", que Maquiavel iria desfiando à vista do leitor, fazendo-o aparecer nas malhas mesmas de sua crítica. Simultaneamente, portanto, revela e denuncia, enuncia e solapa seus enunciados, produzindo-se como contradiscurso e inaugurando, talvez, uma forma propriamente política e combativa da filosofia. Esse "discurso outro", como diz Lefort, em relação àquele, coletivo, da ideologia, se articula na forma de um processo geral do conservadorismo florentino: assinala a ilusão da busca da concórdia, a necessidade da fundação contínua, o equívoco da busca da segurança pela neutralidade e pelo afastamento dos riscos. Somos, pois, levados a uma compreensão original sobre a visada política da obra e seus destinatários — o *principe nuovo* e a nova geração dos florentinos, convidados à reflexão crítica e a uma outra compreensão do estatuto do sujeito político. Mas, sobretudo somos levados por Lefort a pensar de outro modo a inscrição histórica, a "contextualização", das obras políticas.

Esse intento de compreender a obra de Maquiavel no registro da ação política e da ideologia, de ajustar o foco do comentário na crítica do discurso coletivo que sustenta as práticas e debates dos florentinos, encontra um paralelo importante no trabalho de Quentin Skinner,[9] cujo horizonte é, justamente, aquele da recuperação do "contexto ideológico" das obras clássicas do pensamento político, a reconstituição da "matriz social e intelectual mais geral" em que tais textos desabrocham. Em tal perspectiva, esse historiador faz de Maquiavel um dos alvos privilegiados de seus estudos, tendo publicado sobre o autor, além de muitos artigos,

---

[8] *Piagnoni* (de *piangere*, "chorar") é como são chamados nesse período, em Florença, os seguidores do monge-profeta Girolamo Savonarola, dominicano, prior do convento de San Marco, que domina a cidade com suas pregações inflamadas de 1494 a 1498, quando é queimado como herege. *Piagnoni*, os "chorões" ou "choramingões".

[9] Quentin Skinner, *As fundações do pensamento político moderno*, op. cit.

Sobre o campo do comentário da "obra Maquiavel"

um pequeno livro.[10] Porém, considerando seu método contextualista, podemos também seguramente entender o primeiro volume de seu clássico *As fundações do pensamento político moderno* como uma grande empresa de interpretação — no sentido em que Skinner pensa tal atividade — da obra de nosso autor, que representa para ele o momento final e a formulação acabada de toda a tradição republicana cultivada nas cidades do norte da Itália a partir do final da Idade Média. Assim, ele faz apontar para Maquiavel, nas partes I e II deste monumental estudo, todos os eixos conceituais e analíticos despontados no período. Em muitas ocasiões,[11] o historiador das ideias políticas não se esquiva de marcar a eminência da obra do secretário florentino; não hesita em dizer que, entre os muitos escritores que esposaram a causa republicana nesse momento de formação do pensamento político moderno, o maior "foi indubitavelmente Maquiavel", em cuja obra se consolidam elementos essenciais desse trajeto.

O caminho de Skinner, entretanto, é bem diverso daquele de Lefort. Enquanto este encontra o "discurso coletivo", a ideologia, por meio de sua reconstituição crítica no próprio texto de Maquiavel — buscando elucidar, além da articulação, os motivos e interesses do seu discurso —, o historiador das ideias busca a constituição temporal desta ideologia, a história de sua formação, a aglutinação e a sedimentação progressiva de seus elementos semânticos e temáticos. Assim, o próprio recorte do campo considerado obedece, nos dois casos, a estratégias diversas. No Maquiavel lefortiano, a circunscrição dos elementos históricos assumidos pela

---

[10] *Machiavelli: A Very Short Introduction*, Oxford, Oxford University Press, 1981 (ed. bras.: *Maquiavel*, Porto Alegre, L&PM Pocket, 2010; *Maquiavel: pensamento político*, São Paulo, Brasiliense, 1988).

[11] Por exemplo, nos artigos publicados: "Machiavelli's *Discorsi* and the Pre-Humanist Origins of Republican Ideas", em Gisela Bock, Quentin Skinner e Maurizio Viroli (orgs.), *Machiavelli and Republicanism*, Cambridge, Cambridge University Press, 1990, pp. 121-42; e "Sur la justice, le bien commun et la priorité de la liberté", in *Libéraux et Communitariens*, reunião de textos e apresentação de André Berten, Pablo da Silveira, Hervé Pourtois, Paris, PUF, 1997, p. 216.

interpretação se faz em vista da mobilização prática destas representações em uma conjuntura determinada, permitindo imediatamente identificar um ideário tomado do passado, a eficácia de seus dispositivos de persuasão, as oposições reais que produz, os resultados práticos a que visa. Enfim, Lefort procura alcançar no registro político-histórico a constituição e o desempenho efetivos do discurso maquiaveliano. Já em Skinner, a perspectiva da circunscrição do "vocabulário normativo" mobilizado por Maquiavel leva à operação de observação temporal da sua constituição, o que acarreta uma certa diluição da identidade do discurso maquiaveliano no seio desta "linguagem" que ele utiliza, resultando em certa perda da atenção ao seu empenho crítico. Mas há mais: aqui o comentador busca o enraizamento histórico de um universo de representações que ele circunscreve de antemão a partir da própria obra a ser interpretada, de modo que não é difícil prever o enredamento da interpretação nas armadilhas de uma teleologia, no equívoco de limitar o passado da obra à progressiva construção daqueles elementos temáticos e conceituais identificados previamente nos textos.

Skinner explicita claramente a operação do recorte cronológico e temático de seu estudo das *Fundações*. Ele observa na introdução: "começo em fins do século XIII e sigo até o final do século XVI, por ter sido durante esse período, como tentarei mostrar, que gradualmente formaram-se os principais elementos de um conceito do Estado que se pode dizer moderno".[12] E, no final do livro, pode afirmar que "em princípio do século XVII, o conceito de Estado [...] passa a ser considerado o mais importante objeto de análise do pensamento político europeu".[13] Os enraizamentos dos principais elementos desse conceito estariam, assim, localizados no longo trajeto da afirmação do governo constitucional (na direção da constituição de um aparelho jurídico — e administrativo — posto acima dos governantes); da afirmação de uma *"universi-*

---

[12] Quentin Skinner, *As fundações do pensamento político moderno, op. cit.*, p. 9.

[13] *Idem*, p. 614.

Sobre o campo do comentário da "obra Maquiavel"   127

tas superiorum non recognoscentes" (na direção de um monopólio da lei e da força legítima); distanciamento da autoridade eclesiástica (a secularização da ordem política) e autonomia da política frente à moralidade; temas que, ao lado de outros subsidiários, iriam se sedimentando nessa história de ideias de que a obra de Maquiavel representaria a primeira cristalização decisiva. Podemos deixar ao próprio comentador a avaliação crítica do procedimento adotado. Em entrevista ao jornal *Folha de S. Paulo*, dada anos depois[14] da publicação da obra, ele próprio diz: "Há uma teleologia embutida no meu livro que agora me aborrece. Não escreveria desse modo se o fizesse hoje. Escrito no fim dos anos 1960 e início dos 1970, esse livro é, num certo sentido, datado. Na linha inaugurada pela visão weberiana da formação do Estado, tentava contar a história de como, da destruição da Europa feudal e católica, surgiu a ideia universalista de um Estado secular e pretensamente neutro [...]. Eu mais ou menos forcei os textos a contarem a minha história, esquecendo que havia outras histórias que eles contavam e que se tratava de questões cruciais para eles [...]".[15] Não obstante esta corajosa autocrítica, Skinner, evidentemente — e com razão —, não nega a legitimidade e o interesse de seu trabalho; ao contrário, reafirma seus princípios metodológicos, sua convicção de que a leitura e interpretação adequadas das obras clássicas se dá pela reconstituição do "contexto social e intelectual" em que se inscrevem. De um lado, diz, é "a própria vida política [que] estabelece os principais problemas para o teórico político, fazendo uma certa ordem de questões surgir como problemática e uma certa ordem correspondente de temas tornarem-se os temas condutores [*leading subjects*] do debate".[16] De outro lado, há o "contexto intelectual" em que os textos são concebidos: o contexto dado pelos escritos anteriores, os problemas, conceitos,

---

[14] Maria Lúcia Garcia Pallares-Burke, "O anjo e a história" [entrevista com Quentin Skinner], *Folha de S. Paulo, Mais*, 16/08/1998, pp. 6-7.

[15] *Idem, ibidem.*

[16] Quentin Skinner, *As fundações do pensamento político moderno, op. cit.*, p. X.

valores e o "vocabulário herdado" pelo pensador, e ainda as contribuições contemporâneas a essa trama em que o texto está inserido.[17] É o conhecimento desse solo contextual que, segundo ele, permite superar a visão dessas obras como mero sistemas de argumentos e razões, ao gosto da tradição das leituras "textualistas" ou internalistas. Trata-se de compreender os textos políticos como atos (de fala), tomadas de posição em uma cena política. Pelo conhecimento de seu "contexto social e intelectual", é que se pode alcançar "o que esses autores estavam fazendo ao escrevê-las",[18] considerando-se que um autor "faz alguma coisa" com os conceitos a seu dispor e com as questões que formula: seus "atos linguísticos" efetivamente fazem história (ao menos a "história das ideias" políticas, poder-se-ia completar).

Se, para Skinner, interpretar é, antes de tudo, contextualizar (e não "textualizar") é, portanto, porque entende que a intenção da obra, sua direção e sua força se decifram fundamentalmente pelo conhecimento do "vocabulário normativo disponível",[19] pela reconstituição histórica do campo semântico e temático em que o pensamento opera, endossando, repudiando ou questionando "as ideias e convenções então predominantes no debate político".[20] Não se trata de um contexto exterior às obras, de buscar um apoio externo para a interpretação;[21] aqui o "contexto" penetra e opera na própria obra, como sua condição, como a cultura e a linguagem que tornam sua existência possível. Por isso interessam menos a Skinner as afirmações doutrinárias, suas diferenças e confrontos; interessam-lhe os vasos comunicantes, o vocabulário e os conceitos utilizados, os assuntos dos embates, o "quadro de questões".

Esse interesse lhe permite declarar, por exemplo, que "mesmo quando avança suas proposições mais conscientemente novas, Maquiavel permanece em estreito contato intelectual com os escrito-

---

[17] Cf. *idem*, pp. X-XI.

[18] *Idem*, p. 13.

[19] *Idem*, p. 11.

[20] *Idem*, p. 13.

[21] *Idem, ibidem*.

Sobre o campo do comentário da "obra Maquiavel"

res [da tradição pré-humanista] que venho examinando",[22] ou ainda o leva a terminar o mesmo artigo sobre "as origens pré-humanistas das ideias republicanas" com estas conclusões francamente desconcertantes: "A essência do Republicanismo de Maquiavel pode, então, ser resumida na forma de duas proposições conexas: primeiro, que nenhuma cidade jamais pode atingir a grandeza sem tomar o caminho de um modo de vida livre; segundo, que nenhuma cidade jamais pode tomar o caminho de um modo de vida livre sem manter uma constituição republicana. Com tal tomada de posição sobre a questão, Maquiavel não só apresenta uma irrestrita defesa dos valores republicanos tradicionais; ele também apresenta esta defesa de um modo inteiramente (*wholeheartedly*) tradicional".[23] Esvaem-se as rupturas "revolucionárias" da obra.

Como se vê por esse exame de empresas tão díspares empenhadas na contextualização da obra de Maquiavel — trabalhos que balizam nossos próprios caminhos de interpretação e decisões críticas —, podemos concluir que o "contexto" das obras de pensamento, como o Ser, segundo verifica Aristóteles, "se diz de muitos modos". Impõe-se, porém, uma observação final. Quase sempre se esquece nessas empresas da crítica que elementos essenciais para a contextualização histórica da obra são trazidos pelo próprio autor em dois textos cuja importância é quase sempre ignorada: as *Istorie fiorentine* e o *Discursus florentinarum rerum post mortem Juniores Laurentii Medices* ("Discurso sobre as formas de governo de Florença, após a morte do jovem Lorenzo de Medici"), o projeto republicano de Maquiavel para sua cidade — novamente submetida ao principado dos Medici, em 1512 —, estudado entre nós, com acuidade, por Gabriel Pancera.[24]

---

[22] "Machiavelli's *Discorsi* and the Pre-Humanist Origins of Republican Ideas", em Gisela Bock, Quentin Skinner e Maurizio Viroli (orgs.), *op. cit.*, p. 135.

[23] *Idem*, p. 141.

[24] Cf. Gabriel Pancera, *Maquiavel entre repúblicas*, Belo Horizonte, Editora UFMG, 2010.

Parte II

LEITURAS DAS
HISTÓRIAS FLORENTINAS

Lições das *Histórias florentinas*

em memória de Claude Lefort

São bem conhecidos os temas mais caros aos historiadores humanistas de Florença, os criadores da história assumida e prezada pela cidade. E conhecemos bastante bem, igualmente, o esteio principal deste ideário: a nova versão sobre as origens daquela povoação da margem do Arno produzida por Leonardo Bruni, em ruptura com uma longa tradição — alimentada pela aspiração medieval por uma monarquia universal — de referência ao seu nascimento sob os auspícios da Roma do Império. O chanceler-historiador proclama agora sua cidade filha e herdeira da Roma republicana e, assim, celebra sua origem livre, seu apego à forma constitucional popular[1] e à igualdade — sob leis — de seus cidadãos, sua luta contínua pela independência e o autogoverno, os favores da Providência para a realização de seu destino de grandeza — além de exaltar a virtude cívica, a concórdia e a união dos florentinos na construção e defesa de sua liberdade. Bruni delineia, enfim, todos os elementos do que Claude Lefort chamou, em várias oportunidades, "ideologia florentina",[2] o ideário forjado nos anos das guerras contra Milão, nas malhas da nova cultura literária e cívica denominada por Hans Baron *"bürgerhumanismus"*.

---

[1] Para Bruni, tradutor da *Política* de Aristóteles, a *forma popularis* é um regime misto sustentado nos estratos médios da população, tal uma *politeia* acabada, perfeita, na sua tendência para a moderação, o meio e a estabilidade.

[2] Claude Lefort volta a esta questão em vários textos. Veja-se, sobretudo: "L'idéologie florentine", parte final de seu *Le travail de l'oeuvre Machiavel, op. cit.*; "Machiavel et les jeunes" e "La naissance de l'idéologie et l'humanisme", ambos em *Les formes de l'histoire, op. cit.*; e ainda o luminoso "Machiavel et la *verità effettuale*", in *Écrire, à l'épreuve du politique, op. cit.*

Poggio Bracciolini, também chanceler (em 1453), no mesmo espírito, alonga a história narrada por Bruni, para cobrir os acontecimentos posteriores (ainda que, na verdade, se ocupe do conjunto das hostilidades e enfrentamentos entre Florença e Milão entre 1350 e 1455, o ano da paz definitiva celebrada por Cosme de' Medici), assumindo uma tarefa semelhante àquela que, mais tarde, será atribuída, pelo favor dos Medici,[3] a Maquiavel.

O novo historiador oficial da cidade[4] — a rigor, o primeiro "de ofício" e remunerado para tanto — sabe bem (considerada, sobretudo, a situação extremamente crítica que Florença vive naquele momento) o que se espera dele: a renovação e revigoramento daquele arsenal de motivações cívicas, a ser agora associado à

---

[3] Com a morte de Lorenzo II de' Medici, em 1519, o cardeal Giulio de' Medici, futuro papa Clemente VII, volta para Florença para cuidar dos interesses políticos e econômicos da família. O cardeal, em janeiro de 1520, recebe Maquiavel — então sem encargos e rendimentos, desde 1512 —, certamente para já falarem da provisão para a escrita da história da cidade, para a qual o ex-segundo secretário era recomendado por amigos (depois de já ter sido, no ano anterior, um dos convidados do cardeal para escrever um projeto de reforma constitucional para Florença). A comissão lhe vem em 8 de novembro de 1520, por intermédio do "Studio Fiorentino e Pisano", para um trabalho de dois anos (renovável por mais três), com pagamento de cem florins anuais. Em maio de 1525, Maquiavel dedica e apresenta o trabalho terminado a Clemente VII, recebendo uma recompensa suplementar de 120 ducados, vindos da bolsa privada do papa (cf. Eugenio Garin, *Machiavel entre politique et histoire*, *op. cit.*, p. 55; também Marie Gaille-Nikodimov, *Machiavel*, Paris, Tallandier, 2005, p. 196).

[4] De fato, o propósito inicial de Maquiavel era o de dar continuidade ao relato dos dois chanceleres historiadores, como ele próprio assinala já nas primeiras linhas da obra: "Lo animo mio era, quando al principio deliberai scrivere le cose fatte dentro e fuora dal popolo Fiorentino, cominciare la narrazione mia dagli anni della cristiana religione 1434, nel quale tempo la famiglia de' Medici, per i meriti di Cosimo e di Giovanni suo padre, prese più autorità che alcuna altra in Firenze; perché io mi pensava che messer Lionardo Bruni e messer Poggio, duoi eccellentissimi istorici, avessero narrate particularmente tutte le cose che da quel tempo indrieto erano seguite" (*Tutte le opere*, *op. cit.*, *Istorie*, Proemio, p. 632[1]). Lembramos que os textos de Maquiavel, neste capítulo, são extraídos desta edição e são citados com a indicação do nome da obra, número do livro, capítulo, página e coluna (sobrescrita), para facilitar sua localização pelo leitor.

134   Leituras das *Histórias florentinas*

exaltação da contribuição das várias gerações dos Medici na construção da grandeza de sua cidade. Sabe também das muitas dificuldades de sua empresa. Ele mesmo, havia pouco, solapara duramente aquela ideologia florentina, que ainda entusiasmava os jovens republicanos, inconformados com a volta do quase centenário "principado" dos Medici (ninguém se enganava sobre a natureza de seu domínio sobre a cidade), após dezoito anos de governo popular, autenticamente republicano. Em seus comentários sobre a história de Roma de Tito Lívio, nos encontros com jovens republicanos nos *Orti Oricellari*, Maquiavel desmontara, peça por peça, as representações políticas construídas pelos humanistas, atacando diretamente sua coluna mestra, a exortação à *unione*, ao formular um elogio, desconcertante para todos, do conflito civil.[5] Motivados por tais comentários, os participantes daquelas reuniões (sobretudo os que lhe são mais próximos, como Zanobi Buondelmonti e Luigi Alamanni, amigos diletos a quem dedica dois de seus textos) o incentivam vivamente a assumir o encargo de historiador da cidade,[6] seguros que estão da utilidade das li-

---

[5] Veja-se, por exemplo, a reação de Guicciardini ao elogio do conflito nos *Comentários sobre a primeira década de Tito Lívio* (daqui em diante referido como *Discorsi*). Newton Bignotto a comenta em "Maquiavel e Guicciardini", no item "Conflito e unidade do corpo político", do capítulo IV de seu *Republicanismo e realismo: um perfil de Francesco Guicciardini*, Belo Horizonte, Editora UFMG, 2006.

[6] Zanobi Buondelmonti, um dos dedicatários (ao lado de Alamanni) da *Vita de Castruccio Castraccani*, estando Maquiavel em Lucca, lhe escreve: "Todos estão convencidos que deveríeis vos colocar com toda a diligência a escrever esta história e eu o desejo mais que qualquer outro, [...] a espécie de história que já temos de vós prova o bastante que as pessoas de espírito sadio não podem fazer senão boas obras. E, acima de tudo, parece-me que estais particularmente à vontade nesse gênero e que vós eleveis aí vosso estilo, assim como a matéria exige, mais do que em outros" (Maquiavel, *Toutes les lettres de Machiavel*, apresentadas e anotadas por Edmond Barincou, Paris, Gallimard, 1955, tomo II, p. 424).

Eugenio Garin comenta: "Maquiavel havia feito sua 'prova' como historiador escrevendo, de um fôlego, em abril de 1520, em Lucca, [...] A *Vida de Castruccio Castracani*. Já no dia 8 de agosto, ele podia enviá-la a Zanobi Buondelmonti e Luigi Alamanni, aos quais ela havia sido dedicada. Eles a leram e fi-

Lições das *Histórias florentinas*   135

ções que viriam deste trabalho. Tal interesse, ele mesmo o assinala no texto de abertura do livro: "Se todo exemplo de república move, aqueles que se leem sobre a própria movem muito mais e são mais úteis".[7] Assim, como se vê, são muitas as expectativas que cercam o trabalho encomendado a Maquiavel. Há, de um lado, evidentemente, aquelas relativas ao próprio cultivo da disciplina humanista — as exigências literárias, subordinadas a regras precisas para a escrita de uma *"vera historia"* — e ao necessário respeito aos paradigmas representados pelos grandes historiadores romanos. Há, de outro lado, as expectativas de seus compatriotas, que, de há muito, reconhecem na história da cidade seu elemento fundamental de identidade e coesão: ela não só veicula tradições, mitos, valores e práticas sociais, como também, acreditam, lhes dá direção e confere destino, algo urgente, naquele momento, para uma cidade desnorteada e preocupada com seu futuro. E há ainda os Medici, que esperam obter da obra elementos de legitimação de sua hegemonia e domínio sobre as instituições da cidade. Por fim, não se pode esquecer o que esperam desse trabalho os jovens amigos do autor, que buscam compreender o enraizamento histórico das dificuldades e impasses de suas aspirações republicanas.

Em relação às expectativas dos Medici — que, efetivamente, o embaraçarão em muitos momentos da escrita[8] —, Maquiavel,

---

zeram circular. Em 6 de setembro, em nome dos amigos, Buondelmonti lhe escreve sobre ela. Eram louvores sinceros, algumas 'anotações'; tratava-se das premissas da vigorosa exortação a que se engajasse no projeto de escrever a história de Florença" (Eugenio Garin, *Machiavel entre politique et histoire*, *op. cit.*, p. 54).

[7] Maquiavel, *Tutte le opere*, *op. cit.*, *Istorie*, Proemio, p. 632[2].

[8] Garin, entre outros comentadores, observa tais dificuldades, ao referir-se ao momento da entrega da obra: "ele havia trabalhado intensamente, mesmo tendo havido algumas interrupções, mas sempre com o temor de trair a verdade de suas próprias ideias, e de desagradar os Medici" (Eugenio Garin, *Machiavel entre politique et histoire*, *op. cit.*, p. 76). Há vários testemunhos desta dificuldade, como um depoimento de seu amigo Donato Giannoti (cf. Roberto Ridolfi, *Machiavel*, Paris, Fayard, 1960, p. 255) e também um fragmento de uma carta (datada de 30 de agosto de 1524, durante o verão em que está trabalhando

de saída, opera uma manobra astuciosa. Ao invés de manter o relato dentro dos limites inicialmente previstos, de 1434 até o presente, o período do domínio da família (um recorte, é preciso assinalar, que o levaria a produzir, respondendo à aspiração de seus patrocinadores, uma história do clã, uma "vida de príncipe", como se dizia então),[9] recua aos primórdios da cidade e, prudentemente, traz o relato apenas até 1492, o ano da morte de Lorenzo, poupando-se de narrar o declínio e o afastamento da família em 1494, bem como os impasses institucionais a que ela leva a cidade no presente.[10] Por tal expediente, afasta, então, os Medici do protagonismo da cena para escrever uma história do "povo florentino", *Istorie fiorentine* — um expediente que, é verdade, não resolve todas as dificuldades enfrentadas pelo trabalho, pois ele não poderá devolver àquele povo uma imagem lisonjeira de seu passado — como aquela desenhada por Bruni —, nem poderá alimentar a crença de muitos de seus compatriotas no destino grandioso da "república". Ao invés do encômio, sua história trará lições e advertên-

---

nos últimos livros), que envia a Francesco Guicciardini, amigo próximo dos últimos anos de sua vida: "[...] abordo certas particularidades sobre as quais precisaria de vossa opinião. Temo desagradar demais seja se elevo, seja se rebaixo os acontecimentos; bah! Eu me aconselharei sozinho e me esforçarei para, de qualquer forma, dizer a verdade, de um modo que ninguém possa se queixar" (*Toutes les lettres de Machiavel, op. cit.*, tomo II, p. 456). Maquiavel também alude a essa dificuldade no final da dedicatória da obra ("Io me sono pertanto ingegnato, Santissimo e Beatissimo Padre, in queste mie descrizione, non maculando la verità, di satisfare a ciascuno; e forse non arò satisfatto a persona" — in *Tutte le opere, op. cit., Istorie*, Dedicatoria, p. 632[1]).

[9] Sobre a oposição entre "história universal" e "vida de príncipe" conferir Patrícia Aranovich, *História e política em Maquiavel*, São Paulo, Discurso Editorial, 2007, p. 160.

[10] Ridolfi aponta a escolha do ano da morte de Lorenzo para o término da obra como "oportuna" (Ridolfi, *Machiavel, op. cit.*, p. 264). Marie Gaille-Nikodimov diz, por sua vez, que "sans doute la décision de clore son histoire avec la mort de Laurent de Medicis en 1492 lui permet-elle de se libérer de délicats problèmes de formulation: l'histoire de Florence après la descente de Charles VIII est trop proche au lecteur de 1525 pour qu'il puisse se permettre un faux pas" (Marie Gaille-Nikodimov, *Le gouvernement mixte, op. cit.*, p. 197).

Lições das *Histórias florentinas*   137

cias úteis concernentes à trama, infeliz, de seus conflitos e divisões e à dilapidação contínua do vigor político da cidade. Até mesmo seus jovens amigos dos *Orti Oricellari* terão nessa história, ainda uma vez, seu quinhão de decepções. Verão que um verdadeiro governo popular republicano — diferentemente do que pretendia a tradição e do que ocorrera em Roma — nunca, na verdade, prosperou em Florença. Verão que a sua nostalgia da "boa sociedade perdida" carrega a idealização de um passado republicano[11] incapaz de resistir ao exame dos fatos e da reflexão. Efetivamente, o diagnóstico do historiador será cruel: "o desejo do povo florentino era injurioso e injusto",[12] diz; pois este povo nunca aceitou integrar a cidade, visando o universal e o interesse comum traduzidos em verdadeiras leis. Ao procurar vencer a dominação das oligarquias, ele também sempre forjou *ordini e leggi* "em favor do vencedor";[13] comportando-se como parte, como facção. Diferentemente do povo romano — "mais razoável", observa ele —, não "disputa" com a nobreza, "combate-a". Por isso os conflitos em Florença terminam sempre não em leis, como em Roma, mas em violência e sangue, "com exílio e morte de muitos cidadãos";[14] sem avançar na direção efetivamente republicana. Assim, as lições das suas histórias dificilmente confortarão as urgências, e também os ódios, daquele grupo de jovens inquietos que se veem sufocados por uma oligarquia profundamente enraizada e que sonham com a herança e o destino republicanos de sua cidade. Compreenderão que os frutos e o sabor da história não vêm da caução de suas certezas e desejos; virão da lavra e dos incômodos da reflexão.

Que venham, então, as lições da história! Pois sabem todos, desde Políbio, que a história carrega uma intenção pragmática.

---

[11] Confira-se nesse sentido as excelentes análises trazidas por Claude Lefort nos textos indicados na nota 2, acima.

[12] *Tutte le opere, op. cit., Istorie* III, 1, p. 690².

[13] *Idem, ibidem.*

[14] *Idem*, p. 690¹.

Além de proporcionar prazer — sobretudo em um tempo tomado de entusiasmo pelo passado e pelo "despertar das letras e das artes" dos Antigos —, ela também pretende ensinar; pretende ter utilidade para aqueles leitores ciosos da superioridade da *vita ativa et civile*" e diretamente implicados na ação política.[15] Devemos lembrar ainda que para os homens de cultura do tempo, moldados pela formação dos *studia humanitatis*, a história é arte; ela integra (juntamente com a gramática, poesia, retórica e filosofia moral) o novo currículo das artes liberais. E, como arte, disposição para produzir algo — "acompanhada de um *logos* verdadeiro", como assinala Aristóteles —, a história quer ser produtiva, eficaz. São bem conhecidos por Maquiavel e seus contemporâneos os ensinamentos do filósofo: "a arte nasce" — ele diz — "quando de muitas experiências surge uma noção universal [*katholou*] concernente aos casos semelhantes";[16] ela advém da experiência, da memória de muitos acontecimentos de um determinado tipo, quando se destaca destes conhecimentos empíricos um universal, um saber que configura uma "causa" e oferece ao artista um "porquê",[17] que

---

[15] Para as relações da prática historiográfica de Maquiavel com o perfil dado à história pelos humanistas, veja-se Felix Gilbert, *Machiavelli and Guicciardini, op. cit.*; Felix Gilbert, "Le *Istorie fiorentine* di Machiavelli", ensaio interpretativo (em *Machiavelli e il suo tempo, op. cit.*); Peter Bondanella, *Machiavelli and the Art of Renaissance History* (Detroit, Wayne State University Press, 1973); Andrea Matucci, *Machiavelli nella storiografia fiorentina: per la storia di um genere letterario* (Florença, Leo S. Olschki Editore, 1991); além do primeiro capítulo ("La première tradition humaniste en Italie") do trabalho clássico de Wallace Ferguson: *La Renaissance dans la pensée historique* (Paris, Payot, 1950), bem como o item "Concepções humanistas da História" da parte III de *Timoneiros: retórica, prudência e história em Maquiavel e Guicciardini*, de Felipe Charbel Teixeira (Campinas, Editora da Unicamp, 2010) e o capítulo 3 ("Histoire et pensée politique chez les modernes") do excelente estudo de Thierry Ménissier: *Machiavel, la politique et l'histoire* (Paris, PUF, 2001).

[16] Aristóteles, *Metafísica*, 981 a24-b6.

[17] Vale a pena lembrar toda a passagem: "Da memória nasce para os homens a experiência: por muitas recordações da mesma coisa chegam a constituir uma experiência. [...] A arte nasce quando de muitas experiências surge uma noção universal concernente aos casos semelhantes. Com efeito, ter noção de

---

Lições das *Histórias florentinas*   139

o habilita a produzir ou evitar um certo efeito. Aristóteles continua: "o saber e o entender pertencem mais à arte do que à experiência; e julgamos os artistas mais sábios que os experientes [...]; pois, uns conhecem a causa, outros não. Os experientes, com efeito, conhecem 'o que'; os outros, ao contrário, conhecem o porquê e a causa. Por isso consideramos os arquitetos dignos de honra e mais dotados de saber que os pedreiros, porque conhecem a causa do que fazem. [....] Enfim, consideramos os primeiros mais sábios, não porque sejam práticos, mas porque possuem o *logos* e conhecem as causas".[18]

Compreende-se, assim, que Maquiavel lamente, no Proêmio de seus *Comentários sobre a primeira década de Tito Lívio*, que seus contemporâneos desconheçam a história e que dela se sirvam mal: "não têm verdadeiro conhecimento das histórias", diz; buscam-nas no gênero epidítico, como repertório de lições edificantes, de figuras idealizadas de exemplaridade moral, figuras a serem mais contempladas que imitadas,[19] tornadas inalcançáveis, "como se o céu, o sol, os elementos, os homens, tivessem mudado de

---

que a Cálias, afetado por tal doença, fez bem tal remédio, e o mesmo a Sócrates e a muitos outros considerados individualmente [*kath'ekaston*] é próprio da experiência; mas, saber que foi proveitoso a todos os indivíduos de tal constituição, agrupando-se em uma mesma classe os afetados por tal doença, por exemplo, os fleumáticos, os biliosos ou os febris, é próprio da arte" (Aristóteles, *Metafísica* A, 1, 980 b29-981 a13).

[18] Aristóteles, *Metafísica*, 981 a24-b6.

[19] Leonardo Bruni, por exemplo, sem ignorar a função de advertência e aconselhamento da história — como guia moral, que orienta para a virtude — ainda a vê como "a fonte mais cômoda daquele estoque de exemplos de condutas excepcionais, com os quais é adequado embelezar nossas conversações" (*apud* Helton Adverse, "A matriz italiana", em Newton Bignotto (org.), *Matrizes do republicanismo*, op. cit., p. 76). Para o comentário sobre o Proêmio dos *Discorsi* e a questão da exemplaridade histórica posta pelos humanistas — debatida por Maquiavel e Guicciardini —, veja-se o capítulo "As Coisas do Mundo" em Patrícia Aranovich, *História e política em Maquiavel*, op. cit., p. 33. Para as relações entre deleite e utilidade, veja-se Felipe Charbel Teixeira, *Timoneiros*, op. cit., p. 200.

140   Leituras das *Histórias florentinas*

movimento, de ordem e capacidade [*potere*], distinguindo-se do que eram antigamente".[20]

O estatuto da História — a qual, enquanto "exposição ornada das coisas acontecidas", não perde seu vínculo com a arte retórica — é, portanto, o de um conhecimento produtivo. Impõe-se nela proceder como na arte da Medicina ou do Direito,[21] como assinala nosso autor. Sabe-se que "as leis civis nada mais são que sentenças proferidas pelos antigos jurisconsultos, sentenças que, ordenadas,[22] ensinam nossos jurisconsultos a julgar no presente. Do mesmo modo, a Medicina não é outra coisa que as experiências feitas pelos antigos médicos, sobre as quais se apoiam os médicos do presente";[23] ora, é preciso fazer o mesmo "no recurso aos exemplos dos Antigos": extrair deles o saber de suas causas. Assim, se Maquiavel observa que "não se vê Príncipe ou República que recorra aos exemplos dos Antigos", e entende não alcançarem eles um "verdadeiro conhecimento das histórias", é porque os vê como "incapazes de, lendo-as, extrair seu sentido [...], apreciar o sabor que têm".[24] Buscam prazer na variedade dos relatos; desconhecem a utilidade da memória destes acontecimentos, pois são incapazes de aceder às suas causas, ao seu "por quê".

Entretanto, se a História é arte (arte política), se nos oferece o saber das causas, as razões dos acontecimentos da cidade, o que,

---

[20] *Tutte le opere, op. cit., Discorsi* I, Proemio, p. 76².

[21] Na longa "querela das artes" do final do século XIV e parte importante do XV, debate-se a questão da superioridade do Direito ou da Medicina, com partidários inflamados de uma ou da outra arte. Ora, erigida por Maquiavel como mestra nas empresas de "ordenar as repúblicas, conservar os estados, governar os reinos, formar a milícia e administrar a guerra, julgar os súditos e aumentar o império" (*idem, ibidem*), a História poderia, com toda a evidência, postular a posição de arte superior.

[22] Maquiavel usa aqui a expressão "*reduti in ordine*", a mesma usada por Cícero para a produção dos cânones da Retórica (cf. Cícero, *De Oratore*), remetendo ao procedimento central da constituição de uma "arte" (*reducere in ordinem*), constituir classes, gêneros universais.

[23] *Tutte le opere, op. cit., Discorsi* I, Proemio, p. 76².

[24] *Idem, ibidem.*

Lições das *Histórias florentinas* 141

nesse domínio, pode ser mais necessário (e útil) que conhecer "as razões dos ódios e divisões" capazes de — inadequadamente compreendidos e enfrentados — obstaculizar, ameaçar ou destruir a própria existência das repúblicas?[25] É para esta questão que Maquiavel dirige sua atenção e reflexão, sobretudo no tocante ao passado de sua cidade. Já no Proêmio da obra, ele assinala com clareza esse alvo: "se alguma *lição* é útil aos cidadãos que governam uma república é aquela que demonstra *as razões* dos ódios e divisões, para que, tornados sábios pelo perigo de outros, possam manter-se unidos".[26] É a arte da História, enfim, que lhe permite aceder à compreensão das causas e da natureza dos conflitos civis.

Não há motivo, assim, para qualquer hesitação: a matéria-prima de toda a reflexão política de Maquiavel é o efetivo; são os fatos acontecidos, objetos das narrações das histórias. É "a experiência das coisas modernas e a contínua lição das antigas" — por ele "examinadas e pensadas", como assinala na Dedicatória do *Príncipe*[27] — o terreno sobre o qual constrói seu conhecimento e seu ensino.[28] Em sua obra, portanto, o objeto da política não são as formas de governo e a busca da constituição excelente, como

---

[25] Cf. *idem*, p. 632². As citações das *Histórias florentinas* utilizadas neste livro são de responsabilidade do autor, que as traduziu do original italiano — com exceção dos trechos citados no ensaio "Povo internamente dividido: plebe, seitas e partidos nas *Histórias florentinas*", de José Luiz Ames (pp. 195-223 neste volume), que emprega a tradução brasileira *História de Florença* (São Paulo, Martins Fontes, 2007).

[26] *Tutte le opere*, *op. cit.*, *Discorsi* I, Proemio, p. 632² (grifos nossos).

[27] *Idem*, p. 257¹.

[28] Os que acedem ao saber do porquê, diz Aristóteles, são os que mostram capacidade para ensinar, o que é a marca do sábio. Maquiavel, no final do Proêmio dos *Discorsi*, depois de ter se comparado aos desbravadores de águas e terras desconhecidas, não hesita em apresentar-se como portador de um saber: "Julguei necessário escrever sobre os livros de Tito Lívio [...] o que, segundo o conhecimento das coisas antigas e modernas, julgarei ser necessário para a melhor compreensão deles, para que os que lerem estas minhas exposições [*declarazioni*], possam mais facilmente extrair aquela utilidade em vista da qual se deve buscar o conhecimento das histórias" (*Discorsi* I, Proemio, p. 76²). São, portanto, os conhecimentos extraídos por Maquiavel das coisas antigas e mo-

entendiam os gregos; não são também as inclinações naturais dos homens, as imposições do Direito e as virtudes que as realizam, como, a partir do estoicismo, na trilha de Cícero, pensam os romanos; não são ainda as disposições advindas das virtudes cardeais ou daquelas principescas, ensinadas pelos "espelhos dos príncipes" aos grandes do Mundo, aos dirigentes políticos — tudo isto, de algum modo, pode estar lá e mesmo, eventualmente, organizar a exposição; porém, estas diversas visadas estarão sempre subordinadas à busca dos ensinamentos da experiência dos acontecimentos "antigos e modernos", à busca (técnica) de suas causas, as "lições das histórias".[29]

Pode-se, então, observar que aqui a perspectiva da política não é a da ciência. O saber maquiaveliano da política não parte de princípios ou axiomas (fossem eles a uniformidade da natureza humana, o egoísmo universal dos homens e sua capacidade de cálculo de seus interesses egoístas), aplicados à matéria histórica; seu

---

dernas que iluminam a leitura das histórias de Lívio; são tais conhecimentos — seus, não os de Lívio — o que ele oferece ao leitor.

[29] Em um livro de grande interesse sobre a historiografia de Maquiavel e Guicciardini, Felipe Charbel Teixeira aproxima, de maneira bastante apropriada, as lições da história nestes autores do conceito de prudência, a capacidade de decisão arguta, apta a distinguir as particularidades, os acidentes, "a partir de certos padrões estáveis e recorrentes" — "como natureza humana, ciclos de ascensão e queda de cidades e formas de governo, padrões de condutas prováveis conformados pela experiência e pela leitura atenta das histórias antigas e modernas" (*Timoneiros, op. cit.*, pp. 91 e 212), diz. Portanto, nem ciência, nem experiência, mas um saber associado à ação, à práxis. O comentador observa: "É precisamente nesse sentido que as *Istorie fiorentine* de Maquiavel e a *Storia d'Italia* de Guicciardini são analisadas como eventos que ensinam a refletir, que apresentam os caminhos de um modo particular de inferência pautado no exame atento das ações dos principais agentes envolvidos nos processos decisórios: nesse sentido, as lições que os leitores devem extrair dessas histórias dizem respeito menos à delimitação de modelos gerais de conduta que à definição de um modo particular de *raggionamento* que deve incidir em ações imitativas" (*idem*, p. 213). Pensamos, no entanto, que a aproximação proposta por Maquiavel com a Medicina e o Direito fazem a disciplina da História inclinar-se, fundamentalmente, para o campo da "arte" — sem qualquer prejuízo de seus interesses persuasivos (retóricos) e éticos.

Lições das *Histórias florentinas*

saber não é "teórico", científico.[30] Por outro lado, insistimos, este saber das coisas políticas (*"le cose del mondo"*) também não se produz como um simples saber de experiência, um conhecimento empírico, a ser consolidado e selado por advertências e máximas;[31]

---

[30] Vem de há muito, no campo do comentário da obra de Maquiavel, a insistência em apresentá-la como aquela que inaugura a ciência política (Meinecke, Cassirer e outros). James Hankins nos dá deste caminho, hoje, uma formulação que podemos tomar como paradigmática (cf. James Hankins, "Humanism and the Origins of Modern Political Thought", *op. cit.*). Maquiavel, diz ele, abandona os postulados da ética antiga (cujo empenho teleológico garante a conjunção entre bons meios e bons fins) e assenta as bases da ética moderna (bons meios não levam necessariamente a bons fins) e de suas práticas consequencialistas, que fazem o ator político responsável pelos resultados de seus atos (já que atos bons podem redundar em males e atos maus em bem). Ora, tal ética justamente supõe a capacidade de prever, o que só se tornaria possível em vista de certos postulados relativos à natureza humana assumidos por Maquiavel: 1. a natureza humana é uniforme no tempo e no espaço; 2. os homens agem sempre aproximadamente por motivos egoístas; 3. os homens agem racionalmente. Estes princípios permitiriam extrair da História, da experiência, regras de conduta para um comportamento bem-sucedido na política e para o afastamento das consequências indesejáveis. Esta compreensão do saber proposto pela obra parece-nos empobrecê-la. Não são regras de conduta extraídas da experiência que encontramos aí, mas o saber das causas, da lógica ou das leis que operam a ordem política. Maquiavel é filósofo.

[31] Se Hankins aproxima a política de Maquiavel de uma ciência experimental indutiva, outros, como se sabe, a confinam inteiramente no registro da *empeiria*, da experiência propriamente dita — como se pode verificar, sobretudo, em textos de estudiosos da primeira metade do século XX, como Herbert Butterfield, antigo professor de História Moderna de Cambridge. "Deve-se observar" — diz ele — "que a intenção de Maquiavel não era estudar ou criar uma ciência particular como a que chamamos hoje ciência política; é importante que nos aproximemos de sua obra como a de um historiador e não a de um teorizador ávido de sínteses. [...] Seu ensino é uma coleção de máximas concretas, advertências e exortações, referentes a certos pontos de política, regras de conduta em determinadas emergências e exposições de movimentos táticos" (Herbert Butterfield, *Maquiavelo y el arte de governar*, Buenos Aires, Editorial Huemul, 1965, p. 21) — máximas, as mesmas, que voltam em todos os seus escritos, observa. Trata-se, assim, para o comentador, de uma "sabedoria acumulada", a "sabedoria prática" de "um conselheiro profissional em problemas políticos, cuja habilidade era a admiração de seus amigos" (*idem*, p. 23). Vejam-se tam-

ele se funde e se confunde com a arte da História.[32] E podemos constatar que em todos os seus escritos o trabalho da reflexão que investiga as causas leva sempre ao mesmo ensinamento fundamental sobre os acontecimentos políticos: nas diversas matérias históricas examinadas (a Roma Antiga, a Itália de seu tempo, Florença e suas histórias), o *raggionamento* aponta a cada vez para a universalidade do conflito entre grandes e povo, para o caráter originário, fundante, da divisão civil, como *causa primeira* das coisas políticas e dos bens e dos males que acontecem às cidades. Tudo remete, enfim, às "graves e naturais inimizades" entre o povo e os grandes — uma formulação que não exprime um postulado, mas manifesta um saber pacientemente extraído da meditação sobre os acontecimentos do seu tempo, de Roma ou das histórias do passado florentino. Este saber procede dos fatos, já que a reflexão se processa através dos fatos (e mesmo procede deles, como reflexão dos próprios fatos); pois, o pensamento, fazendo história, adere à própria urdidura dos acontecimentos para demonstrar, pelos fatos,[33] suas razões, como poderemos observar agora na trama de suas histórias florentinas.

---

bém afirmações de Charbel Teixeira no mesmo sentido (*Timoneiros, op. cit.*, p. 197).

[32] Por isso revela-se sempre incômoda a classificação dos escritos maquiavelianos em "teóricos" e "históricos" (além dos literários). Do ponto de vista formal, um tratado (*De Principatibus*), comentários (*Discorsi sopra la prima decada de Tito Livio*) ou histórias (*Istorie fiorentine*) são bem diversos. No entanto, a natureza do saber político visado é em todos os casos certamente o mesmo.

[33] Maquiavel assinala claramente este procedimento na afirmação que abre o capítulo 27, Livro II, dos *Discorsi*: "E perché questo è un termine che merita considerazione, ingannandum gli uomini molto spesso, e con danno dello stato loro, e' mi pare da dimostralo particularmente con esempli antichi e moderni, non si potendo con raggioni cosi distintamente dimostrare" (*Tutte le opere, op. cit., Discorsi* II, 27, p. 186²). Aranovich comenta, acertadamente, que "[...] em Maquiavel, política e história não podem ser separadas, porque se o forem, serão insuficientes para a compreensão da realidade. Ou seja, a história é a única realidade e qualquer pensamento político deve ser nela fundada, sob

Lições das *Histórias florentinas*

Nos *Discorsi*, a história de Roma já se revelara imensamente pródiga em utilíssimas advertências e em sólidos conhecimentos sobre a vida das cidades, o comportamento dos cidadãos e a natureza de seus conflitos. Assim, poderíamos nos perguntar se haveria, no domínio das coisas políticas, algo a aprender das histórias de uma cidade que se viu ao longo do tempo "oprimida e diminuída pela malignidade dos acontecimentos",[34] e que, por essas vicissitudes, foi se tornando, como observa seu historiador, cada vez mais "humilde e abjeta".[35] Ora, se Bruni e Poggio calaram ou passaram por alto as matérias propriamente políticas (fixando-se nas guerras externas dos florentinos), por julgá-las desimportantes (*deboli*) e indignas de ser recolhidas pela memória das letras, enganaram-se inteiramente, diz ele. Em primeiro lugar, porque se os homens se interessam pelas histórias de outras repúblicas, interessam-se mais ainda por aquelas internas da própria cidade, pois, já vimos, "se todo exemplo de república move, aqueles que se leem sobre a própria movem muito mais e são muito mais úteis".[36] Depois, quanto à história de Florença, há um bom motivo para dar-lhe atenção: sendo o centro do interesse e da utilidade das histórias o exame "*delle civili discordie e delle intrinseche inimicizie*",[37] nessa matéria, assinala Maquiavel, o caso florentino é excepcional: "se foram notáveis as divisões de alguma república, as de Florença

---

pena de se tornar fantasmagórico" (Patrícia Aranovich, *História e política em Maquiavel*, *op. cit.*, p. 28). A comentadora volta, no entanto, à ideia da regularidade do comportamento humano, ainda que busque mostrar que esta recorrência não deve ser considerada no registro das paixões individuais, mas implicadas na totalidade complexa que é o Estado: "[...] considerando-se o que disse acima acerca de que todo o conhecimento sobre os homens deve ser obtido no interior do espaço estatal, concebe-se que as paixões agem dentro do Estado [...] [e que] o conhecimento dos movimentos do Estado precede aquele das paixões" (*idem*, p. 83), observa.

[34] *Tutte le opere*, *op. cit.*, *Istorie*, Proemio, p. 633[1].

[35] *Idem*, p. 691[1].

[36] "[...] si ogni esempio di republica muove quegli che si leggono della propria muovono molto piu e moto piu sono utili" (*idem*, p. 632[2]).

[37] *Idem*, ibidem.

foram notabilíssimas, já que a maior parte das repúblicas de que se tem notícia contentaram-se com uma divisão — com a qual, conforme os acontecimentos, a cidade cresceu ou se arruinou —, já Florença, não contente com uma, produziu muitas".[38] A república romana — "como todos sabem", enfatiza ele — manteve a divisão entre os nobres e a plebe de seu início até sua ruína, do mesmo modo que outras cidades; Florença, no entanto, produziu conflitos diversos, em profusão. Mas há um motivo suplementar, nada desprezível, para a atenção à sua história, sobretudo por seus próprios cidadãos: o fato de a cidade — não obstante o ideário republicano que a impregna — nunca ter prosperado como verdadeira república, a despeito de sua pujança econômica, da excepcional *virtù* e engenho de seus cidadãos e da "vontade destes de tornar grandes a si e à sua pátria".[39] Quais as razões deste malogro? Por que não se alcançam aqui, como em Roma, *ordini* republicanas que lhe proporcionem estabilidade constitucional e *grandezza*?[40] Por que vai esta cidade de crise em crise até o principado dos Medici e aos seus atuais infortúnios, fragilizada externamente e malograda em suas aspirações republicanas?

Ainda no Proêmio, Maquiavel arrola a sucessão das divisões enfrentadas pela cidade, apresentando ao leitor, já aí, o roteiro da obra — expressamente centrado nos desdobramentos desses conflitos —, toda ela aplicada em sondar e articular suas razões e motivações. "Em Florença", observa, "primeiramente dividiram-se os nobres entre si, depois os nobres e o povo e, por último, a divisão se deu entre o povo e a plebe; tendo ainda, muitas vezes, aconte-

---

[38] "[...] e se di niuna repubblica furono mai le divisioni notabili, di quella di Firenze sono notabilissime; perchè la maggior parte delle altre repubbliche delle quali si ha qualche notizia sono state contente d'una divisione, con la quale, secondo gli accidenti, hanno ora accresciuta, ora rovinata la città loro; ma Firenze, non contenta d'una, ne ha fatte molte" (*idem, ibidem*).

[39] *Idem*, p. 633[1].

[40] Diz Maquiavel: "E, senza dubio, se Firenze avesse avuto tanta felicità che, poi che la si liberò dallo Imperio, ella avesse preso forma di governo che l'avesse mantenuta unita, io non so quale republica, o moderna o antica, le fusse estata superiore" (*idem, ibidem*).

Lições das *Histórias florentinas*

cido que uma destas partes, tornada dominante, dividiu-se em duas."[41] Assim, se sucedem na cidade, como se vê, conflitos de naturezas diversas: aqueles propriamente políticos, em vista da liberdade, da não-opressão (o conflito do *popolo*, isto é, a grande e pequena burguesias florentinas, contra os nobres — objeto do Livro II — e, depois, a oposição da plebe contra o próprio *popolo*, os cidadãos inscritos nas corporações, maiores e menores, às quais a plebe estava *"sottoposta"*),[42] e ainda, a cada momento, conflitos no interior da própria classe dominante da hora, entre segmentos da nobreza, no início, depois entre facções burguesas, e mesmo divisões no seio da própria plebe, quando esta, efemeramente, ocupa o lugar do poder.[43]

---

[41] *Idem*, p. 632².

[42] Florença, a partir de 1282, passa a ter seu sistema político quase inteiramente organizado com base nas corporações de ofícios, as guildas, que caracterizaram a organização social no decorrer da idade Média ("o que acabava por conferir ao governo o aspecto de uma federação de corporações de ofícios", nas palavras de Gabriel Pancera, *Maquiavel entre repúblicas*, *op. cit.*, p. 41). A integração dos cidadãos no sistema político e a participação nas magistraturas se faz, assim, pela mediação das *Arti* — corporações maiores (comércio atacadista, finanças, e produção em escala, como no caso da arte da lã) e menores (os ofícios que, de modo geral, caracterizam serviços). Trabalhadores "braçais", não especializados, diaristas, não são agregados em corporações próprias; são subordinados (*sottoposti*) a determinadas *Arti* e a seus magistrados, nos registros tanto social quanto jurídico. A esta plebe, massacrada economicamente e destituída de corporações e direitos políticos é que vem se juntar os pequenos artesãos, também destituídos de corporação, o *popolo minuto*, na chamada Revolta dos *ciompi*.

[43] As observações do Proêmio da obra e depois daquele do Livro III, bem como o correr dos relatos, levam José Luiz Ames a perguntar se, nestas *Istorie*, Maquiavel não atenuaria a distinção, feita nos *Discorsi*, entre conflitos bons e maus, que apareceriam então, agora, como sendo todos de um só tipo, e prejudiciais todos, no caso de Florença, à ordem republicana (visto não haver nesta cidade boas instituições para canalizá-los em um sentido político, como em Roma). Desta forma, considera o comentador, os conflitos florentinos permanecem indiferenciados, ganham um aspecto "pastoso" (cf. José Luiz Ames, "Transformações do significado do conflito na *História de Florença* de Maquiavel", *Kriterion*, nº 129, jun. 2014, p. 278), impedindo a distinção entre aqueles "natu-

O contraponto é evidentemente o caso de Roma, cuja divisão civil, interna, não se desdobra no tempo, como em Florença, em embates de classes diversas. E lá isso não ocorre, não porque Roma tivesse superado a divisão, afastado os conflitos. O que se observa é que essa cidade, tornada paradigmática, conseguiu dar a seus conflitos um enquadramento institucional capaz de inscrever os embates da inultrapassável divisão civil em instituições apropriadamente republicanas — instituições que deram voz, possibilidade de manifestação, às diversas partes da cidade, sobretudo à plebe, a partir da decisiva criação do Tribunato. Roma produziu, enfim, mediações institucionais para o "inultrapassável" conflito entre sua nobreza e a plebe, canalizando, de alguma maneira, seus desdobramentos e consolidando assim sua "liberdade" republicana.

Maquiavel já ensinara no belo capítulo 7 do Livro I de seus *Discorsi* que "não há nada que torne uma república tão estável e firme quanto ordená-la de modo tal que a alteração dos humores que a agitam encontrem uma via, ordenada por leis, para desafogar-se".[44] Tirara lição aí, como se sabe, do caso romano de Coriolano que, acossado pela ira da plebe, é levado à justiça pelos tribunos. E observara que "em tal acontecimento se assinala o que já foi dito: o quanto é útil e necessário que as repúblicas, com suas

---

rais", dos *umori*, e os "artificiais", das facções. Florença, observa ele, não conheceu instituições capazes de regulá-la, daí ter sido marcada pela "homogeneidade" ("pastosa") das suas dissensões internas (cf. *idem*, p. 269).

[44] É preciso lembrar aqui, mais extensamente, esta célebre passagem dos *Discorsi* sobre as acusações públicas e sua função estabilizadora das instituições: "Questo ordine fa dua effetti utilissimi a una republica. Il primo è che i cittadini, per paura di non essere accusati, non tentano cose contro allo stato; e tentandole, sono, incontinente e sanza rispetto, opressi. L'altro è che si dà onde sfogare a quegli umori che crescono nelle citadini, in qualunque modo, contro qualunque cittadino: e quando questi umori non hanno onde sfogarsi ordinariamente, ricorrono a' modi straordinari, che fanno rovinare tutta una republica. E però non è cosa che faccia tanto stabile e ferma una republica, quanto ordinare quella in modo che l'alterazione di quegli umori che l'agitano, abbia una via da sfogarsi ordinata dalle leggi" (*Tutte le opere, op. cit., Discorsi* I, 7, p. 87¹). Confira-se também o capítulo 25 do Livro I, no mesmo sentido.

Lições das *Histórias florentinas*

leis, ofereçam vias para desafogar a ira que o povo [*la universalità*] abriga contra um cidadão",[45] ou em relação às manifestações de opressão. Caso contrário — forças e *ordini* públicas faltantes —, recorre-se a forças privadas (gerando facções) ou mesmo a forças estrangeiras, com enormes danos para a cidade. Seus concidadãos conhecem bem tais episódios: "vimos" — diz ele — "em nosso próprio tempo quanta agitação trouxe à república de Florença o fato de a multidão não poder desafogar ordinariamente sua animosidade contra um cidadão",[46] lembrando o episódio recente da desgraça que se abate sobre um chefe militar da cidade. Dessa forma, assinala que os florentinos não só não resolvem seus conflitos através da lei, como, mais gravemente, não os resolvem promovendo boas leis, segundo conclui agudamente o primeiro capítulo do Livro III das *Istorie*, para, em seguida, tomar o caminho da demonstração mediante a narrativa pelos fatos.

Esse capítulo introdutório do Livro III é justamente um momento fundamental da obra. Como em todos os capítulos introdutórios, nele não são narrados acontecimentos; o historiador assenta e expõe sua reflexão: recolhe as lições trazidas pelo livro precedente ou introduz às razões dos acontecimentos que serão narrados. É na abertura desse livro que Maquiavel propõe uma das formulações mais contundentes — e também mais debatidas — sobre a divisão civil, o fundamento das repúblicas e de todas as associações políticas. Lemos aí: "As graves e naturais inimizades existentes entre os populares e os nobres, causadas por quererem estes comandar e aqueles não obedecer, são a razão de todos os males que surgem nas cidades; porque desta diversidade de humores alimentam-se todas as outras coisas que perturbam as repúblicas".[47] Ora, os que vêm da leitura do *Príncipe* e dos *Discorsi* estranham, evidentemente, nessa passagem, os vocábulos "males" e "perturbam" aqui referidos à causa primeira, "natural", da existência e vida das repúblicas. É certo que em Florença (cidade que

---

[45] *Idem*, p. 87².

[46] *Idem, ibidem*.

[47] *Idem, Istorie* III, 1, p. 690¹.

Leituras das *Histórias florentinas*

está no horizonte da observação, ainda que de fato o plural universalize a referência) as divisões civis redundaram em males; mas é certo também que a universalização se vê comprometida, logo em seguida, com a indicação de que em Roma tais inimizades não produziram os mesmos efeitos maléficos que perturbaram Florença: "numa e noutra cidade produziram efeitos diversos",[48] favoráveis, na primeira, e francamente desoladores na outra. Em Roma, produziram boas instituições e leis, universais políticos; em sua cidade, violências reiteradas, conflitos sangrentos, mortes e exílios, tornados corriqueiros, quase banais. Ora, a oposição entre bons e maus efeitos certamente nos impede de ler esta abertura do Livro III como crítica aos conflitos civis. Faria contrassenso com esta e com toda a obra.[49]

Mas por que esta mesma causa produz nos dois casos efeitos tão contrastados? A resposta, Maquiavel a adianta imediatamente, e com toda a clareza: "tal diversidade de efeitos deve ser causada pelos fins diversos que se deram os dois povos", pelos fins que, nas duas cidades, movem os que "não querem obedecer", o "povo", que os *Discorsi* fazem o fiador da liberdade republicana.[50] Pois o humor popular, compreendemos claramente aqui, quando se desencadeia contra o comando e a opressão dos grandes, pode dirigir sua ação para fins diversos: pode visar a produzir leis, fazendo-se um efetivo portador de universais políticos, ou pode ter como fim "ocupar o poder", produzindo não só uma oposição, mas ainda a exclusão e hostilização de seus adversários: "O povo de Roma" — observa — "desejava gozar as supremas honras junto com os nobres, o de Florença combatia para ficar sozinho no governo, sem que os nobres participassem dele";[51] ou seja, "as

---

[48] *Idem, ibidem.*

[49] É longa a lista dos comentadores que veem uma disparidade de tratamento dado à questão dos conflitos civis nos *Discorsi* e nas *Istorie*. Veja-se Gisela Bock, "Civil Discord in Machiavelli's *Istorie Fiorentine*", em G. Bock, Q. Skinner e M. Viroli (orgs.), *Maquiavelli and Republicanism, op. cit.*, p. 182, que tem nesse tema um dos fios condutores de sua leitura das *Istorie*.

[50] Cf. Maquiavel, *Tutte le opere, op. cit., Discorsi* I, 5, p. 83[1].

[51] *Idem, Istorie* II, 1, p. 690[2].

Lições das *Histórias florentinas*

graves e naturais inimizades" entre povo e grandes "em Roma se resolviam *disputando*, em Florença, *combatendo*".[52] A passagem que acabamos de lembrar é bastante conhecida, citada e comentada, mas é necessário observar que não se trata aí — entre disputa e combate — apenas de uma questão de "meios", do emprego ou não de meios não legais e violentos, meios extraordinários ou ordinários; trata-se, sobretudo, de uma questão de fins, dos propósitos que determinaram a oposição à opressão.[53] E, por tratar-se de fins, uma avaliação e valoração destes propósitos logo se impõem: "o desejo do povo romano era mais razoável", ajuíza o historiador; o do povo florentino, "injurioso e injusto":[54] ele fere a dignidade de alguns, excluindo-os da cidadania e do governo, como se fez com a nobreza. Mas Maquiavel vai adiante: o povo florentino, ao vencer, as leis que criava "eram estabelecidas não em vista da utilidade comum, mas todas em favor do vencedor".[55] Vinga, portanto, nesse povo, o espírito de facção e o despotismo, não o da república. No caso da vitória do *popolo* sobre a nobreza (relatado no Livro II), o que poderia ter sido para Florença um auspicioso "*principio della sua libertà*",[56] revelou-se a continuação de uma história de violências e conflitos, envolvendo agora, sobretudo, frações do próprio *popolo*. Com a exclusão dos nobres, veio igualmente a perda progressiva "daquela *virtù* das armas e da generosidade de ânimo que existia na nobreza"[57] (a qual,

---

[52] *Idem*, p. 690[1] (grifos nossos).

[53] Comentaremos adiante, nas pp. 160-1, nota 90, e pp. 169-70, nota 121, as posições de Gisela Bock e José Luiz Ames sobre esta questão.

[54] *Idem*, p. 690[2].

[55] *Idem*, p. 690[1].

[56] *Idem*, p. 691[1].

[57] A mesma observação aparece também no final do Livro II: "Oltra di questo, tutti gli ordini della giustizia contro ai Grandi si riassunsono; e per fargli più deboli, molti di loro intra la popolare multitudine mescolorono. Questa rovina de' nobili fu sì grande e in modo afflisse la parte loro, che mai poi a pigliare le armi contro al popolo si ardirono, anzi continuamente più umani e abietti diventorono. Il che fu cagione che Firenze, non solamente di armi, ma di ogni generosità si spogliasse" (*idem*, *Istorie* II, 42, p. 690[1]).

para sobreviver, precisa, então, "tornar-se semelhante aos *popolani*"),[58] de modo que a corrupção da cidade se aprofunda, tornando-a "cada vez mais humilde e abjeta",[59] como já vimos cruelmente observar o historiador. Porém, além da sucessão dos conflitos de facção no seio da nova classe dominante, o *popolo* (cuja cidadania advém, lembramos, de sua inscrição nas corporações de ofícios, maiores e menores), o Livro III trará o relato da última oportunidade de constituição da liberdade republicana dos florentinos — agora a revolta da plebe contra o *popolo* —,[60] que veremos malograr pelos motivos que já são assinalados nesse seu capítulo introdutório. Veremos também, depois dessa revolta, a cidade caminhar, em meio a muita opressão e violências, na direção do principado e das dificuldades que a desafiam no tempo de seu novo historiador.

Passemos, então, à demonstração pelos fatos, inscrita na trama mesma destas histórias florentinas. Nesse início do Livro III, segundo o trajeto antecipado pelo autor já no Proêmio do primeiro livro, encontramo-nos no momento que se segue ao triunfo do *popolo* sobre os nobres e a constituição do chamado "Governo

---

[58] *Idem*, p. 690².

[59] *Idem*, p. 691¹.

[60] Adere à revolta da plebe uma parte pequena de artesãos que haviam permanecido excluídos das *Arti* e feitos *sottoposti* de outras corporações. Maquiavel os denomina nesse contexto *"popolo minuto"*, visto que por seus ofícios não se confundiam com a plebe, a mão de obra desqualificada de diaristas como os *ciompi* (veja-se o Livro III, 12). Em outra ocasião, Maquiavel atribui ao *popolo* três categorias: *potenti*, *mediocri* e *basso*, respectivamente, com certeza, os cidadãos das corporações maiores, os das menores e os cidadãos "aparentes", pois, *sottoposti*, como a plebe, a outras corporações. É para estes últimos que se reivindicarão duas novas *Arti*, uma para tintureiros e cardadores, outra para costureiros, alfaiates e artes afins. Na maior parte das vezes o texto se refere ao *popolo minuto* e plebe, mantendo a distinção entre os dois grupos; porém, algumas vezes nomeia todos eles pela designação de apenas um, em geral, referindo-se à plebe, como em Livro III, 17, p. 705¹, ainda que possa ocorrer, por exemplo, amálgamas, como *"plebe minuta"* em Livro III, 16, p. 705¹ e III, 18, p. 706².

Lições das *Histórias florentinas*   153

das Artes", aquele *stato* em que as magistraturas são ocupadas exclusivamente pelo "povo" — a grande burguesia reunida, como já foi indicado, nas catorze *Arti maggiori* (que detêm a inteira hegemonia no governo), associada à pequena, acomodada, esta, nas *Arti minori* —, com a exclusão da plebe e daquela camada de pequenos artesões, não integrados ao corpo da cidadania, subordinados (*sottoposti*) a diversas corporações. No primeiro livro fora brevemente relatada a história das "coisas italianas";[61] já no segundo, o historiador se voltará especificamente para Florença, vindo de suas origens até 1353, período de dominação e derrocada da nobreza, um tempo tumultuado por divisões e conflitos entre clãs e partidos (Guelfos e Gibelinos e, posteriormente, com a hegemonia dos Guelfos, sua própria divisão em Bianchi e Neri).[62] Logo, porém, crescem "as naturais inimizades entre os homens populares e os nobres",[63] sobrepondo-se às hostilidades existentes entre facções da nobreza, que, no final do Livro II, vê-se levada a uma completa derrota, mediante episódios de extraordinária violência.[64] O Livro III se inicia nessa *nuova ordine* da dominação

---

[61] No primeiro livro a narrativa se inicia com o final do Império Romano e segue até 1434, descrevendo a formação e desenvolvimento das quatro potências da península italiana: os Estados Pontifícios, Nápoles, Veneza e Milão.

[62] Em 1293, o *popolo* impõe à nobreza os draconianos "*ordinamenti di giustizia*" (cf. *idem*, *Istorie* II, 13, p. 666² e também nota 472, abaixo), as leis antinobiliárias, às quais segue um tempo de apaziguamento, que será interrompido pelo surgimento da divisão entre Bianchi e Neri (cf. *idem*, *Istorie* II, 16, p. 668²). Sobre este período de relativa calma, o historiador diz: "Né mai fu la città nostra in maggiore e più felice stato che in questi tempi, sendo di uomini, di ricchezze e di riputazione ripiena: i cittadini atti alle armi a trentamila, e quelli del suo contado a settantamila aggiungnevano; tutta la Toscana, parte come subietta, parte come amica, le ubbidiva; e benché intra i nobili e il popolo fusse alcuna indignazione e sospetto, non di meno non facevano alcuno maligno effetto, ma unitamente e in pace ciascuno si viveva" (*idem*, *Istorie* II, 15, p. 668¹).

[63] *Idem*, *Istorie* II, 42, p. 690¹.

[64] Depois de relatar os grandes e violentos tumultos que culminaram com o afastamento da nobreza da cena político-institucional, Maquiavel comenta: "Il popolo intanto, e di quello la parte più ignobile, assetato di preda, spogliò e sccheggiò tutte le loro case, e i loro palagi e torri disfece e arse com tanta rabbia

154   Leituras das *Histórias florentinas*

popular, que vai se manter politicamente estabilizada por um bom lapso de tempo (*"mantennesi la città dopo quella rovina quieta infino all'anno 1353"*)[65] já que, como diz o autor, *"doma que fu la potenzia de'nobili"* (e também "terminada a guerra com o arcebispo de Milão"),[66] parecia não haver mais motivo para perturbações. Ora, os conflitos logo reaparecem, visto que as instituições da cidade não se mostram capazes de os assumir e abrigar rivalidades e oposições. Assim, o historiador emenda, em tom de lamento: "No entanto, a má fortuna de nossa cidade e suas *ordini* não--boas" levam-na a mergulhar em novas divisões, em conflitos facciosos, de natureza análoga aos que antes foram protagonizados pela nobreza. Emergem inimizades e desavenças entre grupos *popolani*, divisões entre clãs aglutinados em partidos que se odeiam e que querem *"ottenere il principato nella republica"*,[67] como evidenciará, adiante, a ambição do partido "guelfo", que por muito tempo dominará a cidade. As facções se armam e seguidamente desafiam as leis e recorrem à violência.

Liderados pelos clãs Albizzi e Ricci, estes partidos se enfrentam, então, por um longo período, espreitando-se e criando obstruções mútuas no plano das decisões políticas. Acaba, no entanto, por prevalecer a facção dos Albizzi (aliada aos Strozzi, a membros da antiga nobreza e outras famílias poderosas), denominada *"parte guelfa"* (uma designação que recupera a herança das antigas divisões da nobreza da cidade), cujos chefes, diz Maquiavel, tornaram-se insolentes e poderosíssimos.[68] Estes homens, já em 1371, associados à maior parte dos *"popolani potenti"* e aos membros

---

che qualunque più al nome fiorentino crudele nimico si sarebbe di tanta rovina vergongnato" (*idem*, *Istorie* II, 42, p. 689[2]).

[65] *Idem*, p. 690[1]. Mas é preciso lembrar que nesse período acontecimentos calamitosos, como uma peste devastadora e a primeira guerra contra os Visconti de Milão (com seus planos de expansão para a construção de um grande Estado unificado no norte e centro da Itália — cf. Hans Baron, *The Crisis of the Early Italian Renaissance*, *op. cit.*), vieram assolar a cidade.

[66] *Tutte le opere*, *op. cit.*, *Istorie* III, 2, p. 691[1].

[67] *Idem, ibidem*.

[68] Cf. *idem*, *Istorie* III, 3, p. 692[1].

Lições das *Histórias florentinas*

da antiga nobreza, "decidem ficar sozinhos no governo"[69] e moldar a seu favor as instituições. Malgrado a reação indignada de um grupo de cidadãos respeitados contra sua arrogância e insolência, as medidas tomadas pela *Signoria* contra eles (e contra os embates das facções) acabam por aumentar-lhes o poder[70] — o que faz aumentar também, certamente, o número de seus inimigos. A cidade se vê, então, num impasse: de um lado, a audácia desses "capitães guelfos"; de outro, a impossibilidade de derrotá-los[71] e de estancar a contínua erosão das leis e instituições. Assim, aos adversários dos Guelfos pareceu não haver outro caminho que o recurso às armas; e o quadro, como assinala o historiador,[72] é de iminência de guerra civil.

No entanto, esses conflitos facciosos (entre facções burguesas, devemos enfatizar), ao se exacerbarem e caminharem para seu extremo, começam a alcançar um estatuto propriamente político. Pois, terminam por se associar na oposição à *"parte guelfa"* (que concentra, já vimos, "a maior parte dos *popolani* mais poderosos e todos os antigos nobres")[73] todo o povo *"di minori sorte"* associado a alguns (poucos) *popolani* ricos (os Ricci, Alberti e Medici) e, o que é mais importante, *"il rimanenti della moltitudine"* (a

---

[69] *Idem*, p. 692².

[70] A principal das medidas tomadas foi a suspensão do acesso às magistraturas, por três anos, a três membros da família Albizzi e a três dos Ricci, entre eles Piero degli Albizzi e Uguccione de' Ricci, os chefes destas facções adversárias. Esta medida fez, na verdade, crescer a força política dos Albizzi, que já dispunham do prestígio e do aparato da "Parte de' Guelfi", um partido mais reverenciado e temido que a própria *Signoria*, segundo relata Maquiavel: "E a tanta arroganza i Capitani di parte salirono, ch'eglino erano più che i Signori temuti, e com minori reverenza si andava a questi che a quelli, e più se stimava il palagio della Parte che il loro; tanto che non veniva ambasciadore a Firenze che non avesse commissione a' Capitani" (*idem, Istorie* III, 8, p. 696¹). Mas, as medidas, enfim, ao invés de barrar, reforçam a arrogância dos Guelfos ao prejudicar, mais que a eles, seus adversários.

[71] Cf. *idem, ibidem*.

[72] Cf. *idem, ibidem*.

[73] *Idem, ibidem*.

massa a que comumente se chama, muitas vezes de maneira desdenhosa, "o povo", constituída sobretudo pela plebe), que, comenta Maquiavel, "quase sempre se associa à parte descontente".[74] À frente, liderando a rebelião contra a prepotência dos Guelfos, estão os cidadãos pertencentes às corporações menores; mas, como se sabe, este movimento não só abrirá as portas para a entrada da plebe e seus aliados em cena, como também, logo, lhe transferirá o papel principal, transformando-se em conflito entre a plebe e o *popolo*, a última das figuras das "*civili discordie*" florentinas nomeadas no Proêmio da obra, aquela que se seguiu à divisão política do povo (cidadãos das corporações maiores e menores) em relação aos nobres.

O enfrentamento se inicia no momento em que o rico *popolano* Salvestro de' Medici, oponente dos Guelfos e aliado do *popolo* mediano[75] das corporações menores, esquivando-se de golpes e manobras, torna-se *gonfaloniero* e propõe uma lei que "*innovava gli ordinamenti della giustizia contro i grandi*",[76] visando sola-

---

[74] *Idem, ibidem.*

[75] Maquiavel no final do Livro II, 42, p. 689[2], ao referir-se à derrota da nobreza e ao novo governo do *popolo*, divide este, como já vimos, em *potenti*, *mediocri* e *bassi*, atribuindo a cada uma dessas partes uma fração da *Signoria*. Adiante no Livro III os postos do governo aparecem divididos apenas entre *Arti maggiori* e *minori*, para depois da Revolta dos *ciompi* incorporar três novas artes de modo a abrigar os que eram até aí destituídos de cidadania, a plebe e o *popolo minuto*, que, portanto, não corresponde ao *popolo basso* do final do Livro II (que dispõe de corporação e de postos no governo). No Livro III a expressão *popolo minuto* corresponderá sociologicamente aos integrantes das novas *Arti*, sem uma distinção nítida da plebe (sem qualificação profissional) como se vê em Livro III, 15, p. 703[2]. Plebe e *popolo minuto* são aqui no Livro III termos que vêm sempre associados quando não confundidos.

[76] É oportuno lembrar que os "*Ordinamenti di Giustizia*" designam a legislação pela qual, entre 1293 e 1295, a burguesia florentina se opôs à prepotência da nobreza ("e ciascuno giorno qualche popolare era ingiuriato; e le leggi e i magistrati non bastavano a vendicarlo, perché ogni nobili, con i parenti e con gli amici, dalle forze de' Priori e del Capitano si difendeva" — *idem, Istorie* II, 12, p. 666[1]). São várias as medidas estabelecidas no plano social e da aplicação da Justiça, como responsabilizar as famílias nobres pelos delitos de seus membros ou levá-las a juízo apenas pela "*publica fama*" de um delito. Vejam-se

---

Lições das *Histórias florentinas*   157

par o poder dos capitães guelfos.[77] Diante da resistência dos partidários destes, os aliados de Salvestro conclamam o povo a ocupar a praça da *Signoria* e conseguem aprovar a lei, mas não acalmar a cidade — mesmo com a decisão de estabelecer uma *balia*[78] para reformar as instituições (*lo stato*). Os tumultos ganham, então, enormes proporções. Os cidadãos das *Arti minori*, apoiados pela numerosa plebe, "para vingar-se dos Guelfos", saqueiam e incendeiam casas, abrem prisões, invadem monastérios e ameaçam atacar a Câmara pública. As paixões mais ferozes se desencadeiam. Maquiavel assinala "*la rabia di quella moltitudine*", o "*popolare furore*", as violências cometidas "*per odio universale o per privare nimicizie*".[79]

Aos poucos, no entanto, medidas pacificadoras (anulação de leis feitas pelos Guelfos, reintegração política dos "*ammuniti*",[80]

---

nas *Istorie* os capítulos 12 e 13 do Livro II. Algum tempo depois da expulsão, em 1343, do Duque de Atenas (o cavaleiro francês Walter de Brionne, chamado no ano anterior para governar a cidade) o *popolo* afasta os nobres do comando social e político da cidade (cf. *idem, Istorie* II, 39, p. 687[2]), sobretudo mediante sua exclusão das *Arti* e, assim, das magistraturas de governo.

[77] Cf. *idem*, p. 697[1].

[78] As *Balie* são comissões especiais, dotadas de poderes extraordinários, estabelecidas em geral por *Parlamenti* (grandes concentrações populares em praça pública), para questões urgentes ou "estado de necessidade": reformas constitucionais ou eleitorais, criação de impostos, decisões relativas a guerras, sempre em momentos críticos. Suas decisões são inapeláveis. Ver Gabriel Pancera, *Maquiavel entre repúblicas, op. cit.*, p. 45.

[79] Cf. *Tutte le opere, op. cit., Istorie* III, 10, p. 698[2].

[80] *Ammunire* é um vocábulo derivado do latim *admonere*: fazer lembrar, avisar, admoestar, chamar à ordem e mesmo castigar. Trata-se aqui de um expediente legal, acionado, a partir de meados de 1357, contra os suspeitos de origem ou inclinações "gibelinas" (mas, adiante, também usado contra os líderes da *parte guelfa*). Procura-se por este expediente prevenir intervenções por parte de cidadãos potencialmente perigosos para a cidade, através da suspensão de seus direitos políticos, quase sempre por dez anos. O uso deste instrumento legal, acionado pelos "*capitani*" dos partidos, como assinala Maquiavel, trouxe contínuas agitações para a cidade, visto que seu uso mais regular destinou-se à neutralização política dos adversários pela facção hegemônica no controle do

renovação das bolsas eleitorais, mudança dos ocupantes da *Signoria* — que agora passa a ser presidida por Luigi Guicciardini, homem muito respeitado —, além de outras medidas, como declarar rebeldes alguns cidadãos odiados pelo povo)[81] vão serenando os ânimos. As advertências e exortações do novo *gonfaloniero* (retratadas em longa peça retórica produzida pelo historiador),[82] são decisivas para o arrefecimento dos ódios e da revolta popular. Porém, nesse momento, estando controlado o *"popolare furore"*, sobe ao proscênio a *"infima plebe"*, que toma o palco da revolta com iniciativas próprias, promovendo novos e violentíssimos tumultos. "Enquanto estas coisas [as tratações da *Signoria* com o *popolo*, sobretudo das corporações menores] aconteciam, nasceu um outro tumulto que muito mais que o primeiro feriu a república".[83] Trata-se do movimento que a tradição denominou "Revolta dos *ciompi*", a rebelião dos numerosos *"sottoposti* à arte da lã e a outras".[84] O que os move? Seguramente, de um lado, seu ódio de classe, ódio aos cidadãos ricos e aos "príncipes das artes".[85] Porém, mais imediatamente, move-os o medo de serem eles os punidos pelas violências ocorridas nos dias precedentes. É verdade que há também a insatisfação com o que ganham (não estão, certamente, contentes "com o que achavam ser justo merecer por suas fadigas")[86] e com o funcionamento da Justiça que lhes era administrada pelos magistrados das corporações a que estavam subordinados.[87] Entretanto, são sobretudo movidos, positivamente — segundo atesta

---

poder (em 1366, diz o historiador, *"si trovavano di già ammuniti più che 200 cittadini"* — idem, *Istorie* III, 3, p. 692[1]). Confira-se, também no Livro III, capítulo 3, o início do uso deste expediente nos conflitos das facções lideradas pelas famílias Ricci e Alberti (cf. *idem*, p. 691[2]).

[81] Cf. *idem, ibidem.*

[82] Cf. *idem, Istorie* III, 11, p. 699[1].

[83] *Idem, Istorie* III, 12, p. 700[1].

[84] *Idem*, p. 700[2].

[85] Cf. *idem*, p. 700[1].

[86] *Idem*, p. 700[2].

[87] Cf. *idem, ibidem.*

Lições das *Histórias florentinas*

o magnífico discurso que o historiador atribui a um *ciompo* anônimo[88] —, pelo desejo de "viver com mais liberdade e mais satisfação do que no passado" ou, como ele diz também, "abrir caminho para termos aquelas coisas que desejamos para nossa liberdade".[89] Desejo de liberdade, pois; aspiração por cidadania, como logo se evidencia.

Impossível reduzir as motivações dos *ciompi* a um horizonte fundamentalmente econômico, como querem muitos comentadores.[90] A reivindicação econômica está certamente lá, mas a nar-

---

[88] Cf. *idem*, p. 701[1].

[89] *Idem, ibidem.*

[90] Discutimos aqui a interpretação da Revolta dos *ciompi* que passou a dominar o campo do comentário como o momento, segundo Bock, "of the passage from the struggle for honors and office to that for property and wealth and to violence" (Gisela Bock, "Civil Discord in Machiavelli's *Istorie Fiorentine*", *op. cit.*, p. 193). Diferentemente da oposição do *popolo* aos nobres, estas lutas seriam, sobretudo, motivadas por condições materiais e interesses (com a passagem das discórdias civis à guerra civil — cf. *idem, ibidem* —, com a passagem "from the constitutional to violent means that the author condemns" — *idem*, p. 195), marcando um momento comparável ao das reformas dos Gracco em Roma. Bock comenta: "Most historians before him (Machiavelli) — including his sources — and most historians following him up until the 19th century saw the cause of the revolt, and of discord in general, either in instigation by devil or in punishment for the sins of the citizens, or else in inscrutable fate or individual immoral behavior, or else in manipulation of the peaple by some nobleman, or — in the case of Compi — in the reprehensible claims of men incapable of exercising public office. Machiavelli was perhaps the first historian to see the causes not in moral terms, but in political ones, *and above all in material conditions and rational interests of the Ciompi themselves*. He thus arrived at a conclusion that has not been surpassed by modern historiography" (*idem*, p. 193, grifos nossos). As motivações de maior peso estariam, pois, do lado das reivindicações econômicas, o que se comprovaria pelo discurso do *ciompo* anônimo recriado por Maquiavel (cf. *idem*, p. 195). Ames procura corroborar esta leitura: "já foi notado por Bock que o tumulto dos *ciompi* pode ser lido em contraponto das disputas da lei agrária descritas nos *Discursos* (I, 37): passagem da luta política para a econômica; transformação da discórdia civil em guerra civil. [...] Para a compreensão dos acontecimentos, Maquiavel contrapõe o discurso do gonfaloneiro Luigi Guicciardini aos de um anônimo chefe dos insurgentes. Enquanto o discurso do gonfaloneiro é basicamente uma exortação à modera-

rativa maquiaveliana traz o foco da revolta e de suas aspirações para um plano eminentemente político: é o ódio aos grandes (filtrado na indignação contra a prepotência dos Guelfos e no medo) e a reivindicação da cidadania de que estão excluídos. Que se considerem suas exigências e as transformações políticas que reclamam (aquelas reivindicações que, sob forte pressão da multidão, foram aprovadas por todas as instâncias institucionais no momento mesmo do seu assalto aos poderes da cidade).[91] Em primeiro lugar — e esta é a exigência fundamental —, impõem a criação de três novas corporações, através das quais todos os "*sottoposti*" das *Arti* já existentes são incluídos na cidadania (uma para os cardadores e tintureiros, até então subordinados à Arte da Lã; outra para alfaiates, coleteiros, barbeiros e artes afins; uma terceira para o restante da plebe).[92] Passam, assim, a ter um instrumento de participação política e a beneficiar-se de uma justiça própria, visto que, no domínio judiciário, os cidadãos florentinos estavam fundamentalmente subordinados aos magistrados da sua *Arte*. A esta reivindicação central são associadas outras, como a anistia para os que foram exilados, confinados e "advertidos" (*ammuniti*) por iniciativa dos capitães do partido guelfo e, evidentemente, exigência de confinamento e "advertências" para muitos de seus desafetos. Também comparece aqui a mais tradicional das reivindicações

---

ção [...] o discurso do *ciompo* se volta para o que ficara oculto no discurso do gonfaloneiro: o problema da *roba* [...]. A *roba*, como podemos notar, assume um sentido mais vasto do que somente riqueza: refere-se à própria 'ordem econômica', isto é, à forma como a riqueza é produzida e repartida. [...] Com efeito, no centro do argumento daquele está um argumento a favor de uma igualdade que não é, em primeiro plano, política, mas, sobretudo, econômica" (Ames, "Transformações do significado do conflito na *História de Florença* de Maquiavel", *op. cit.*, pp. 273-5). Mas, que se atente também nesta discussão para o seguinte: com certeza, não é nesse momento que as "inimizades" deixam de buscar os meios constitucionais para assumir a violência, os meios extraordinários. Basta lembrar a imensa violência utilizada pelo *populo* contra a nobreza que Maquiavel lamenta no final do Livro II (cf. *Tutte le opere*, *op. cit.*, *Istorie* II, 41, p. 689²).

[91] Cf. *idem*, *Istorie* III, 15, p. 703².

[92] Cf. *idem*, *ibidem*.

Lições das *Histórias florentinas*

das revoltas plebeias (desde Atenas e Roma): o perdão de dívidas (não exatamente perdão, aliás, mas adiamento por dois anos dos pagamentos das dívidas mais altas, acima de 50 ducados) dos integrantes das novas corporações.[93] Enfim, foi com tais reivindicações, pretensões e ideias em mente que os *ciompi* e seus aliados voltaram às ruas, enfrentaram as forças policiais, incendiaram casas, libertaram prisioneiros, queimaram a documentação e escriturações da *"Arte dalla Lana"* e perseguiram os personagens que odiavam. No final, tendo se apoderado já das bandeiras das *Arti* e do estandarte da justiça (*"il gonfalone della giustizia"*, insígnia do chefe do governo, o *"gonfaloniero"*, e grande símbolo do poder e da ordem), invadem o Palácio do Podestà, "combatendo e vencendo",[94] segundo registra em tom épico o historiador.

É nesse momento que, seguindo o relato, vemos destacar-se da multidão, plebeia no essencial, o personagem mais elogiado por Maquiavel em toda a obra: Michele di Lando, o *ciompo*, cardador de lã, que na tomada do palácio vai à frente de todos levando o estandarte da Justiça. O narrador compõe nesse episódio um quadro intensamente épico e simbólico. Aquele homem descalço, quase nu, com o *gonfalone della giustizia* nas mãos, seguido pela multidão, sobe as escadarias do palácio e chega à magnífica sala de audiências da *Signoria*. Para, então, e voltando-se para a multidão, exclama: "vejam, este Palácio é vosso, e esta cidade está nas vossas mãos. Que vos parece que se deva fazer agora?". A resposta é surpreendente, pois todos bradam, arrebatados, "que o queriam como Gonfaloneiro e Senhor, e que governasse a eles e à cidade como lhe parecesse melhor".[95] Michele aceita dirigir a *Signoria* e, diz o historiador, "como era um homem sagaz e prudente — o que devia mais à natureza que à Fortuna —, decidiu acalmar a cidade e acabar com os tumultos";[96] decide, enfim, voltar o mais breve possível às "vias ordinárias". Manda erguer duas forcas na

---

[93] Cf. *idem, ibidem*.

[94] *Idem*, p. 703[1].

[95] *Idem, Istorie* III, 16, p. 704[2].

[96] *Idem, ibidem*.

praça, para sinalizar a retomada da autoridade pública e da lei; destitui a antiga *Signoria* e os Conselhos; faz queimar as *"borse"* eleitorais[97] e convoca os síndicos das Artes para estabelecer o novo governo, agora com uma repartição das magistraturas inteiramente diversa daquela que anteriormente vigia e com um domínio incontrastado das novas corporações, que levam a metade dos postos do colegiado da *Signoria*.[98] Lando convoca também para participar mais estreitamente do governo um grupo de cidadãos *popolani* "amigos da plebe", entre eles o riquíssimo Salvestro de' Medici.

Ora, justamente essa volta à ordem institucional e a recomposição do governo, com a incorporação de estratos e forças diversas da cidade, desagradará e decepcionará imensamente a *"parte"* vitoriosa: "Pareceu à plebe", comenta o historiador, "que Michele, ao reformar o Estado, havia sido muito favorável aos *"maggiori popolani"* e não lhes parecia terem obtido no governo uma parte [suficiente] para nele manter-se e para poder defender-se caso fosse necessário".[99] Por esse motivo, comenta Maquiavel, "im-

---

[97] Trata-se das "bolsas" que continham os nomes dos cidadãos qualificados, e elegíveis segundo uma série de critérios, para os diferentes cargos. Tais *borse* eram preparadas pelos *"accopiatori"*, magistrados cuja função guarda alguma afinidade com aquela dos "censores" romanos.

[98] Maquiavel diz que Lando "feci di poi ragunare i sindachi delle Arti, e creò la Signoria: quattro della plebe minuta, duoi per le maggiori e duoi per le minori Arti. Fece, oltra di questo, nuovo squittino, e in tre parti divise lo stato [o conjunto das magistraturas]; e volle che una di quelle alle nuove Arti, l'altra alle minori, la terza alle maggiori toccasse" (*idem*, *Istorie* III, 16, p. 705[1]). Logo adiante, como veremos, a divisão das magistraturas passará a excluir as novas *Arti* plebeias e a contemplar apenas as *minori* e *maggiori*, cada uma com metade das funções. Já no colegiado da *Signoria* as corporações menores, da pequena burguesia, passarão, naquele momento, de maneira inédita, a ter mais peso na divisão do poder, com cinco membros, contra quatro das corporações maiores, aquelas dos *popolani*, dos grandes atacadistas, "industriais" e financistas da cidade (cf. *idem*, III, 18, p. 706[1]). É verdade que no início do "governo das *Arti*" — após a ruína da nobreza — à parte *potenti* do *popolo* reservaram-se apenas dois assentos no colegiado da *Signoria* (cf. *idem*, III, 42, p. 689[2]).

[99] *Idem*, p. 705[1].

Lições das *Histórias florentinas*   163

pelidos por sua costumeira audácia, retomam as armas e, tumultuariamente, voltam à praça sob seus estandartes,[100] exigindo que os *Signori* saíssem ao balcão do Palácio para decidir sobre assuntos de sua segurança e interesse".[101] E seguem-se ameaças. Ora, Michele, "em vista desta arrogância deles — e para não os indignar mais por ouvir o que não queriam —, lamentou os modos que empregavam para reivindicar [*domandare*] e os exortou a depor as armas, pois só então lhes seria concedido aquilo que, pela força, a *Signoria* não poderia conceder com dignidade".[102] A multidão revolucionária, enraivecida, reúne-se em outro ponto da cidade e, de lá, destitui Lando, Salvestro e todo o governo, estabelecendo outros magistrados (*Signori*, capitães, ministros) e outras leis e ordenações, que decide impor pela força. Os novos líderes (os *capi*, seus "capitães") deliberam manter o governo, daí em diante, sob permanente vigilância por parte de oito comissários das novas Artes, que também habitariam o palácio.[103] Enviam em seguida dois emissários aos *Signori*, aos quais "expõem sua comissão com grande audácia e ainda maior presunção",[104] censurando Lando "pela ingratidão e o pouco respeito com que se conduzira em relação a eles, não obstante a dignidade e a honra que lhe haviam concedido".[105] Maquiavel relata que "ao passarem eles, no final, das palavras às ameaças, Michele não pôde suportar tanta arrogância e, considerando mais o posto que ocupava que sua ínfima condição, pareceu-lhe necessário frear de modo extraordiná-

---

[100] Observe-se que não se trata mais do estandarte da *Giustizia*, aquele comum a toda a cidade, que voltara ao Palácio do Podestà, mas os das suas recém-criadas corporações.

[101] *Idem, ibidem.*

[102] *Idem, ibidem.*

[103] "Questi capi infra loro deliberorono che sempre otto, eletti daí corpi delle loro Arti, avessero com i Signori in Palagio ad abitare, e tutto quello che dalla Signoria si deliberasse dovesse essere da loro confermato" (*idem, Istorie* III, 17, p. 705²).

[104] *Idem, ibidem.*

[105] *Idem, ibidem.*

rio aquela extraordinária insolência".[106] O que faz o *gonfaloniero*, e sem hesitação? Toma a arma que trazia na cinta e, diante de todos os demais magistrados, estupefatos, fere gravemente os emissários, mandando prendê-los. O que se segue a esta cena insólita pouco tem de inesperado. A multidão, cheia de fúria, sai da praça em que se reunira (diante da igreja de Santa Maria Novella) em direção ao Palácio. Michele, presidente do governo e chefe das forças policiais da cidade, "reúne, então, um grande número de cidadãos — que já haviam começado a rever o seu erro de juntar-se à plebe —", relata Maquiavel "e sai a cavalo para combatê-la, seguido de muitos homens armados".[107] Vence, obriga-os a depor as armas, expulsa da cidade uma parte deles (muitos se escondem, outros aderem ao comando do *gonfaloniero*), freia, enfim, o furor da plebe, fazendo-a "temer",[108] segundo comenta o nosso autor ao fechar a narrativa da revolta no capítulo 17. A partir desse momento, opera-se a reforma do Estado, sob a liderança de Lando — uma reforma que, como se sabe, irá resistir por pouco tempo. Nela, visto estar a plebe enfraquecida, as *Arti minori* ganharão poder, como já anotamos,[109] vindo-se mesmo a barrar a presença do *popolo minuto* das novas corporações na *Signoria*,[110] além de, logo também, dissolverem a terceira das novas *Arti*, a mais extraordinária, aquela que,

---

[106] *Idem, ibidem.*

[107] *Idem, ibidem.*

[108] Maquiavel acena aqui para o velho mote: a plebe é temível, quando não teme. E não deixa de anotar o desprezo do *popolo* em relação à plebe, que logo verá ser vedado a seus representantes o acesso ao conselho da *Signoria* (veja-se Livro III, 18: o episódio é aquele do veto a dois plebeus de má reputação, Tria e Baroccio, e a subsequente anulação da Arte dos "sem ofício"). O relato da repressão aos plebeus insubordinados já terminara com a passagem que mais evidencia o desdém pela plebe existente no seio da burguesia: "Le quali cose feciono la plebe sbigottire, e i migliori artefici ravedere e pensare quanta ignominia era, a coloro che avevano doma la superbia de' Grandi, il puzzo della plebe sopportare" (*idem*, p. 706²).

[109] Cf. nota 408.

[110] Cf. *idem*, p. 706¹.

Lições das *Histórias florentinas*

contrariando a lógica corporativa das instituições, reunia homens de extração plebeia, não qualificados por ofícios — uma "corporação" aglutinada fundamentalmente em vista da integração de todos ao corpo da cidadania.

O saldo final deste inédito e grandioso movimento será, na verdade, como sabemos, desolador. Acabam por ser abolidas todas as três novas *Arti*, produzindo-se o avanço das *Arti minori* na partilha institucional do poder, como já assinalado. A liderança do Governo ficará, no entanto, com aquela facção dos *popolani* que havia se associado aos "populares" contra a tirania dos capitães guelfos e que havia também aderido à nova ordem instaurada pela plebe e pequenos artesãos. Assim, Giorgio Scali, Benedetto Alberti, Tommazo Strozzi, Salvestro de' Medici, que serão agora designados pelos florentinos como chefes do partido "dos plebeus", "tornaram-se" — observa o historiador —, "quase príncipes da cidade",[111] provocando e reeditando, então, o velho e conhecido conflito entre facções burguesas, visto que eles se confrontam, como *"parte"*, com a facção dos Guelfos, ainda capitaneada pelos Albizzi. E responderão todos eles pelos mesmos gravíssimos danos conhecidos pela tradição política da cidade: mortes, exílios, suspeitas, ameaças vindas de alianças dos oponentes com forças estrangeiras etc. Por três anos (de 1378 a 1381), esta *"parte plebea"* domina a cidade de forma "violenta e tirânica".[112] Só depois de muitas perturbações, como mostra a sequência do Livro III, ela perde o controle do governo para sua adversária, a *"parte de' popolani nobili e de' guelfi"*, chamada agora *"parte popolare"* (por oposição à *"parte plebea"*), cuja prepotência e arrogância justamente haviam revoltado os florentinos e dado início aos tumultos e transformações narradas nesse Livro III.

Com a volta desse grupo ao poder, em 1381, são extintas as duas novas corporações remanescentes, voltando os plebeus à posição de *"sottoposti"* das demais;[113] Lando é confinado juntamen-

---

[111] *Idem*, p. 706².

[112] *Idem*, p. 708¹.

[113] O texto do Livro III, 18, dedicado ao relato do início do desmorona-

166   Leituras das *Histórias florentinas*

te com outros "aliados da plebe" (*capi plebei*), e tudo retorna à situação anterior. A burguesia florentina — a pequena e a grande associadas — desmonta em três anos as instituições produzidas pela revolução dos *ciompi*, devolvendo o poder aos "*popolani nobili*", reunidos na "*parte popolare*", o velho partido guelfo.[114] Só em 1434, com a volta de Cosme de' Medici do exílio, o controle da cidade passará da liderança dos Albizzi para a de sua família, reforçando e prolongando a inconveniente indefinição constitucional da cidade: nem bem principado, nem república, segundo lamenta Maquiavel no *Discorso*.[115]

---

mento das conquistas da revolta não é bem claro. Talvez ainda em 1378 se volta aos integrantes das novas artes o acesso ao colegiado da *Signoria*. Depois, entre essas novas corporações, a da plebe parece ser a primeira anulada. Pois, sobre as novas *ordini* advindas, Maquiavel diz: "questo stato così ordinato fece, per allora, posar ela città, e benché la republica fusse stato tratta delle mani della plebe minuta, restarono piu potente gli artifice di minori qualità [*Arti minori*] che i nobili popolani [*Arti maggiori*]; a che questi furoro di cedere necessitati, per torre ao popolo minuto i favore dele Arti [no plural], contentando quelle" (*idem*, III, 18, p. 706²). No entanto, no capítulo 21, ao narrar o final do "desmonte" e a perda de poder da "*parte plebea*" (Scali, Strozzi, Medici) para a antiga "*setta dei guelti*" (*idem*, III, 21, p. 708²) o historiador comenta: "renderonsi gli onori alla Parte Guelfa; privoronsi le due Arti nuove de' loro corpi e governi, e ciascuno de' sottoposti a quelle sotto le antiche Arti loro si rimissono" (*idem*, p. 709¹).

[114] Com a queda do "partido plebeu", "privoronsi l'Arti minori del gonfaloniere di giustizia [função que, no "*stato*" anterior, elas revezavam com as *Arti maggiori*], e ridussonsi dalla mità alla terza parte degli onori, e di quelli di maggiore qualità. *Sì che la parte de' popolani nobili e de' Guelfi riassunse lo stato, e quella della plebe lo perdè; del quale era stata principe dal 1378 allo '81*, che seguirono queste novità" (*idem*, *Istorie* III, 21, p. 709¹; grifos nossos). Nada restou.

[115] Veja-se o início do primeiro item do "Discurso sobre as formas de governo de Florença", o projeto de reforma das instituições florentinas encomendado a Maquiavel pelo Cardeal Giulio de' Medici, em 1520: "A razão pela qual as formas de governo de Florença mudaram constantemente foi por nela jamais ter havido república ou principado que tivesse forma apropriada" (*apud* Helton Adverse (org.), *Maquiavel: Diálogo sobre nossa língua e Discurso sobre as formas de governo de Florença, op. cit.*, p. 59). Veja-se também, sobretudo, os itens

A Revolta dos *ciompi*, como sabido e consabido, é para Maquiavel o episódio crucial de suas *Histórias florentinas*, um momento seguramente equivalente, para ele, àquele da revolta da plebe romana que levou à solução institucional da criação dos Tribunos, ainda que os resultados evidentemente tenham sido bem diversos: os acontecimentos de Roma levam a constituição da república "à sua perfeição"[116] e põem a cidade na direção da sua grandeza; os eventos de Florença arruínam suas aspirações republicanas, reabrindo suas intermináveis lutas de facções, que a levam finalmente, como já apontamos, ao principado dos Medici. É o que mostra a urdidura dos fatos tecidos pelo historiador.

No entanto, logo no início do capítulo introdutório do Livro III, aquele em que a revolta é narrada, há uma passagem — reiterada e polemicamente interrogada pelos comentadores — que parece trazer uma avaliação diversa sobre esses acontecimentos. Depois de opor os efeitos das discórdias civis em Roma e Florença (de um lado, a criação de leis, a partir de "disputas"; de outro, violências, exílios e mortes, produzidos por "combates"), Maquiavel observa que, em Roma, os conflitos levaram ao aumento da *virtù* militar e, em Florença, à sua extinção, concluindo tal observação com uma outra consideração que não deixa de embaraçar os leitores, por parecer, efetivamente, inverter as avaliações aventadas de início e depois reafirmadas: "aquelas [inimizades] de Roma conduziram a cidade da igualdade dos cidadãos a uma enorme desigualdade; as de Florença a conduziram [*l'hanno reduta*] da

---

11 e 12 (*idem*, p. 65) e Gabriel Pancera, *Maquiavel entre repúblicas, op. cit.*, p. 59.

[116] É o que afirma Maquiavel, logo no início dos *Discorsi*, ao assinalar na história romana a criação do Tribunato da Plebe: "[...] sendo diventata la Nobilità romana insolente per le cagioni che di sotto si diranno, si levo il Popolo contro di quella; talché, per non perdere il tutto, fu constretta concedere al Popolo la sua parte, e, dall'altra parte, il Senato e i Consoli restassono con tanta autorità, che potessono tenere in quella republica il grado loro. E cosi nacque la creazione de' Tribuni della plebe, dopo la quale creazione venne a essere più stabilito lo stato di quella republica, avendovi tutte le tre qualità di governo la parte sua; [...] rimanendo mista, fece uma republica perfetta"(*Tutte le opere, op. cit., Discorsi* I, 2, p. 81²).

168   Leituras das *Histórias florentinas*

desigualdade a uma admirável igualdade".[117] Acrescenta-se ainda, mais à frente, que Roma desanda no final em um principado, enquanto Florença se vê, depois de tudo, em uma situação aparentemente mais favorável, dado que, "nas mãos de um sábio legislador",[118] poderia receber qualquer forma de governo (o que parece incluir, portanto, um regime republicano).

Ora, se Roma caminha, assim, para a desigualdade e Florença eventualmente para a igualdade, Gisela Bock[119] considera que, dada a valoração positiva conferida por Maquiavel à igualdade (associada à república em sua obra) e a conotação negativa da desigualdade (associada à oligarquia e ao principado), patentear-se-ia uma inversão que integraria uma série de reviravoltas nas avaliações das duas cidades ao longo do capítulo.[120] Este texto introdutório do Livro III começaria atribuindo uma conotação negativa aos conflitos florentinos e positiva aos romanos; iria, em seguida, a uma referência positiva aos florentinos (ao assinalar justamente que seus conflitos levam à igualdade, ao contrário de Roma), reprovando, no entanto, suas divisões internas, por causarem a perda da sua *virtù* militar e, no final, traria novamente o pêndulo a uma posição favorável aos florentinos, ao considerar que suas instituições podem ganhar a configuração de qualquer regime.

De nosso lado, não acreditamos que tais passagens devam ser assim compreendidas.[121] Pensamos que o contexto mostra clara-

---

[117] *Idem*, *Istorie* III, 1, p. 690².

[118] Cf. *idem*, p. 691¹. Esperança do autor, convocado a dar sua contribuição para a renovação das instituições da cidade, posta novamente sob a autoridade dos Medici.

[119] Cf. Gisela Bock, "Civil Discord in Machiavelli's *Istorie Fiorentine*", *op. cit.*, p. 189.

[120] "At a stroke, Machiavelli has reversed the terms of comparison between Rome and Florence, since the concept of equality has clearly positive associations in his thinking, as it does in the florentine republican tradition" (*idem*, *ibidem*).

[121] É necessário dizer, porém, que Gisela Bock afasta a ideia de uma real contradição de Maquiavel ou ainda aquela de uma oposição entre as *Istorie* e os *Discorsi*, buscando para estas passagens — "contraditórias" — uma explica-

Lições das *Histórias florentinas*   169

mente que a "igualdade" aí atribuída a Florença está muito distante de representar uma avaliação positiva. Em primeiro lugar, porque o capítulo se desenvolve quase inteiramente em torno da crítica ao gênero de divisões civis existente entre os florentinos e da deploração da perda da sua *virtù* militar — "*la virtù delle arme e generosità di animo*" que se verifica em Roma[122] —, que se esvai com o afastamento da nobreza de toda participação política, de modo a acuá-la a contrair "o ânimo e o modo de vida" populares, burgueses, que vêm igualar a todos os homens e acarretar o desaparecimento de capacidades e excelências necessárias à cidade (tornando-a "cada vez mais humilde e abjeta").[123] Depois, como pensar aqui em igualdade republicana (aquela de conotação positiva, proporcionada por um "governo de leis"), em uma cidade dominada por facções "insolentes e tirânicas", que se confrontam e continuamente afrontam as *ordini*, que promovem leis "não em vista da utilidade comum, mas inteiramente em favor do vencedor" da hora,[124] como o autor assinala nesse mesmo capítulo? Não há em Florença senão uma sombra de república. Assim, tendo chegado a

---

ção no registro histórico. Com apoio no Livro I, 37 dos *Discorsi*, sugere o paralelo, ao qual já aludimos (cf. nota 90, acima), entre a Revolta dos *ciompi*, em causa nesse Livro III das *Istorie*, com a crise romana do momento do tribunato dos Graco, comentada nos *Discorsi* como o momento da passagem, em Roma, das "discórdias civis" à "guerra civil": o momento em que as demandas populares (contra os grandes) passariam do registro político da participação nas "honras públicas" ao econômico, da "*roba*" (cf. Bock, "Civil Discord in Machiavelli's *Istorie Fiorentine*", *op. cit.*, p. 193). A comentadora opera com esta tese, amplamente retomada depois, da passagem das discórdias civis, políticas, para a guerra civil e ainda com aquela da motivação fundamentalmente econômica da Revolta dos *ciompi* para explicar as aparentes contradições de Livro III, 1. Ver acima nota 90.

[122] "[...] nelle vittorie del popolo la città di Roma più virtuosa diventava; perchè, potendo i popolani essere alla amministrazione de' magistrati, degli eserciti e degli imperii con nobili preposti, di quella medesima virtù che erano quelli si riempievano, e quella città, crescendovi la virtù, cresceva potenza" (Maquiavel, *Tutte le opere*, *op. cit.*, *Istorie* III, 1, p. 690²).

[123] *Idem*, *Istorie* III, Proemio, p. 691¹.

[124] *Idem*, p. 690².

tal grau de corrupção (coroada pelo principado dos Medici) e aos impasses institucionais do tempo do historiador, se sua cidade lhe parece poder tomar qualquer forma de governo, é porque precisa ser politicamente refundada.[125] Tal situação, é verdade, lhe dá alguma chance de tomar um caminho republicano; não em função de um mérito qualquer de sua história e de suas *ordini*; mas, evidentemente, por seu demérito. É verdade também que a excelência romana — produzida por suas instituições republicanas[126] — "converteu-se em soberba e reduziu-se a tais termos que, sem a elevação de um príncipe, 'a cidade' não poderia manter-se".[127] A corrupção da república — que começa com os Mários, os Silas, e chega aos Césares — é bem conhecida. Mas por que não aceitar que, no domínio das coisas humanas, tudo tem um fim, mesmo o regime paradigmático que produziu a grandeza — republicana — inigualada daquela cidade?

Mas não podemos deixar de perguntar a que "lições" apontam, finalmente, essas histórias; que ensinamentos traz a trama dos acontecimentos aqui rememorados pelo narrador. Pois, é certo que o acompanhamento desse momento crítico e decisivo do passado de Florença que ele traz para o centro da narrativa — o episódio em que o artista-historiador empenha toda a sua perícia, contando pelo miúdo a evolução das ações e paixões que trabalham os acontecimentos — proporciona grande prazer ao leitor.[128] Todavia es-

---

[125] Newton Bignotto, ao comentar as *Istorie*, observa justamente que "Maquiavel fazia da ausência de liberdade e grandeza uma possibilidade de renovação. Como a Itália havia atingido o ponto mais baixo de seu desenvolvimento, seguindo as leis naturais, podíamos esperar ou que ela partisse para um novo ciclo de expansão, ou que se arruinasse de vez" (Newton Bignotto, *Maquiavel republicano*, São Paulo, Edições Loyola, 1991, p. 192).

[126] "Debbesi, adunque, più parcamente biasimare il governo romano; e considerare che tanti buoni effetti, quanti uscivano di quella republica, non erano causati se non da ottimi cagioni" (Maquiavel, *Tutte le opere, op. cit., Discorsi* I, 4, p. 83¹). Tais razões são suas instituições, a *libertà*, mostra este capítulo.

[127] *Tutte le opere, op. cit., Istorie* III, 1, p. 691¹.

[128] Já vimos Maquiavel observar: "si niuna cosa diletta o insegna, nella

se relato deve também proporcionar-lhe utilidade, segundo requerem os protocolos da disciplina, aos quais alude o Proêmio do livro. E, de fato, são copiosas e preciosas as lições que se extraem desse movimento protagonizado pela plebe florentina; pois, nele, a divisão civil constitutiva da vida política se manifesta da maneira mais evidente e contundente, revelando sua dinâmica, sucessos e equívocos. Vemos um estrato da população, explorado economicamente, subordinado socialmente (inclusive no que diz respeito à administração da justiça) e politicamente excluído (afastado do acesso às magistraturas e de qualquer função de cidadania), que se rebela — manifestando e transformando em ação o humor que naturalmente lhe cabe, aquele de não querer ser explorado, oprimido e comandado, seu desejo de liberdade. Há, certamente, o que aprender sobre "as coisas do mundo" nesse extraordinário episódio das *Istorie* que o autor faz paradigmático.

Voltemos, então, sumariamente, aos acontecimentos. Já observamos que essa revolta, com suas evoluções e efeitos próprios, emerge no bojo de uma rebelião mais ampla, iniciada e liderada pelos cidadãos das corporações menores (em aliança com alguns *"popolani"*, também descontentes, e logo apoiada igualmente pela plebe) contra o comando arrogante e tirânico da *"parte guelfa"*, que agregava "a maior parte dos *popolani* mais poderosos" em aliança com os antigos nobres. Vimos ainda que esse primeiro movimento visava essencialmente ao afastamento da prepotência deste "partido" (que se põe odiosamente acima das leis e instituições) e à anulação de medidas perversas urdidas por seus "capitães", como "advertências" e exílios — aquelas exigências que, em vista da extensão dos tumultos, foram logo atendidas pelos *Signori* e os Conselhos. Mas a narrativa atesta também que, não obstante as vitórias, a revolta popular persiste e que desliza na direção do desejo de vingança e de eliminação dos adversários (desejo de "caçar e destruir seus inimigos"),[129] a deriva que o novo *gonfaloniero*, Luigi Guicciardini, com indignação e grandeza, deplora e censura,

---

istoria, è quella che particolarmente si descrive" (*idem*, Proemio, p. 632²).

[129] Cf. *idem*, III, 11, p. 699¹.

Leituras das *Histórias florentinas*

assinalando as perdas que tal atitude trazia para a cidade.[130] Nesse momento, quando as paixões já se arrefecem, é que, segundo o narrador "nasce *um outro tumulto*, que muito mais que o primeiro abalou a república".[131] Pois a plebe, ao assumir a continuidade e a direção do movimento, imprime-lhe outro sentido — mais radical, revolucionário mesmo —, visando à própria transformação das instituições, no sentido mais extremo das aspirações democrático-republicanas. Tais disposições e horizontes são apresentados pelo historiador no magnífico discurso atribuído a um *ciompo* anônimo, para marcar (como recomendam os modelos clássicos da disciplina), no ponto de partida, as motivações da rebelião, desse "outro tumulto".[132]

Retornemos, pois, a esse discurso. Seu autor, um plebeu apresentado como "sagaz e experiente", após lembrar aos companheiros os ódios em que incorrem e os perigos que correm, assinala para a ação a que os conclama — como já indicamos — a busca "de duas coisas e dois fins".[133] Um primeiro, imediato e circunstancial: não serem castigados por todas as violências já ocorridas. O outro, o fundamental: "poder viver com mais liberdade e mais satisfação que no passado".[134] Ele pondera que intensificar os tumultos, multiplicar roubos e incêndios, seria o melhor caminho para o perdão das violências já cometidas "e para as coisas que desejamos" — insiste — "para realizar nossa liberdade".[135] Em seguida, evoca a igualdade fundamental de todos os homens; denuncia a fraude que alimenta as riquezas; a usurpação e a força

---

[130] Cf. *idem*, p. 699².

[131] *Idem*, p. 700¹, grifos nossos.

[132] *Idem, ibidem*.

[133] *Idem, ibidem*.

[134] Lembremos toda a passagem: "Noi dobbiamo per tanto cercare due cose e avere, nelle nostre deliberazioni, duoi fini: l'uno di non potere essere delle cose fatte da noi ne' prossime giorni gastigati, l'altro di potere con più libertà e più sodisfazione nostra che per il passato vivere" (*idem, Istorie* III, 13, p. 701¹).

[135] *Idem, ibidem*.

Lições das *Histórias florentinas*   173

que sustentam os poderes; por fim, a necessidade do emprego da violência para escaparem à servidão e à pobreza. Estando, assim, imbuída de tais ideias e propósitos — e, é preciso dizer, mediante as mais desenfreadas atrocidades —, a plebe consegue impor aos poderes da cidade a anuência às *ordini* republicanas as mais radicais jamais vistas; pois, ao conquistar a cidadania para si, esses *ciompi* lhe conferem, pela primeira vez na história, uma extensão universal: estendem de maneira inédita o exercício de direitos políticos a todos os homens adultos da cidade.[136] Assim, a liberdade e a igualdade políticas alcançam aqui sua figura "acabada", em compreensão e extensão: governo de leis acima de todos e magistraturas virtualmente partilhadas por todos, como se pode verificar pelas disposições constitucionais estabelecidas no momento da vitória do movimento. Pois, nesse novo *"stato"*, confere-se aos três estratos econômico-sociais então reconhecidos estrita igualdade política, com a atribuição a cada um deles de um terço das magistraturas, dos postos de governo (é verdade que, de início, já observamos, com algum desequilíbrio em favor da própria plebe vitoriosa no nível dos postos do comando supremo, a *Signoria*, certamente dado ao calor da hora da revolução).[137]

Com a derrubada do antigo regime, rompe-se, então, a longa hegemonia — bem enraizada e constitucionalmente sustentada — das corporações maiores; amplia-se a participação das menores, a plebe e os pequenos artesãos politicamente excluídos, o *popolo minuto*, obtém finalmente seu bom quinhão na divisão do poder. Mas tal *stato* (que muito deveu, segundo Maquiavel, à lucidez e bravura de um homem excepcional, o personagem mais elogiado de toda a obra, como já indicamos)[138] se verificará extremamen-

---

[136] É útil enfatizar que em um regime alicerçado nas corporações de ofícios, em que a participação na ordem política só se efetiva pela inscrição em uma delas, a universalização da cidadania se dá pela criação de corporações, *Arti*, que abriguem ofícios até então marginalizados e, sobretudo, pelo artifício e astúcia da constituição de uma corporação dos sem ofício, assalariados braçais e outros, em Florença associados justamente na denominação *"ciompi"*.

[137] Conferir nota 98.

[138] Já na sua primeira aparição no relato, Maquiavel o qualifica como

te efêmero. Começa a perder energia e a ruir de imediato, não representando mais, bem depressa, senão um enquadramento formal para a tirania de alguns Grandes que haviam se aliado à plebe, aqueles *popolani* que passaram a ser designados pelos florentinos *"capi della parte plebea"*, o partido que resistiu no comando do Estado por três anos.[139] No entanto, o que é importante, e o que é certo, é que, por um brevíssimo instante, brilhou à beira do Arno uma república perfeita, a realização acabada dos ideais republicanos.

Mas o que faz naufragar este magnífico feito republicano? O que o faz deslizar quase instantaneamente na direção de sua perda, colocando Florença no declive costumeiro das lutas de facção? Como compreender a quase imediata mutação da aspiração pela cidadania republicana em desejo de dominar, no desejo, que logo emerge na plebe, de "permanecer sozinha no governo",[140] de agir como facção? De pronto, o que podemos observar é que a narrativa comprova, com toda a evidência, o teor das considerações introdutórias do primeiro capítulo desse Livro III em que ela se inscreve. Pois a plebe florentina, ao protagonizar (depois da revolta

---

"uomo sagace e prudente e più alla natura che alla fortuna obligato" (*idem*, p. 704[2]). Mais adiante, ao narrar a vitória de Lando sobre a própria plebe, novamente rebelada, o historiador amplifica ainda mais estes elogios: "Ottenuta la impresa, si posorono i tumulti, solo per la virtù del Gonfoloniere. Il quale d'animo, di prudenza e di bontà superò in quel tempo qualunque cittadino, e merita di essere annoverato intra i pochi che abbino benificata la patria loro: perchè, se in esso fusse stato animo o maligno o ambizioso, la republica al tutto perdeva la sua libertà, e in maggiore tirannide che quella del Duca di Atene parveniva; ma la bontà sua non gli lasciò mai venire pensiero nello animo che fusse al bene universale contrario, la prudenza sua gli fece condurre le cose in modo che molti della parte sua gli cederono e quelli altri potette con le armi domare" (*idem, Istorie* III, 17, p. 706[1]).

[139] Ver acima nota 114.

[140] A expressão é usada por Maquiavel (*idem, Istorie* III, 4, p. 692[2]) para referir-se às pretensões dos capitães guelfos em relação ao partido adversário, mas seguramente cabe também aqui.

Lições das *Histórias florentinas*

popular, da grande e pequena burguesias, contra a nobreza) esta segunda e mais radical vaga de inspiração republicana,[141] volta a repetir o erro — acusado por Maquiavel — já cometido pelo *popolo* ao vencer os nobres e ao procurar para Florença o caminho da *"libertà"*:[142] deixa-se arrebatar pelo desejo "injurioso e injusto", diz o historiador, de excluir seus adversários das magistraturas de governo, retomando a trilha dos governos *"de parte"* e, assim, as lutas de facções.[143]

E o que, finalmente, com as consequências assinaladas, move a plebe na direção da perda de sua pulsão republicana? Poder-se-ia pensar, é certo, na "maldição do poder": a própria vitória, a ocupação do Palácio, carreariam a reconfiguração dos propósitos da plebe, instilando nela o outro humor, o dos Grandes (acenden-

---

[141] É útil relembrar a passagem do Proêmio: "In Roma, come ciascuno sa, poi che i re ne furono cacciati, nacque la disunione intra i nobili e la plebe, e con quella infino alla rovina sua si mantenne; [...] ma di Firenze in prima si divisono infra loro i nobili, dipoi i nobili e il popolo e in ultimo il popolo e la plebe" (*idem, Istorie*, Proemio, p. 633[1]).

[142] Esta expressão, não é demais lembrar, designa correntemente instituições republicanas, como se pode observar em inúmeras passagens da obra. Veja-se, entre muitas outras passagens (sobretudo dos *Discorsi*), o capítulo 9 do *Príncipe*: "Per che in ogni città si trovano dua umori diversi [...] e da questi dua appetiti diversi nasce nelle città uno de' tre effetti, o principato o libertà o licenzia" (*idem, Principe*, 9, p. 271[1]).

[143] Não se entenda, porém, como amplamente assumido no campo do comentário (entre outros, Bock, "Civil Discord in Machiavelli's *Istorie Fiorentine*", *op. cit.*, p. 182), que o bem das repúblicas advenha de um "compromisso" entre os desejos de nobres e plebe, de um equilíbrio (certamente sempre tenso) entre os interesses dos grandes e do povo, de modo a criar, entre eles, um espaço intermediário, comum. É preciso observar que o "bem comum" não vem da conciliação dos "interesses" das partes da cidade, ele vem da negação da particularidade opressiva dos interesses dos grandes pelo povo, o *universale*, que se exprime na produção de leis (universais políticos). É o humor popular de recusa da dominação e opressão o fundamento das instituições e leis republicanas, a raiz e a "guarda" da *libertà* [cf. Sérgio Cardoso, "Em direção ao núcleo da 'obra Maquiavel', sobre a divisão civil e suas interpretações", *Discurso*, vol. 45, nº 2, 2015; a versão reelaborada desse texto constitui o primeiro capítulo da Parte I deste livro, "Sobre a 'divisão civil' (e suas interpretações)"].

do nela ambições e prepotências).[144] Pois, de fato, o narrador parece ver-se nessa hora constrangido a qualificar os atos da plebe com os mesmos adjetivos usados um pouco antes para os "capitães guelfos": *audacia, arroganzia, presunzione, insolenza, supervia*, como se constata especialmente no surpreendente capítulo 17. No entanto, logo compreendemos que mesmo a arrogância ou a audácia revolucionárias não atestam explicação suficiente para o desejo dos *ciompi* — semelhante ao das facções *popolari* — de controlar totalmente o governo. Maquiavel nos faz ver que tal insolência é em grande parte movida por paixões políticas mais primitivas e poderosas: o ódio (de classe) e o desejo de vingança — que, no momento da vitória, associam-se ao medo do revés e, assim, à necessidade de assegurar os espaços conquistados.[145] Mas, vimos, sobretudo, que os *ciompi* se rebelam contra Lando e o novo governo porque lhes parecia que seu *gonfaloniero*, "ao reformar o estado, havia sido muito parcial em favor dos *maggiori popolani* e não lhes parecia terem obtido uma parte suficiente no governo para se manterem nele e poderem se defender, caso fosse necessário".[146] Esse caminho já se anunciara no discurso do *ciompo* anônimo em sua contundente exortação: "já é tempo" — dizia — "não só de libertar-vos deles, mas de tornar-vos tão superiores que eles tenham mais a queixar-vos de vós e a temer-vos, que vós a eles".[147] Melhor, certamente, lhes teria sido temerem, com todos os cidadãos, a força das leis.

Entretanto, para chegarmos à mais profunda das lições dessa história, talvez seja necessário avançar um pouco mais na compreensão dos móveis da reversão do desejo assinalado no compor-

---

[144] Cf. Helton Adverse, "Maquiavel, a República e o desejo de liberdade", *op. cit.*, p. 45.

[145] Cf. Marie Gaille-Nikodimov, *Conflit civil et liberté, op. cit.*, pp. 50-1.

[146] *Tutte le opere, op. cit.*, *Istorie* III, p. 705[1]. Esta consideração se impõe aos *ciompi* não obstante a partilha das magistraturas ter conferido às três novas corporações da representação da plebe metade dos oito postos do colegiado da *Signoria* e um terço das demais magistraturas. Com sua vitória a plebe passa, portanto, a aspirar a um poder incontrastado ou, simplesmente, ao "poder".

[147] *Idem*, p. 702[1].

Lições das *Histórias florentinas*　　　177

tamento da plebe. Parece ser necessário averiguar abaixo da motivação passional de sua atuação "facciosa" — ódio e desejo de vingança, medo e desejo de segurança, que, com a vitória, deságuam em arrogância e desejo de comandar e oprimir, semelhante ao dos grandes — para detectar o motor político primeiro que sustenta e norteia estas manifestações. É preciso compreender que o desejo da plebe florentina de controlar inteiramente o governo não tem apenas um caráter opositivo e defensivo, negativo; ele certamente ganha outra natureza pela pretensão, afirmativa, da plebe de representar o *universale*, de encarnar o "povo florentino". A plebe, o grande número, pretende ali ser o povo; confunde-se com o todo; assume-se, efetivamente, como "classe universal" e, assim, como sujeito encarnado da enunciação das leis e do Direito; não se vê mais como uma "parte" historicamente determinada, enquanto portadora da enunciação e exigência de direitos. Por isso quer se instalar no lugar da Lei — para usarmos a linguagem lefortiana — e submeter a si, como fiadora, as instituições republicanas mediadoras das leis, ao invés de, republicanamente, submeter-se às leis (verdadeiras) que, naquele momento, ela mesma enunciara.

Maquiavel atesta a atuação desse motor propulsor da reversão do desejo republicano numa passagem precisa da narrativa, que ele destaca, não sem alguma ironia. A plebe e seus aliados do *popolo minuto*, recém-elevados à cidadania, reunidos em Santa Maria Novella, insurgidos contra o governo presidido por Lando e decididos a derrubá-lo, escolhem oito novos *Signori* e outros magistrados (extraídos todos das novas corporações), que, entre outras medidas, segundo já vimos, determinam que haverá sempre, daí em diante, oito comissários (o mesmo número dos *Signori*) *morando no Palácio* com os titulares do governo, para confirmar tudo o que deliberassem, entendendo, assim, entronizar o "povo" no controle contínuo, permanente e direto do poder. É nessa pretensão de "governar sozinha" que a plebe atesta sua ilusão de ser "o povo", de encarnar o *universale* e materializá-lo no lugar do poder. Em termos lefortianos, mais uma vez, podemos dizer que a plebe cede à ilusão da superação da divisão da sociedade em relação a si mesma (enquanto se figura como "o povo"), da superação

178   Leituras das *Histórias florentinas*

de divisão da sociedade em relação ao poder (enquanto acredita suprimir a opressão e realizar a Liberdade, ao reivindicar para si o lugar da Lei e a exclusividade do poder). É verdade que essa ilusão não é imotivada. Os *ciompi*, efetivamente, afirmam o direito de todos à participação política, diante dos Grandes, que sustentam sua exclusão. Desse modo, não é difícil compreender que ao conseguirem fazer valer o princípio republicano da universalidade da cidadania pretendam recusar aos oponentes da realização desse princípio (aos seus opressores) qualquer poder, e também, portanto, que se vejam como os representantes do universal e potência encarnada, substantivada, de negação de toda opressão. Não se dão conta da passagem da afirmação republicana da universalidade das leis e de um governo das leis para a afirmação de seu próprio "poder". Um nó reiteradamente reproduzido na busca de realização das Repúblicas.

Assim, se pensarmos, como parece se impor, que, em suas diversas obras "políticas" e "históricas", Maquiavel retira da matéria histórica ("a experiência das coisas modernas e a contínua lição das antigas") um mesmo saber fundamental — o saber relativo ao inultrapassável conflito civil entre grandes e povo, entre o desejo de dominar (e a opressão produzida pela particularidade dos interesses) e sua negação (a afirmação de universais políticos) —, podemos verificar que as *Istorie* reafirmam esse saber, acrescentando a ele, entretanto, um conhecimento precioso, aquele do seu avesso: o da ilusão — tácita — da superação dessa divisão entre poder e sociedade, tão nitidamente patenteada nessa Revolta dos *ciompi*. Desse modo, a história dessa primeira revolução republicana moderna — pois tratou-se de uma — surge permeada por uma lição de enorme utilidade, ignorada por tantas daquelas que a sucederam e por tantos partidos que por ela aspiraram e aspiram, sem compreender que ela só será se for "plebeia" e democrática, sim, mas também autenticamente republicana.

São, seguramente, como se vê, para sempre necessárias estas lições que Maquiavel extrai de suas *Istorie fiorentine*.

Lições das *Histórias florentinas*

O povo e seu desejo: observações sobre "Lições das *Histórias florentinas*"

Helton Adverse

O percurso intelectual de Sérgio Cardoso é marcado sobretudo pela reflexão contínua, levada a cabo ao longo de muitos anos, sobre a natureza do republicanismo, sobre os fundamentos da república e suas condições de possibilidade. Esse conjunto de problemas define um dos eixos estruturantes de seu trabalho, o qual o conduziu a se embrenhar pelos territórios delimitados pelos grandes autores do passado que estão na origem da assim chamada "tradição republicana". Dentre os gregos, Platão e Aristóteles, mas especialmente este último. Dentre os romanos, naturalmente, é Cícero quem se constituiu como uma das referências maiores. Entre essas duas culturas, tão fortemente irmanadas, interessou a Sérgio o historiador Políbio.

Mas essa tradição encontra um de seus momentos fortes no Renascimento, como é bem sabido. Maquiavel se apresenta, então, como uma das figuras de destaque em sua reformulação no contexto florentino. A obra de Maquiavel será, por isso, um dos objetos constantes da inquirição de Sérgio Cardoso, e não apenas em razão do campo inovador que ela desbrava, mas também porque nela deságuam as grandes correntes do republicanismo antigo. Sem dúvida, os temas centrais dessa tradição — como o clássico problema das formas de governo, a teoria do regime misto, a natureza e o estatuto da lei, as causas da corrupção do corpo político — reverberam em sua obra, mas sofrerão também uma profunda inflexão, na forma daquilo que ele denomina de "rupturas maquiavelianas". Não seria injusto dizer que uma das grandes contribuições do trabalho de Sérgio Cardoso consiste na rigorosa análise da relação de Maquiavel com essa tradição. Somente a título de exemplo, poderíamos evocar um de seus textos mais recentes em que coloca em exame a distância que separa Maquiavel das teorias do regime misto, a ponto de, ao evocá-las, preparar sua superação.[1] Assumindo o pressuposto de que a obra de Maquiavel representa uma ruptura com a tradição do pensamento clássico, Sérgio Cardoso poderá, na esteira de Claude Lefort, lançar nova luz sobre as questões clássicas acima mencionadas, produzindo uma revigorante interpretação do pensamento do florentino na qual o lugar central será concedido ao problema do conflito político. Gostaríamos de destacar dois tópicos sobre os quais recai seu olhar investigativo, tópicos esses intimamente associados entre si e ambos remetidos ao fato fundamental de que a divisão social cumpre, no domínio político, uma função estruturante. O primeiro tópico é a natureza da lei; o segundo, concerne ao desejo do povo — porque um não pode ser compreendido sem o outro, não os trataremos isoladamente. Tentaremos sintetizar a argumentação com a qual Sérgio Cardoso demonstra sua implicação mútua para em seguida formular algumas observações que nada têm de crítica, mas que simplesmente expressam nossas inquietudes.

O ponto fulcral de sua interpretação a respeito da natureza da lei em uma república Cardoso extrai das análises de Claude Lefort e pode ser expresso da seguinte maneira: a partir de Maquiavel podemos "identificar na atividade do povo o fundamento de toda ordem propriamente política".[2] E o que permite fazer essa afirmação é uma análise da natureza negativa do desejo do povo. Para Cardoso, o desafio colocado pelo texto de Maquiavel consiste, então, em compreender como a lei pode encontrar sua origem na "pura negatividade" do desejo do povo, ou ainda, como o desejo de liberdade, sendo essencialmente negativo, pode se apresen-

---

[1] Ver "Rupturas II: O distanciamento dos paradigmas antigos do 'regime misto'", neste volume.

[2] Sérgio Cardoso, "Em direção ao núcleo da 'obra Maquiavel': sobre a divisão civil e suas interpretações", *Discurso*, vol. 45, n° 2, 2015, p. 225. A versão reelaborada desse texto constitui o primeiro capítulo deste livro, "Sobre a 'divisão civil' (e suas interpretações)". As citações desse e de outros textos do autor serão feitas seguindo as versões mais recentes.

tar como o fundamento da ordem política. Ao seguir de perto os passos argumentativos de Cardoso, acreditamos poder alcançar o objetivo a que nos propusemos, isto é, passando ao largo da associação entre lei e violência, apreender o vínculo forte que une lei e liberdade.

Para resolver o imbróglio causado pela afirmação de um fundamento negativo, Cardoso, inscrevendo-se no "horizonte lefortiano", enxerga no desejo popular, em sua recusa à dominação, o único impulso a partir do qual é possível a constituição do domínio público. O desejo dos grandes é incapaz de produzir o político porque é determinado economicamente,[3] quer dizer, sempre se manifesta na particularidade. Embora os grandes, enquanto categoria do político, possam constituir um universal, fazer-se classe política,[4] a manifestação de seu desejo não pode não tomar a forma do particular. A dominação a que visam traz consigo, podemos inferir, a negação do domínio político e por isso Cardoso pode, com razão, afirmar que os grandes somente se tornam atores políticos a partir da recusa popular à opressão.[5] Ora, não é difícil perceber que somente uma instância negativa pode assegurar a universalidade que caracteriza o espaço público.[6] Mas se, por um lado, essas considerações elucidam a lógica que governa a formação do espaço político em geral, por outro lado elas deixam na

---

[3] Como afirma Lefort, em "Machiavel et la *verità effettuale*", os Grandes "querem ter" e o povo "deseja ser" (em *Écrire, à l'épreuve du politique, op. cit.*, p. 144). Ver também seu texto de 1978, "Machiavel: la dimension économique du politique", em *Les formes de l'histoire, op. cit.*

[4] Ver Sérgio Cardoso, "Em direção ao núcleo da 'obra Maquiavel': sobre a divisão civil e suas interpretações", *op. cit.*, p. 243.

[5] *Idem*, p. 244.

[6] Dizendo de outra maneira: a cidade, como pensa Maquiavel, desprovida de toda substância moral, não mais regulada por qualquer princípio que lhe confira positivamente a unidade, somente pode encontrar a universalidade pela via negativa. Por isso Lefort poderá ver em Maquiavel "o início do processo de 'desincorporação' da sociedade, do esvaziamento do lugar do fundamento, que confere uma constituição 'fundamentalmente interrogativa' às sociedades democráticas modernas" (*idem*, p. 240).

sombra o problema da produção da lei e de sua aplicação na realidade política. Sendo assim, é preciso avançar a investigação se quisermos entender como o desejo de liberdade ganha efetividade, alicerçando, de fato, a resistência à dominação. Para Cardoso, a resposta para essa questão apenas é alcançada quando esmiuçamos a natureza da "pura negatividade" desse desejo. Nesse sentido, ele faz a seguinte consideração:

> Podemos, então, entender que a negação politicamente produtiva manifesta-se na forma da contradição do desejo popular relativamente à afirmação dos interesses particulares, "econômicos", dos grandes, e de que ela se manifesta diretamente em "leis", em universais políticos. Se o desejo popular é originalmente indeterminado e "puramente negativo" (recusa de toda opressão), não deixa de ser politicamente produtivo e de ocupar o lugar do sujeito da produção das leis. *Por sua oposição determinada à dominação sempre particular dos grandes, ele desdobra sua potência de negação na produção de direitos, de universais políticos.* Não fosse assim, o papel conferido por Maquiavel ao povo, o papel de fundamento das leis e da ordem política, ficaria certamente comprometido; pois, na impossibilidade de compreendermos a invenção das leis civis, positivas, pela forma abstrata da oposição, ver-nos-íamos acuados, para explicar sua produção, a recorrer novamente à inteligência de um sábio legislador ou à prudência política da nobreza — mediações que, como bem mostrou Claude Lefort, Maquiavel descarta nitidamente. Ora, concebida sua atividade sob a figura da contradição relativamente aos *fatos* da dominação, pensada como negação da particularidade opressiva dos interesses dos grandes, o surgimento das leis se esclarece inteiramente. As leis se produzem quando a manifestação do desejo de "um" ou de "alguns", contrariando aos "muitos", provoca, em oposição à particularidade destes interesses, o surgimento de uma proposição universal ("todos"/"ninguém"), que se

revele capaz de aglutinar forças suficientes para sustentar seu vigor e eficácia política. Quando — para tomar um exemplo qualquer — ao enunciado (particular afirmativo, quanto ao sujeito e ao predicado) "alguns buscam estender suas propriedades na direção da floresta" vem se opor seu contraditório (universal negativo) "ninguém estenderá propriedades na direção da floresta", sustentado pela força de um "grande número", temos lei e, com ela, a instituição ou o alargamento de um espaço político.[7]

Essa longa citação lança uma luz forte sobre a forma de produção da lei, esclarecendo como, na prática política, a negatividade do desejo de liberdade pode operar. Sérgio Cardoso põe a nu o coração da lei, o princípio a partir do qual ela adquire sua dimensão política e assegura, na linguagem de Maquiavel, a conservação de um *vivere libero*. Mas não apenas isso: Maquiavel teria também nos indicado que a pulsão negadora do povo, o desejo de não dominação, é tanto uma "potência (crítica) de esvaziamento contínuo do lugar do poder" quanto "o princípio imediato (sem a mediação da inteligência de um sábio — seja ele coletivo — ou da prudência dos excelentes ou competentes) da produção das leis.[8] É possível, portanto, atar as duas pontas da questão da negatividade do desejo do povo: de uma parte, a instância fundadora do político ao resistir à identificação do lugar do poder com quem quer que possa exercê-lo (na linguagem do florentino, trata-se de impedir a "ocupação da liberdade"); de outra parte, o povo como categoria política aparece como o sujeito das leis, visto que o desejo de liberdade é o único fundamento possível para uma república.

Como podemos ver, nas análises de Sérgio Cardoso a lei e o desejo do povo estão sob a égide do negativo. A pergunta que gostaríamos de fazer agora é se essa representação da lei e do desejo é capaz de comandar a leitura das ações concretamente realizadas;

---

[7] *Idem*, pp. 244-5 (grifos nossos).

[8] *Idem*, p. 245.

O povo e seu desejo   185

isto é, interessa-nos examinar, com Sérgio Cardoso, como a negatividade permite compreender a figuração histórica do povo. Para tanto, vamos nos servir de mais um texto de Cardoso, "Lições das *Histórias florentinas*".[9]

Nesse texto, Sérgio Cardoso expõe, com o rigor e a precisão de sempre, a maneira pela qual o pensamento maquiaveliano se constrói a partir da narrativa histórica. A História, diz Cardoso com toda propriedade, coloca Maquiavel no caminho das razões, "que lhe permite aceder à compreensão das causas e da natureza dos conflitos civis".[10] Sendo assim, "não há motivo [...] para qualquer hesitação: a matéria-prima de toda a reflexão política de Maquiavel é o efetivo; são os fatos acontecidos, objetos das narrações das histórias".[11] Maquiavel, portanto, retira das "lições da história" tudo aquilo de que necessita para elucidar as causas, as razões e as leis do que ocorre no domínio da política, o que é o suficiente para Cardoso finalmente afirmar que o florentino é, no final das contas, "filósofo".[12]

Ora, esse "saber das causas", como podemos ver, é construído a partir da reflexão sobre os acontecimentos históricos. Mas não escapa a Sérgio Cardoso que, na grande variedade dos eventos que compõem a história, os momentos de ruptura da ordem política — isto é, aqueles nos quais a cidade experimenta do modo mais intenso os conflitos que a atravessam, os momentos de crise — guardam, para o filósofo, um privilégio "epistêmico", pois que eles desvelam o cerne da vida política. Quando nos debruçamos sobre as *Histórias florentinas*, nos deparamos com um desses momentos especiais na célebre Revolta dos *ciompi*, analisada por Maquiavel no Livro III e retomada passo a passo por Cardoso.

---

[9] Publicado originalmente em *Discurso*, vol. 48, n° 1, 2018, constitui o capítulo precedente deste livro: "Lições das *Histórias florentinas*". Doravante, todas as remissões serão feitas ao texto presente neste volume, pp. 133-79.

[10] *Idem*, p. 142.

[11] *Idem, ibidem*.

[12] *Idem*, p. 144, nota 30.

Não podemos reproduzir aqui, evidentemente, os detalhes da narrativa de Maquiavel nem a análise minuciosa de Sérgio. Porém, podemos reter seus momentos principais para formular a questão que nos interessa. Como é bem sabido, trata-se da revolta, ocorrida em 1378, que opôs a plebe (composta em sua maior parte pelos cardadores de lã) aos demais estratos sociais de Florença. Um dos pontos altos do episódio é a entrada da plebe no Palácio do Podestà. E justamente nesse momento entra em cena um personagem — Michele di Lando — que, sob a pena de Maquiavel, diz Sérgio Cardoso, vai adquirir a estatura de grande homem político, sendo a figura mais elogiada de toda a obra. Vale a pena acompanhar de perto as etapas dessa série de acontecimentos tal qual descrita por Sérgio a partir do relato de Maquiavel:

> O narrador compõe nesse episódio um quadro intensamente épico e simbólico. Aquele homem descalço, quase nu, com o *gonfalone della giustizia* nas mãos, seguido pela multidão, sobe as escadarias do palácio e chega à magnífica sala de audiências da *Signoria*. Para, então, e voltando-se para a multidão, exclama: "vejam, este Palácio é vosso, e esta cidade está nas vossas mãos. Que vos parece que se deva fazer agora?". A resposta é surpreendente, pois todos bradam, arrebatados, "que o queriam como Gonfaloneiro e Senhor, e que governasse a eles e à cidade como lhe parecesse melhor". Michele aceita dirigir a *Signoria* e, diz o historiador, "como era um homem sagaz e prudente — o que devia mais à natureza que à Fortuna —, decidiu acalmar a cidade e acabar com os tumultos"; decide, enfim, voltar o mais breve possível às "vias ordinárias". Manda erguer duas forcas na praça, para sinalizar a retomada da autoridade pública e da lei; destitui a antiga *Signoria* e os Conselhos; faz queimar as "*borse*" eleitorais e convoca os síndicos das Artes para estabelecer o novo governo, agora com uma repartição das magistraturas inteiramente diversa daquela que anteriormente vigia e com um domí-

O povo e seu desejo   187

nio incontrastado das novas corporações, que levam a metade dos postos do colegiado da *Signoria*. Lando convoca também para participar mais estreitamente do governo um grupo de cidadãos *popolani* "amigos da plebe", entre eles o riquíssimo Salvestro de' Medici.[13]

O que se segue, nos lembra Sérgio, é uma reação popular inesperada. Ao invés da plebe demonstrar contentamento com as sábias e acertadas medidas adotadas por Michele di Lando, ela as encara com desconfiança, não escondendo sua insatisfação com aquilo que ela acreditava ser uma concessão inadmissível aos *maggiori popolani*. Não bastasse isso, a plebe considerava pequena a parte do governo que lhe havia sido concedida. Por essas razões, a plebe novamente tomará as ruas, voltando à praça "sob seus estandartes, exigindo que os *Signori* saíssem ao balcão do Palácio para decidir sobre assuntos de sua segurança e interesse".[14] Além disso, seguem-se ameaças ao próprio Michele, o qual não demorará a respondê-las de maneira enérgica, exortando a plebe a depor suas armas, dizendo que somente assim os revoltosos poderiam ser recebidos pela *Signoria*. O impasse originado desse enfrentamento não terá um desfecho conciliador. Como sabemos — graças a Maquiavel e a Sérgio — não será possível um acordo entre a plebe e Michele, e disso resultará uma reforma do Estado que terminará por soterrar todas as pretensões políticas da plebe. Desfecho, portanto, claramente desfavorável àqueles que, pela primeira vez, haviam conquistado um lugar no espaço público, haviam adquirido o direito de cidadania com a participação direta no governo.

Das muitas reflexões que esse episódio suscita, Sérgio vai optar pela seguinte inquirição: como entender a mudança de atitude da plebe, como é possível o mesmo povo em um momento estar claramente lutando pela liberdade e, no momento quase imediatamente após, eleger a via contrária? Para Sérgio Cardoso, a Revolta dos *ciompi* havia inaugurado um governo verdadeiramente

---

[13] *Idem*, pp. 162-3.

[14] *Idem*, p. 164.

popular, contando, a partir das ordenações de Michele, com a participação de todas as classes sociais: à semelhança de Roma, Florença teve pela primeira (e única) vez uma república em seu sentido pleno. Por que durou tão pouco, apenas um átimo no qual pôde brilhar a liberdade? E, por fim, por que justamente aqueles que seriam os guardiães da liberdade, aqueles que diretamente se beneficiavam com a instauração de um novo Estado, a plebe, por que justamente ela traiu a república e, por conseguinte, a si mesma? O que aconteceu?

Antes de vermos como Sérgio responde a essas questões, devemos lembrar da natureza essencialmente negativa do desejo do povo, definido por Maquiavel como desejo de não opressão ou desejo de liberdade. No primeiro momento da revolta, vale dizer, do surgimento da plebe nas ruas até a tomada do Palácio do Podestà e a eleição de Michele como chefe do novo governo, veríamos claramente se manifestar o desejo de não opressão. No momento posterior, a plebe lutando contra Michele, poderíamos observar, como sugere Sérgio, uma "reversão desse desejo", uma "mutação da aspiração da cidadania republicana em desejo de dominar, no desejo [...] de 'permanecer sozinha no governo', de agir como facção".[15]

Essa mutação é tão mais surpreendente quanto mais curto é o espaço de tempo em que ela ocorre. Em Roma, poderíamos dizer que ela também aconteceu, mas ao longo de um período que se estende da fundação da república, com a instituição do tribunato da plebe, até os episódios envolvendo os irmãos Graco. O que em Roma necessitou de quase quatrocentos anos, em Florença foi uma questão de dias. Sérgio aventa a seguinte hipótese para explicar esse fenômeno: se houve uma motivação passional para a mutação do humor da plebe, evidente nos sentimentos mais básicos de ódio e desejo de vingança, isto não é suficiente, contudo, para esclarecer os motivos mais profundos dessa mudança de comportamento. Antes, é preciso colocar à vista o "motor político pri-

---

[15] *Idem*, p. 175.

O povo e seu desejo   189

meiro que sustenta e norteia estas manifestações", diz Sérgio.[16] Em que isso consiste?

É preciso compreender que o desejo da plebe florentina de controlar inteiramente o governo não tem apenas um caráter opositivo e defensivo, negativo; ele certamente ganha outra natureza pela pretensão, afirmativa, da plebe de representar o *universale*, de encarnar o "povo florentino". A plebe, o grande número, pretende ser o povo, confunde-se com o todo; assume-se, de fato, como "classe universal" e, assim, como sujeito encarnado da enunciação das leis e do Direito; não se vê como uma "parte", como historicamente determinada, enquanto portadora da enunciação e exigência de direitos. Por isso quer se instalar no lugar da Lei — para usarmos a linguagem lefortiana — e submeter a si, como fiadora, as instituições republicanas mediadoras das leis, ao invés de, republicanamente, submeter-se às leis (verdadeiras) que, naquele momento, ela mesma enunciara.[17]

E, por fim, Sérgio conclui: "É nessa pretensão de 'governar sozinha' que a plebe atesta sua ilusão de ser 'o povo', de encarnar o *universale* e materializá-lo no lugar do poder. Em termos lefortianos, mais uma vez, podemos dizer que a plebe cede à ilusão da superação da divisão da sociedade em relação a si mesma (enquanto se figura como 'o povo'), da superação de divisão da sociedade em relação ao poder (enquanto acredita suprimir a opressão — advinda da particularidade dos interesses — e realizar a Liberdade, ao reivindicar para si o lugar da Lei e a exclusividade do poder)".[18]

A explicação de Sérgio é indiscutivelmente engenhosa e estamos dispostos a subscrevê-la inteiramente. Mas isso não nos im-

---

[16] *Idem*, p. 178.

[17] *Idem, ibidem.*

[18] *Idem, ibidem.*

pede de colocar a seguinte questão: ao recorrer à negatividade do desejo do povo e à sua correspondente concepção de lei — à maneira lefortiana — Sérgio teria nos apresentado uma explicação ou uma descrição? Não cabe dúvidas acerca da pertinência do gesto interpretativo que atribui à plebe a pretensão de dar materialidade à figura do povo e realizar a liberdade. E menos ainda poderíamos colocar em xeque o fato de que, ao agir dessa maneira, a plebe subverte a relação com a lei, subordinando-a a seus interesses na medida em que oblitera o fato de que ser o guardião da lei é profundamente diferente de ser o único capaz de deter seu significado. Entretanto, a percuciente leitura de Sérgio parece deixar na sombra as razões profundas que estiveram na origem dessa transformação. Dizendo de outra maneira, Sérgio descreve um primeiro momento, quando o povo dá suporte ao desejo de liberdade, para em seguida passar ao momento em que o povo trai sua função política primordial. As duas descrições parecem-nos inteiramente certas. Mas ficamos aguardando a elucidação das causas do movimento.

Um possível encaminhamento para solucionar este impasse seria sugerir, a exemplo do que muito recentemente fez José Luiz Ames, a flutuação do sentido do termo "povo" na obra de Maquiavel,[19] isto é, o termo não poder ser contido por uma única significação. Assim, o "povo" guardião da liberdade e portador do desejo negativo seria diferente daquele que Maquiavel aponta como usurpando a liberdade. Até certo ponto, endossamos esta interpretação, mas seguimos em outra direção, que nos parece mais afeita à perspectiva de Sérgio. Para explicitar nosso ponto de vista, gostaríamos de recuar ao momento do texto em que Sérgio Cardoso evoca o discurso do *ciompo* anônimo, mostrando como ele mobiliza a paixão do medo e o desejo de vingança. Ao invés de aí identificar uma nova conceitualização do povo, acreditamos que Maquiavel opera com o conceito de povo em dois registros distin-

---

[19] José Luiz Ames, "Concepção de povo em Maquiavel: uma tentativa de aproximação", em Telma de Souza Birchal e Maria Cristina Theobaldo (orgs.), *Espaços da liberdade: homenagem a Sérgio Cardoso*, Cuiabá, EdUFMT, 2018, p. 114.

tos. Em um caso, como portador do desejo da liberdade, o povo se configura como uma categoria política, a qual apenas é plenamente compreendida quando referida à cena originária do político em que seu desejo se opõe ao dos grandes. No outro caso, Maquiavel nos apresenta o povo na história, sujeito a todas as paixões que acometem os seres humanos em geral.

O desejo do povo — como, de resto, a própria categoria do povo — não deve, portanto, ser confundido com as paixões, os impulsos e afetos que concernem ao indivíduo ou às coletividades no tempo, circunstancialmente. Da mesma forma que a Lei aponta o lugar de sua enunciabilidade, sem poder com ele coincidir, o desejo negativo do povo demarca no espaço da divisão social o lugar da resistência à opressão, sem o que o político não pode se instaurar. Ora, quando operamos com essas categorias estamos obrigados a manter sob o olhar a distância entre o empírico e o transcendental, entre o ontológico e o histórico, sendo preciso lembrar que a insistência na negatividade impede que um seja recoberto, contaminado ou absorvido pelo outro. E se aceitarmos essa distinção, a mutação que acomete o desejo do povo no episódio dos *ciompi* se explicaria pela transformação que afeta tudo o que está no tempo, o povo sendo aqui tomado em sua dimensão histórica. Por outro lado, ao abrigo dessa mutabilidade, está o conceito do povo como categoria política, conceitualização que é imprescindível para a compreensão da história.[20]

Entendemos que essa distinção ganha, inevitavelmente, uma aparência dualista, o que é compreensível quando radicamos o desejo e a Lei na negatividade. Porém, como lembra Sérgio Cardoso, Maquiavel extrai suas lições da história e, portanto, entre um re-

---

[20] Vale lembrar que Maquiavel anuncia em seu texto essa mudança de registro. Em momentos cruciais, como o capítulo XXV de *O Príncipe* ou o capítulo IV do primeiro livro dos *Discorsi*, ela é atestada com a declaração de que o autor vai passar do "universal" para "restringir-se às particularidades". Nas *Histórias florentinas* essa mudança de registro pode ser percebida na alternação entre três tipos de discurso: o primeiro, de natureza propriamente conceitual e que aparece sobretudo nas Introduções dos livros (valendo destacar aquela do Livro III); o segundo, coincidindo com a narrativa do historiador; o terceiro, os discursos "reconstruídos", nos quais os personagens falam por si mesmos.

gistro e outro há, forçosamente, comunicações. Afinal de contas, perderíamos de vista o sentido da "verdade efetiva das coisas" se reduzíssemos o pensamento de Maquiavel a um mero esforço de abstração conceitual. Ora, o conhecimento das razões das coisas políticas, o conhecimento "filosófico" de Maquiavel, como quer Sérgio, apenas se constrói com um profundo enraizamento na experiência. Esse enraizamento na experiência — sempre acompanhado, nunca é demais lembrar, da "leitura das coisas antigas" — permite que a reflexão tenha um lastro e, ao mesmo tempo, a protege de se tornar um mero espelhamento da realidade. Não há, pois, duplicação de um registro no outro, muito menos subordinação: o desejo do povo, como conceito fundamental, não poderia ser construído sem a abertura do saber para a história, cujas possibilidades, contudo, ele não pode esgotar.

O povo e seu desejo

Povo internamente dividido:
plebe, seitas e partidos nas *Histórias florentinas*

José Luiz Ames

O lugar-comum dos estudos sobre as *Histórias florentinas*[1] sugere que nesta obra Maquiavel revelaria uma mudança radical em sua compreensão de povo em relação às obras anteriores. Enquanto em *O Príncipe*[2] e nos *Discursos*[3] Maquiavel teria feito uma demarcação muito nítida em relação ao modo de agir dos grandes e do povo — os primeiros movidos pelo desejo de comandar e oprimir o povo e este, por sua vez, caracterizado pelo desejo de não ser comandado nem oprimido pelos grandes —, as *Histórias florentinas* mostrariam, em contraste, como o florentino teria se tornado mais crítico em relação ao povo e mais elogioso aos gran-

---

[1] A obra *Istorie fiorentine*, cujo título foi traduzido ao português por *História de Florença* (São Paulo, Musa Editora, 1994, e São Paulo, Martins Fontes, 2007), foi escrita por encomenda de Giulio di Medici, futuro papa Clemente X, em 1520. Narra os acontecimentos da história de Florença desde a fundação até 1492, data da morte de Lorenzo, *Il Magnifico*. Foi oferecida por Maquiavel ao papa Clemente VII em maio de 1526. Neste ensaio as citações da obra são feitas a partir da segunda edição brasileira acima referida.

[2] Maquiavel conclui a primeira redação da obra *O Príncipe* em 1513. Na carta de dezembro de 1513 endereçada a Francesco Vettori, Maquiavel informa que pretende oferecer a obra ao papa Giuliano di Medici. Contudo, o malogro de fazê-la chegar até ele o leva a dedicá-la ao seu sobrinho Lorenzo di Piero di Medici, então chefe político de Florença. Entre 1513 e outubro de 1516, quando foi finalmente entregue a Lorenzo di Medici, Maquiavel foi polindo e retocando seu texto, que depois desta data passou a circular na forma manuscrita até sua primeira publicação impressa em 1532 por Bernardo di Giunta.

[3] A obra *Discursos sobre a primeira década de Tito Lívio* foi concluída em 1517 e publicada postumamente em 1531 na edição de Blado.

des a ponto de tornar difícil distinguir entre o humor de um e de outro.[4]

A conclusão a que, em geral, os intérpretes têm chegado é de que nas *Histórias* tanto grandes quanto povo seriam mostrados como agentes de dominação, uma vez que ambos exibiriam intenções semelhantes de comandar e oprimir e, por conseguinte, ficaria arruinada a posição do povo como "guardião da liberdade", tal como é apresentada por Maquiavel nos *Discursos*.[5] Para John McCormick estas interpretações expressariam o que rotulou de "virada conservadora nas *Histórias florentinas*", posição esta que seria compartilhada segundo o comentador até mesmo por "estudiosos que tendem a localizar as preferências políticas de Maquiavel [...] no lado democrático e não aristocrático do espectro político republicano".[6]

---

[4] Mauricio Suchowlansky, por exemplo, o diz peremptoriamente: nenhum dos grupos que disputam o poder em Florença "mostra desejo de não ser dominado, nem deseja acomodar seus interesses segundo o bem comum do *vivere libero*". Isto o leva a concluir que, "uma vez no poder, o povo exibe e exerce a mesma ambição e comportamento que havia culpado nos aristocratas". Desta maneira, continua, os eventos da Revolta dos *ciompi* revelam que, "se não obstruídos pelo Estado, tanto *grandi* quanto *popolo* mostram ser portadores da arrogância que leva à tirania e ao desaparecimento da liberdade" (em "Citizens, Subjects or Tyrants? The Role of the People in Machiavelli's *Florentine Histories*" — artigo digital).

[5] Novamente encontramos nesta questão a posição mais categórica em Mauricio Suchowlansky: "em nenhum lugar das *Histórias* encontramos evidências que sugerem que Maquiavel atribui ao povo o papel instrumental de 'guardião da liberdade', como havia sugerido nos *Discursos sobre Tito Lívio*" (*idem, ibidem*).

[6] McCormick, "On the Myth of a Conservative Turn in Machiavelli's *Florentine Histories*", em David Johnston; Nadia Urbinati; Camila Vergara, *Machiavelli on Liberty and Conflict*, Chicago/Londres, The University of Chicago Press, 2017, p. 330. Para o comentador, neste mesmo trabalho, embora se diferenciem entre si em graus variados sobre o quão conservador acreditam que Maquiavel se tornou, os intérpretes concordam que os pontos de vista do florentino mudaram decididamente nesta direção. Em geral sugerem, continua McCormick, que Maquiavel teria se juntado ao *establishment* político florentino

Esta visão mais pessimista do povo e mais laudatória dos grandes apoia-se, em geral, na interpretação de passagens dos Livros II e III de *Histórias florentinas*. Do Livro II costuma-se destacar o estabelecimento das Ordenações de Justiça e a ascensão e queda da tirania de Gualtieri de Brienne, duque de Atenas. Do Livro III costuma referir-se a Revolta dos *ciompi* e, desta, dois momentos: o discurso do *ciompo* anônimo e a atuação de Michele di Lando. No presente estudo pretendemos analisar estas passagens dos Livros II e III de *Histórias* e examinar os argumentos costumeiramente apresentados com o objetivo de ver até que ponto, nas interpretações de *Histórias florentinas*, se trata simplesmente de uma "virada conservadora", como quer McCormick, ou se, ao invés disso, Maquiavel opera efetivamente uma mudança de perspectiva em sua avaliação do papel do povo na vida política a ponto de inviabilizar uma leitura "populista e igualitária" (ou "democrática") de *Histórias florentinas*.

Em suma, nosso propósito será o de avaliar até que ponto é sustentável a interpretação corrente segundo a qual em *Histórias florentinas* Maquiavel teria mostrado que: (a) o modo de agir do povo seria inconciliável com um comportamento de submissão à autoridade da lei; (b) a atuação do povo exibiria o mesmo desejo de comandar e oprimir que, em *O Príncipe* e *Discursos*, era apresentado como humor típico dos grandes; (c) estas transformações na atuação popular teriam comprometido o papel de "guardião da liberdade", em *Discursos*, atribuído por Maquiavel ao povo.

---

em 1520, tendo sido mais ou menos cooptado pela elite da cidade, e modificado seus escritos para acomodar preferências políticas mais principescas ou mais patrícias destas elites. Consequentemente, *Histórias florentinas* supostamente refletiria alterações na orientação política de Maquiavel havendo se tornado mais crítico do povo em vez da nobreza, e mais pessimista sobre o modelo republicano romano do que havia sido em obras anteriores. Entre outros, McCormick cita os seguintes comentadores como associados a esta perspectiva: Albert Ascoli, Mark Jurdjevic, Mauricio Suchowlansky, Maurizio Viroli, Mario Martelli.

Povo internamente dividido

A INSTITUIÇÃO DAS ORDENAÇÕES DE JUSTIÇA:
QUER O POVO REALMENTE *VIVERE SECONDO LE LEGGI?*

Com a reordenação do regime de Florença, em 1282, na qual foi instituída a magistratura da *Signoria*, os "florentinos viveram tranquilos em sua cidade por algum tempo" (*Histórias* II, 11),[7] escreve Maquiavel, pois foi possível conter as lutas entre os nobres e os partidos Guelfo e Gibelino. Com este ordenamento, declara Maquiavel, "ficaram acesos apenas os humores que naturalmente costumam existir em todas as cidades entre os poderosos e o povo; porque, *querendo o povo viver de acordo com as leis* [*volendo il popolo vivere secondo le leggi*], e os poderosos comandá-los, não é possível que se conciliem entre si [*cappino insieme*]" (*Histórias* II, 12, grifos nossos).[8] A consideração do texto nos remete claramente às passagens correspondentes de *Discursos* I, 5 e de *O Príncipe* capítulo IX, nas quais os humores de grandes e povo são contrastados pela oposta motivação de uns e de outro: os grandes animados pelo desejo de comandar e o povo de viver em liberdade, ou "de acordo com as leis". A descrição demarca, pois, claramente o papel de cada humor e mostra que são os grandes que não desejam o governo da lei ao passo que o povo mostra consciência de que sua liberdade é assegurada pela lei, à qual se submete.

Esse entendimento das motivações de grandes e povo parece ser colocado em xeque na discussão de Maquiavel acerca da instituição das Ordenações de Justiça. Maquiavel descreve a criação das Ordenações como decorrência de disputas entre os nobres. Escreve Maquiavel que o desejo dos poderosos de comandar o povo "ficou oculto enquanto os Gibelinos infundiam medo, mas mostrou toda sua força assim que estes foram dominados; [com isso],

---

[7] Citaremos a obra *Histórias florentinas* pela primeira palavra do título, seguido do Livro (em numeral romano) e do capítulo (em numeral arábico) correspondentes, seguindo uma tradição já firmada na área.

[8] Aqui Maquiavel retoma quase na literalidade a posição defendida em *Discursos* (I, 5-6): a contraposição dos dois humores das cidades — os grandes e o povo — marcada pelo desejo de uns de comandar e de outros, de resistir ao comando.

198   José Luiz Ames

todos os dias algum popular era ultrajado, não bastando as leis e os magistrados para vingá-lo" (*Histórias* II, 12). Para remediar tal situação, os chefes das corporações decidiram criar um "Gonfaloneiro da Justiça" dotado de uma força militar própria. Em virtude das divisões entre os nobres, "as Artes instituíram com facilidade essa Ordenação". Esta, porém, rapidamente se mostrou insuficiente, porque "como sempre alguns [nobres] participavam da Senhoria e com facilidade conseguiam impedir que o Gonfaloneiro cumprisse seu trabalho. [...] Desse modo, não demorou muito para que Florença voltasse às mesmas desordens e o povo continuasse a receber dos grandes as mesmas injúrias" (*Histórias* II, 12).

Nesse contexto entra em cena Giano della Bella, pessoa "de estirpe nobilíssima, mas amante da liberdade da cidade" (*Histórias* II, 13). Este tomou a si a tarefa de "reformar a cidade" instituindo um novo regramento que recebeu o nome de "Ordenamentos da Justiça", um conjunto de leis que tinha por objetivo impedir os nobres de infligir, por meios legais e extralegais, danos ao *popolo*. As novas ordenações promoveram três qualidades típicas da forma republicana de vida política: o governo da lei, da igualdade e da liberdade. Com essas leis, "o povo adquiriu muita reputação e Giano della Bella muito ódio" (*Histórias* II, 13) e será isso que despertará a reação dos nobres. A oportunidade para isso emerge num evento aparentemente sem importância política na sequência do processo de aprovação das ordenações quando um cidadão popular é morto numa briga com os nobres. A culpa recaiu sobre Corso Donati. Levado ao julgamento perante o Capitão do Povo, este o absolveu. Inconformado, o povo tomou em armas e apelou a Giano della Bella. Este não obrigou o povo a depor as armas e o estimulou "a procurar os Senhores para queixar-se e tomar conta do caso [...]. O povo, cheio de desprezo por parecer-lhe ter sido ofendido pelo capitão e abandonado por Giano, não procurou a *Signoria*, mas foi ao palácio do Capitão, tomou-o e saqueou-o" (*Histórias* II, 13). Este ato ofereceu a ocasião a que os inimigos de Giano o acusassem diante do Capitão de "sublevar o povo". O povo, por sua vez, "armou-se e correu à casa de Giano oferecendo-lhe defesa contra os Senhores e seus inimigos" (*Histórias* II, 13). Giano, porém, "não quis experimentar os favores populares, nem

Povo internamente dividido

colocar sua vida nas mãos dos magistrados, porque temia a maldade destes e a instabilidade daquele". Assim, decidiu-se por um "exílio voluntário" deixando "a cidade que, com trabalho e perigo, libertara da servidão dos poderosos" (*Histórias* II, 13). A leitura corrente destes eventos pretende ver nestes episódios sinais evidentes de que o povo, ao contrário do que Maquiavel escreve, não quer "viver de acordo com as leis". Um primeiro questionamento é: se o desejo do povo é *viver de acordo com as leis*, porque, quando Donato é absolvido pelo Capitão, se armou e não exigiu, em vez disso, o reconhecimento das leis das Ordenações de Justiça? Para Suchowlansky, por exemplo, este episódio estaria em contradição com a capacidade do povo de abraçar o governo das leis e evidenciaria, ao invés disso, a "incapacidade do povo de buscar modos legítimos de ação política (ou *vivere secondo le leggi*) e sua oposição a qualquer política de reforço da liberdade (ou *non ubbidire*)".[9] A descrição dos episódios mostraria que não o povo e sim os nobres perseguiriam seus interesses pelos canais legais, pois enquanto o primeiro apela às armas, os últimos estariam apelando às vias institucionais.

Semelhante avaliação faz uma justa interpretação do texto maquiaveliano? Podemos, no mínimo, levantar algumas interrogações que lançam dúvidas. Assim, sob quais circunstâncias o povo toma em armas? O texto de Maquiavel deixa claro que a primeira alternativa foi o apelo à lei: Corso Donati foi levado diante do Capitão para julgamento. É por entender que faltou isenção neste julgamento, no qual Donati sai absolvido, que o povo tomou em armas. Maquiavel não parece deixar entender que o povo as empunha para resolver a questão pela força, e sim que o povo as empunha para que a lei seja cumprida num julgamento isento. Assim, não é que o povo demonstre uma incapacidade de *vivere secondo le leggi*, como interpreta Suchowlansky, e sim que se dá conta de que as leis, em vez de proteger a liberdade de todos, favorecem os interesses de alguns, mais precisamente dos nobres. O povo parece haver compreendido que os nobres se dobram à lei apenas pela força.

---

[9] Suchowlansky, em "Citizens, Subjects or Tyrants?", *op. cit.*

Além disso, a conclusão do capítulo XIV mostra que o povo não quer, pela força, destruir os nobres após o exílio de seu defensor Giano della Bella. Com efeito, tendo nobres e povo entrado em armas após a partida deste, e embora "o povo fosse muito superior em número, riqueza e ódio" do que os grandes, dispondo, portanto, de meios suficientes para oprimi-los, o povo não apenas cede em relação ao conflito armado com os nobres, como também relaxa as restrições legislativas impostas pelas Ordenações de Justiça aos nobres. Escreve Maquiavel: "ficou disposto que, para a acusação dos nobres, seriam necessárias testemunhas" (*Histórias* II, 14), e não uma acusação vazia, base das "calúnias", como escreve em *Discursos* (I, 8). Significa: o povo decide resolver as questões pelas vias legais, ou seja, *vivere secondo le leggi*. O apelo às armas por parte do povo resulta da obstinação dos nobres de só dobrar-se à lei diante da ameaça da força.

A instituição da tirania do duque de Atenas: consentimento popular e amor à liberdade

Nos capítulos finais do Livro II, Maquiavel descreve os eventos que resultaram na tirania de Gualtieri de Brienne, duque de Atenas. Para a interpretação corrente, o episódio desacreditaria a ideia de que o povo seria amante da liberdade, uma vez que foi com o apoio (ou *consentimento*) deste que o duque de Atenas se tornou tirano da cidade.

Maquiavel conta que, devido a uma desastrosa campanha militar contra Pisa, Florença acabou perdendo grande soma de dinheiro, além de territórios. Isso levou a distúrbios populares contra os responsáveis, os assim chamados *Vinte*. Temendo por sua posição política, o governo da cidade decidiu eleger Gualtieri, duque de Atenas, "primeiro como protetor e depois como capitão de seus homens de armas" (*Histórias* II, 33). Os grandes, narra Maquiavel, "acharam que chegara a hora de vingar-se, *ainda que à custa da ruína da cidade*" (*Histórias* II, 33 — grifos nossos), da influência do povo no governo da cidade e decidiram "submetê-lo [o povo] a um príncipe que, conhecendo a *virtù* de uma das partes

Povo internamente dividido   201

[os grandes] e a insolência da outra [o povo], pusesse freios nesta e recompensasse aquela". Com essa intenção, "foram várias vezes ter com ele em segredo e o convenceram a tomar a Senhoria por inteiro" (*Histórias* II, 33). As ações do duque fizeram a reputação deste aumentar à medida que o cargo dos *Vinte* decaía a ponto de "para ser príncipe, só lhe faltava o título" (*Histórias* II, 34). O duque mandou dizer aos Senhores que "julgava necessário que lhe fosse concedida livre Senhoria", pedido que os deixou muito perturbados, muito embora antes o desejassem ainda que à custa da ruína da cidade (*Histórias* II, 33). Uma comissão de Senhores foi ter com ele numa tentativa de dissuadi-lo por meio da palavra, mas não obtiveram êxito. Segundo o duque, sua intenção não seria a de "destruir a liberdade da cidade, mas sim devolvê-la", eliminando dela as facções que a dividiam. "Os senhores, então, vendo que não poderiam fazer nada melhor, acertaram que, na manhã seguinte, o povo deveria reunir-se na praça deles e, com a autoridade do povo, dar-se-ia ao duque a Senhoria por um ano" (*Histórias* II, 35). Quando a proposta sobre o Senhorio temporário ao duque foi submetida ao veredito popular, "houve um grito dentre o povo 'por toda a vida!' [*a vita*]" (*Histórias* II, 35), que é então repetido pela multidão reunida. Desse modo, *"con il consensus del popolo*, não por um ano, mas por toda a vida [*in perpetuo*] o duque foi eleito senhor" (*Histórias* II, 35).

Uma vez conquistada a Senhoria plena da cidade, o duque adotou uma série de medidas conformes à condição de um príncipe absoluto: destituiu os *Signori* de sua autoridade, aboliu as Ordenações de Justiça, aumentou os impostos, criou um conselho com comparsas estrangeiros. Com isso, "os cidadãos viviam cheios de indignação, vendo a majestade de seu estado arruinada, as ordenações degradadas, as leis anuladas, a vida honesta corrompida, o decoro civil extinto" (*Histórias* II, 36). Definitivamente, o duque não se mostrou capaz de executar a tarefa de unificar a cidade conforme prometido. Muito pelo contrário, suas medidas tirânicas e sua "pompa régia" contrastam com a "modéstia civil" dos *Signori*, agora demitidos (*Histórias* II, 36).

Florença, escreve Maquiavel, "acostumada que estava a fazer e a dizer todas as coisas com toda a liberdade, não podia suportar

que lhe atassem as mãos e lhe calasem a boca" (*Histórias* II, 36).
Assim, cidadãos de todas as condições, grandes, populares e artesãos, cada qual por suas próprias razões, "decidiram perder a vida ou recuperar a liberdade" da cidade. O embate entre o duque e o povo se resolve, após muito sangue derramado, com a renúncia e expulsão do duque. Retomada a liberdade da cidade, decidiu-se pela reordenação do governo alterando a Senhoria de sextos para quartos e aumentando os *Signori* de seis para doze, ou seja, três para cada quarto da cidade, sendo um terço dela composta de nobres. Com esta nova composição, escreve Maquiavel, "a cidade ficaria tranquila se os grandes se contentassem em viver com a modéstia que a vida civil exige; mas era o contrário o que faziam; porque, como privados, não queriam companheiros, e nas magistraturas queriam ser senhores" (*Histórias* II, 39).

As explosões de insolência e arrogância dos grandes contra o povo fez com que este apelasse para a intermediação do bispo para que este convencesse os grandes a "contentar-se com a parte que lhes cabia nos outros cargos e a deixar unicamente ao povo a magistratura da Senhoria" (*Histórias* II, 39). Não movidos a aceitar esta concessão, os nobres se prepararam para conquistar o governo inteiro pela força, o que levou povo a se mobilizar militarmente. O conflito armado que se seguiu à vitória popular sobre os grandes trouxe como resultado um reordenamento do governo da cidade entre "as três espécies de povo, o *potente*, o *mediocre* e o *basso* [...]. Além disso, foram restabelecidas todas as ordenações da justiça contra os grandes" (*Histórias* II, 42). Desse modo, os grandes, ao não se contentarem com o exercício de parte do governo da cidade, acabaram perdendo tudo como resultado de sua tentativa de tomar pela força o controle por inteiro do governo da cidade.

Também nestes eventos a interpretação corrente vê no comportamento do povo uma demonstração de sua inaptidão para a defesa da liberdade, bem ao contrário da função de "guardião da liberdade" romana conferida a ele por Maquiavel em *Discursos*. Em apoio a este entendimento, menciona-se primeiramente a atitude do *popolo* de tomar em suas mãos a decisão de escolher um duque estrangeiro como líder *vitalício* de Florença sem levar em

Povo internamente dividido

consideração a posição contrária do governo instituído na cidade. No exemplo florentino Maquiavel evidenciaria a revisão de sua posição expressa em *Discursos* I, 47, na qual defendia que o povo pode enganar-se nas coisas gerais, mas não nas particulares: "Ao dar ao povo uma voz política distinta neste evento, Maquiavel sugere que ele, assim como seus pares nobres, viram na perda da *libertà* da cidade uma alternativa preferível a engajar-se em, ou fazer seu caminho através de, canais legítimos de representação política", opina Suchowlansky.[10]

Outro aspecto que revelaria a inaptidão do povo para a defesa da liberdade se mostraria no fato de a instituição da tirania pelo duque haver-se dado por intermédio do *consentimento popular*, procedimento ao qual o duque apelaria para legitimar suas medidas tirânicas: "Sem dúvida, o uso de semelhante conceito por Maquiavel, com suas conotações humanistas cívicas, destina-se a sublinhar a ligação entre ação popular e representação política no contexto de perda da liberdade da cidade", afirma Suchowlansky.[11] Em suma, segundo o lugar-comum da interpretação destes eventos, o comportamento popular nos eventos que resultaram na ascensão do duque de Atenas, assim como nos desdobramentos posteriores à sua expulsão da cidade, não pareceria muito diferente daquele do qual os grandes são geralmente responsabilizados.

Aqui, igualmente, devemos questionar-nos se efetivamente se trata de uma transformação no tratamento que Maquiavel confere ao povo, ou se é o caso de uma leitura apressada dos textos. Assim, em relação ao argumento de que o povo teria tomado a decisão de instituir o duque de Atenas como senhor vitalício à revelia dos governantes da cidade, é preciso observar que foi por decisão dos *Signori*, segundo Maquiavel, que esta questão foi levada ao veredito popular (*Histórias* II, 35). Ainda que a proposição destes tivesse sido a de conferir-lhe o Senhorio pleno temporariamente e não *in perpetuo*, a partir do momento em que a Senhoria decidiu transferir a decisão ao julgamento popular também este re-

---

[10] *Idem, ibidem.*

[11] *Idem, ibidem.*

sultado era previsível. O povo não substituiu, pois, a autoridade constituída contra a vontade desta. Do mesmo modo, a decisão de submeter o povo ao domínio de um príncipe como Gualtieri, "ainda que à custa da ruína da cidade" (*Histórias* II, 33), escreve Maquiavel, foi dos grandes, não do povo. O povo foi convocado pelos grandes unicamente para emprestar seu *consentimento* ao projeto dos grandes. Não foi decisão do povo apelar ao duque de Atenas, e sim dos nobres. Fracassaram os nobres em sua tentativa de manipular o povo.

Podemos notar, também, que na reordenação do governo da cidade que se seguiu à expulsão do duque de Atenas há um claro interesse do povo em compartilhar as magistraturas mais altas com os nobres. Foi porque estes não se contentaram com a porção no governo da cidade que lhes foi conferida pelo povo e pretenderam governar sozinhos (*Histórias* II, 39) que acabaram excluídos por completo das altas magistraturas. Mesmo assim, o povo não fecha por completo o governo à nobreza permitindo-lhe a elegibilidade para as demais magistraturas. Em vez de se contentar com sua parte, os nobres decidiram-se a buscar por intermédio da força o controle pleno do governo da cidade. Derrotados, os nobres acabaram banidos do exercício de qualquer cargo público (*Histórias* II, 42). Novamente, se mostra aqui não tanto uma mudança no comportamento do povo no sentido de mover-se por um desejo de comandar e oprimir tal como os grandes, e sim de defesa da liberdade contra o humor dos grandes de governar sozinhos. O povo deseja compartilhar o governo; quem não quer este compartilhamento, do modo como foi proposto pelo povo, são os grandes. O resultado disso, conta Maquiavel, será prejudicial à liberdade da república.

A Revolta dos *ciompi*
e a emergência da plebe como ator político

No Livro III das *Histórias*, Maquiavel descreve e analisa os tumultos populares dos cardadores de lã ocorridos nos meses do verão de 1378 e que ficou conhecido como "Revolta dos *ciompi*". Como se trata de uma sequência de tumultos, costuma-se dividi-la em "três atos".[12] O primeiro ato ocorreu em junho de 1378 em decorrência de uma luta de poder entre as elites, as quais envolveram o *popolo minuto* em ondas de protestos manipulados pelos comerciantes patrícios com o objetivo de evitar a tentativa de golpe da velha nobreza. Neste primeiro ato se destaca a figura do "*ciompo* anônimo" e seu famoso discurso. O segundo ato ocorreu algumas semanas depois e culminou no final de julho com a queda do governo florentino e a instalação de um governo popular sob a liderança do cardador de lã Michele di Lando. O terceiro ato, já nos últimos dias de agosto, é o desfecho das revoltas populares caracterizado por uma violenta repressão que culminou com o fim do governo popular e o retorno do governo oligárquico.

*Primeira fase: motivações econômicas
e objetivos políticos da Revolta dos* ciompi

Maquiavel descreve os tumultos da primeira fase da Revolta dos *ciompi* na sequência de outros tumultos ocorridos um pouco antes, descritos nos capítulos IX a XI do Livro III. Maquiavel narra como alguns dos chamados "nobres populares", ligados ao partido guelfo, persuadiram o *popolo minuto* e a *infima plebe* a saquear casas de cidadãos associados ao partido gibelino.[13] Ao saque e incêndio das casas, seguiu-se a abertura das prisões, o saque do mosteiro de Agnoli e do convento de *Santo Spirito* (*Histórias* III, 10). Mal esses tumultos foram debelados, e "conhecidos os novos Senhores, cujo Gonfaloneiro era Luigi Guicciardini" (*Histórias* III, 10), "surgiu outro tumulto, que prejudicou a república muito mais que o primeiro" (*Histórias* III, 12). A motivação deste tumulto, segundo Maquiavel, foi dupla. Primeiro, o temor nutrido pela *infima plebe* de ser punida, "depois de apaziguadas e ajustadas as

---

[12] Yves Winter, "Plebeian Politics: Machiavelli and the Ciompi Uprising", *Political Theory*, vol. 40, n° 6, dez. 2012, p. 742.

[13] "Ao partido dos Guelfos pertenciam todos os antigos nobres, bem como a maioria dos mais poderosos homens do povo", enquanto os Gibelinos são retratados por Maquiavel como "homens populares do menor tipo" (*Histórias* III, 8).

maiores desavenças, [...] e ser abandonada por aqueles que a haviam instigado às malfeitorias". Segundo, "o ódio que o *popolo minuto* nutria pelos cidadãos ricos e pelos príncipes das Artes, por lhe parecer que não era pago por seu trabalho conforme acreditava merecer por justiça" (*Histórias* III, 12). No discurso do *ciompo* anônimo os dois motivos reaparecem, como mostraremos a seguir.

A origem da segunda fonte do tumulto, segundo Maquiavel, deveria ser remetido à organização da cidade em Artes (ou "corporações de ofício").[14] Inicialmente, a cidade foi dividida em doze Artes, às quais foram acrescentadas outras até chegar a vinte e uma. "E como entre estas havia as mais e as menos honradas, foram elas divididas em maiores e menores: sete foram chamadas maiores e catorze menores" (*Histórias* III, 12). As maiores representavam os *grandi*, compostas de comerciantes, banqueiros e notários. As menores eram compostas de artesãos e operários habilidosos, além de sapateiros, alfaiates, trabalhadores de couro, padeiros, açougueiros.[15] A consequência política dessa organização econômica da cidade em corporações foi a emergência de uma elite dominante constituída pela nobreza e membros das corporações maiores. Estes nobres "arrogantes", escreve Maquiavel, "favoreciam o povo das Artes maiores e perseguiam o das Artes menores e seus defensores" (*Histórias* III, 12), entre os quais estavam os cidadãos proeminentes identificados como "Gibelinos", que eram muitas vezes "advertidos" (*ammoniti*, isto é, destituídos ou exilados) pelos adversários Guelfos.

Acontece que, "ao ordenar as corporações das Artes, muitos dos ofícios nos quais trabalhava o *popolo minuto* e a *ínfima plebe*, ficaram sem corporações próprias e seus membros precisaram sub-

---

[14] Segundo Winter, as corporações "surgiram no início do século XIII como associações autogovernadas para prover aos comerciantes e artesãos instituições próprias, isentas do domínio exercido pelas famílias nobres". Sucessivamente mais formalizadas como canais de representação política, "as corporações estabeleceram o controle da política florentina [...] constituindo-se numa espécie de confederação de corporações [...] e intermediárias políticas entre indivíduo e Estado" ("Plebeian Politics", *op. cit.*, p. 740).

[15] *Idem, ibidem.*

Povo internamente dividido   207

meter-se a outras Artes, de acordo com suas qualidades e ofícios" (*Histórias* III, 12). Entre as Artes a que tinha mais desses *sottoposti* era a da lã.[16] Assim, pelo fato de estes trabalhadores não terem a quem recorrer, senão "ao magistrado daquela Arte que os governava, lhes parecia que não era feita a justiça a que julgavam que tinham direito" (*Histórias* III, 12).

É este contexto que serve de "pano de fundo" para a Revolta dos *ciompi* de 1378. Em síntese: (a) o temor da plebe de ser punida pelos saques e incêndios praticados e (b) a falta de reconhecimento político da plebe decorrente da proibição a ela imposta para inscrever-se em alguma corporação existente ou para constituir uma sua própria. "Os homens plebeus, *sottoposti* tanto à Arte da lã quanto às outras Artes, estavam cheios de indignação" por conta destes motivos, conta Maquiavel, e passaram a reunir-se à noite para discutir a situação. Neste contexto, "um dos mais audazes e de maior experiência, para dar ânimo aos outros", tomou a palavra e pronunciou o discurso que, com justiça, se tornou paradigmático (*Histórias* III, 13).

O discurso do "*ciompo* anônimo"[17] defende basicamente três pontos: (a) a natureza igual de todos os homens, o que lhe permi-

---

[16] Os trabalhadores da lã eram conhecidos como *ciompi*. "Os *ciompi*", escreve Winter, "incluíam trabalhadores qualificados e não qualificados, bem como pequenos artesãos que possuíam seus equipamentos e operavam suas próprias lojas" (*idem*, p. 741). Ainda que exercessem atividades diferentes no processo de beneficiamento da lã, tinham seu ponto de unidade na sua posição subordinada no processo de produção, pois todos dependiam dos comerciantes. Sua condição de *sottoposti* os proibía de se inscreverem em alguma corporação, assim como de criarem a sua própria.

[17] Apesar da tensão entre o que Maquiavel diz e o que coloca na boca do *ciompo*, que se constata na literatura interpretativa, em geral os estudiosos se inclinam para a conclusão de que o discurso do *ciompo* não pode ser uma expressão dos verdadeiros pontos de vista de Maquiavel. Segundo Winter (*idem*, pp. 743-5), os argumentos podem ser agrupados em duas categorias distintas: "aqueles que descartam o discurso com base em suas reivindicações e implicações normativas e aqueles que enfatizam os aspectos formais do discurso e o tratam como um dispositivo literário desconectado da insurreição dos *ciompi*". No primeiro grupo podem ser situados os leitores comprometidos com o "Maquiavel republicano". Para esta vertente interpretativa o discurso seria sintoma

te reconhecer que poder e riqueza são resultado de violência e fraude; (b) a *occasione* propícia oferecida pela *fortuna* — considerando a desunião dos principais *popolani nobili*, a indefinição da Senhoria e o assombro dos magistrados — para tomar o poder da cidade; (c) a *necessità* de redimir-se dos "males" redobrando a violência anteriormente cometida. Enquanto nos tumultos anteriores à Revolta dos *ciompi* as ações da plebe foram ditadas pelos *nobili popolani*, no discurso do *ciompo* anônimo a plebe emerge como ator político dotado de iniciativa própria.

É, pois, neste contexto do capítulo XIV, no qual Maquiavel descreve os desdobramentos das conversações noturnas dos *ciompi*, que o orador anônimo pronunciou seu discurso.[18] A Senhoria havia descoberto os planos dos *ciompi* discutidos nestas conversações noturnas e decidiu convocar para a manhã seguinte as dezesseis regiões portadoras de estandarte com suas companhias armadas. Na manhã seguinte, a "multidão", escreve Maquiavel, se reuniu na praça insistindo em que seus prisioneiros fossem postos em liberdade. Diante da recusa, a plebe decidiu incendiar a casa do Gonfaloneiro da Justiça, Luigi Guicciardini. Uma vez postos em liberdade, os prisioneiros se juntaram à multidão, que tomou a bandeira do Gonfaloneiro e, sob sua autoridade, queimou as casas dos cidadãos que os haviam ofendido, queimou os registros da corporação da lã e elevou à categoria de cavaleiro cidadãos que

---

de um sistema político falido e a violência popular um efeito de queixas reprimidas que não encontravam saída institucional. O relato de Maquiavel teria um sentido pedagógico: instruiria o leitor de que a ausência de instituições representativas resultaria em radicalismo e violência. Para o segundo grupo, que interpreta o discurso como um exercício retórico, ler o discurso como um texto de um cardador de lã inculto para uma audiência de operários constituiria um erro de categoria. Enquanto para alguns deveria ser descartado como ornamentação extravagante e politicamente sem sentido, para outros deveria ser tratado como uma sátira que seria apenas coincidentemente relacionada com a Revolta dos *ciompi*. Segundo Winter, as duas vertentes compartilham um denominador comum: "neutralizar as implicações radicalmente igualitárias e democráticas do discurso do *ciompo*".

[18] Dada a limitação de espaço, fica-nos impossível transcrever e comentar passo a passo o discurso.

Povo internamente dividido   209

considerava simpáticos à sua causa. Ao final do dia exigiram que as corporações entregassem seus estandartes e sob estas bandeiras marcharam sobre o Palácio do Podestà na manhã seguinte tomando-o pela força. Lá os líderes da plebe realizaram uma reunião com os representantes das corporações e lhes apresentaram suas exigências. A petição tinha os seguintes pontos principais: que a Arte da lã não tivesse juiz estrangeiro; que fossem criadas três novas corporações de ofício para incluir os cardadores de lã e o *popolo minuto*; que para estas Artes tivesse dois Senhores e para as Artes menores três; que a Senhoria provesse casas para as novas Artes realizarem suas reuniões; que nenhum subordinado às novas Artes fosse obrigado a pagar dívidas superiores a 50 ducados nos dois anos seguintes; que *il Monte* não cobrasse juros, mas só o principal das dívidas; que os presos e condenados fossem absolvidos; que os *ammoniti* fossem reintegrados aos seus cargos (*Histórias* III, 15).

Maquiavel registra a resposta do governo da cidade do seguinte modo: "Estas exigências, embora graves e desonrosas à república, por temer o pior, foram imediatamente acatadas pelos Senhores, os Conselhos e o Conselho do povo" (*Histórias* III, 15). Maquiavel conclui seu relato sobre os acontecimentos afirmando: "Uma vez que parecia, no momento, que as Artes estavam contentes e a plebe satisfeita, esta prometeu que os tumultos cessariam tão logo as novas leis fossem aprovadas" (*Histórias* III, 15). Na manhã seguinte a multidão voltou à praça sob os estandartes e aos gritos exigiu a aprovação das medidas, o que finalmente acabou se confirmando. Este evento conclui a primeira etapa da Revolta dos *ciompi* ao mesmo tempo que dá início à segunda, agora liderada por Michele di Lando, a qual examinaremos logo adiante.

Qual juízo avaliativo podemos fazer do comportamento da plebe nestes episódios? A convocação do *ciompo* anônimo para que a plebe esmagasse e oprimisse seus senhores indicaria que ela é motivada pelos mesmos desejos de dominação dos *grandi*? O apelo do *ciompo* anônimo de submeter os nobres sugeriria que são "*grandi* em espera" que pretendem unicamente inverter as relações de dominação em vez de transformá-las? Teriam os grandes se comportado com a passividade atribuída ao povo nas outras obras de Maquiavel? Em outras palavras, a Revolta dos *ciompi* teria revelado uma inversão de comportamento de grandes e povo: os primeiros teriam se comportado passivamente ao passo que o povo de modo ativo? Uma questão inicial é, certamente, examinar o objetivo do apelo à violência e fraude pregados pelo *ciompo* anônimo. O discurso é uma clara convocação à plebe para desprender-se da ideia de que as hierarquias sociais têm bases naturais. Para tanto, pondera Winter, "o primeiro passo na luta emancipatória dos plebeus é descolonizar suas mentes, perder seus medos e libertar-se das dores de consciência que impedem sua ação e que os tornam cúmplices em sua própria sujeição".[19] O orador parece mais empenhado em tratar do medos de seus ouvintes do que com o governo sobre as elites.

O desfecho da primeira onda da Revolta dos *ciompi* mostra que a plebe poderia governar a cidade sozinha, em conformidade com o apelo do orador *ciompo*, se o quisesse. Examinando, porém, suas reivindicações percebe-se que ela não quer *occupare la republica* e tornar-se *principi della città*, e sim ter o reconhecimento institucional na estrutura de poder da cidade. Com efeito, permanece inalterado o número de assentos das Artes maiores, aumentam de dois para três os assentos das Artes menores e a plebe reivindica dois assentos para as novas Artes representativas de seus interesses. Com isso os revoltosos sinalizam que não pretendem suprimir a predominância política das Artes maiores e menores, como propõe no discurso o orador anônimo. Em vez disso, aquilo que a plebe exige a mantém claramente numa posição subordinada no governo.

Em suma, as ações da plebe revelam que ela não pretende ser considerada um ator capaz de ação unicamente pela mediação dos grandes, muito menos como uma força dotada de uma passiva submissão ao comando destes, como a literatura secundária costuma interpretar. Ao invés disso, Maquiavel revela tratar-se de um ator capaz de iniciativa própria e consciência clara de seus objetivos: as reformas instituídas ao termo desta etapa da Revolta dos

---

[19] Winter, "Plebeian Politics", *op. cit.*, p. 749.

Povo internamente dividido   211

ciompi são resultado da iniciativa direta da plebe. A análise de suas reivindicações mostra igualmente que a tese da inversão dos humores não encontra suficiente amparo textual na obra de Maquiavel. A plebe não é *"grandi* em espera". Ela não é movida pelos mesmos desejos dos grandes: ela não quer oprimir e comandar; quer tão somente compartilhar o governo da cidade com os grandes. O argumento do *ciompo* anônimo, de que "os homens foram feitos todos de um mesmo modo pela natureza" (*Histórias* III, 13) não deve ser lido pela chave da "igualdade de humores". Parece mais apropriado interpretá-lo por outra chave, aquela do objetivo retórico do discurso: o orador procura persuadir seus ouvintes plebeus da necessidade de expor e romper as ilusões e aparências que mascaram a violência, a qual assegura a ordem sócio-política excludente.[20]

Segunda fase: Michele di Lando e o nascimento da república popular em Florença

As pretensões mais claramente políticas, no sentido de reconhecimento do lugar da plebe na ordem da cidade, alcançadas pela criação de Artes próprias e pela concessão de assentos na Senhoria, aparecem já ao término da primeira fase da revolta, como procuramos evidenciar, mas ficam sobremodo evidentes quando entra em cena a figura de Michele di Lando, momento que se costuma indicar como início da segunda fase da Revolta dos *ciompi* e a cuja análise nos dedicaremos a partir de agora. O capítulo XV encerra

---

[20] Para grande parte da literatura secundária o discurso do *ciompo* anônimo deixaria evidenciado que o poder não é alcançado pelos *onori*, mas pela posse da riqueza, a *roba*: quem possui a riqueza, controla o poder. Esta teria sido a descoberta que o *ciompo* teria elucidado aos seus ouvintes. Em outros termos, por trás da Revolta dos *ciompi* estaria a pretensão da emancipação econômica, e seria esta, por sua vez, a motivação da plebe nas lutas. Sérgio Cardoso discorda desta interpretação: "Impossível reduzir as motivações dos *ciompi* a um horizonte fundamentalmente econômico, como querem muitos comentadores. A reivindicação econômica está certamente lá, mas a narrativa maquiaveliana traz o foco da revolta e de suas aspirações para um plano eminentemente político" (em "Lições das *Histórias florentinas*", neste volume).

212   José Luiz Ames

com a narrativa de Maquiavel de que o "Gonfaloneiro, preferindo terminar seu mandato com vergonha a terminá-lo com perigo", decidiu-se a abandonar o Palácio, no que foi seguido pelos demais Senhores. E conclui: "o Palácio ficou nas mãos da plebe e dos Oito da Guerra, que ainda não haviam terminado a sua magistratura" (*Histórias* III, 15).

Quando a plebe entra no Palácio, quem carrega o estandarte de Gonfaloneiro da Justiça é Michele di Lando, um cardador de lã como os demais *ciompi*. Este, quando chega à sala de audiências, volta-se para a multidão e pergunta: "vejam, este Palácio é vosso, e esta cidade está nas vossas mãos. Que vos parece que se deva fazer agora?" (*Histórias* III, 16). A esta interrogação, escreve Maquiavel, todos responderam "que o queriam como Gonfaloneiro e Senhor, e que governasse a eles e à cidade como lhe parecesse melhor" (*Histórias* III, 16), encargo que Michele aceitou tornando-se o primeiro Gonfaloneiro da Justiça da incipiente república popular.

Uma vez no cargo, Michele "decidiu acalmar a cidade e acabar com os tumultos" (*Histórias* III, 16) colocando em movimento um conjunto de medidas, a começar pela ordem de prisão ao chefe da prisão Bargello, *Ser* Nuto, responsável pelo encarceramento de muitos *ciompi* após os primeiros dias do tumulto. Se esta medida atendia ao desejo de vingança da multidão, Michele tomou outra pela qual sinalizava que não toleraria mais qualquer licença ou desobediência de quem quer que fosse, inclusive de seus companheiros *ciompi*, ao fazer erguer uma forca na praça. Na sequência, Michele implantou uma série de reformas, que dariam origem à primeira "república popular" de Florença: "destituiu os representantes das Artes e nomeou outros, privou do mandato os Senhores e o Colégio; queimou as bolsas do escrutínio do último governo" (*Histórias* III, 16). Em seguida convocou os representantes das Artes e deu início à nova organização governamental: reconstituiu a Senhoria composta agora "de quatro membros da *plebe minuta*, dois das Artes maiores e dois das Artes menores. Além disso, fez novo escrutínio e dividiu o Estado em três partes: uma das Artes novas, outra das Artes menores, a terceira das Artes maiores" (*Histórias* III, 16).

Povo internamente dividido 213

Como podemos notar, este novo arranjo constitucional dobra o número de assentos da plebe na Senhoria em relação ao que ela própria havia reivindicado ao tomar o Palácio. Por ocasião da invasão, a plebe havia exigido — e obtido — dois assentos e Michele agora lhe concedeu quatro. No entanto, na sequência, Michele adotou medidas que acabaram por minar sua reputação e autoridade frente à plebe: concedeu a Silvestre de' Medici os rendimentos das lojas ao longo da Ponte Vecchio, concedeu a si mesmo o cargo de *Podestà* de Empoli e "a muitos outros cidadãos amigos da plebe concedeu benefícios, não tanto para recompensá-los por seus trabalhos, quanto para que a qualquer momento o defendessem da inveja" (*Histórias* III, 16).

Observemos que Michele adotou o imprudente "caminho do meio", tão criticado por Maquiavel tanto em *O Príncipe* quanto nos *Discursos*, ao aplicar medidas do agrado, por um lado da plebe e, por outro, da nobreza popular. Com efeito, Michele agrada a plebe ao dar-lhe autoridade formal — pela criação de Artes específicas e assentos na Senhoria — o que desperta a ira da nobreza popular; para aplacar a ira desta, concede aos *grandi* extensos benefícios econômicos (sem falar da inexplicável autoconcessão da podestade de Empoli), o que compromete sua relação com a plebe. Em suma, as medidas implantadas por Michele apontam para o entendimento de que seria preciso *neutralizar os conflitos* para reordenar a cidade. Michele aposta numa ideia equivocada de política: de que esta poderia ser regida pelo princípio da harmonia e concórdia. Este parece o sentido que orienta a concessão de benefícios ao mesmo tempo para nobres e plebe. Maquiavel mostrará o equívoco desta compreensão: o conflito não se deixa neutralizar, pois os desejos das partes são insaciáveis. Michele não compreendeu que não há composição possível entre as partes antagônicas capaz de neutralizar o conflito e que a única maneira de tornar Florença uma república forte e poderosa é contar com o conflito como seu princípio vital. Em vez de distribuir agrados, deveria ter se empenhado na criação de mecanismos legais por meio dos quais os efeitos negativos dos humores das partes pudessem ser regulados e canalizados "para dentro" dos ordenamentos da cidade.

214 José Luiz Ames

A plebe, escreve Maquiavel, preocupada com o partidarismo excessivo de Michele em favor dos *maggiori popolani*, passou a temer que não possuía no governo "tanta participação quanto era necessário para nele se manter e poder defender-se" (*Histórias* III, 17). Michele, perturbado pela "arrogância" da plebe, insiste em que esta deponha as armas, "pois assim lhe seria concedido aquilo que pela força não podia ser concedido com dignidade pela Senhoria" (*Histórias* III, 17). Em resposta, a plebe deixa o Palácio e se retira para Santa Maria Novella, "onde ordenou em seu próprio meio oito chefes, com ministros e outras ordenações, que lhes conferiram reputação e reverência: de tal modo que a cidade tinha duas sedes e era governada por dois diferentes príncipes" (*Histórias* III, 17).

Há uma notória semelhança aqui com a secessão da plebe romana louvada por Maquiavel em *Discursos* (I, 3-4) quando esta se retirou ao Monte Avetino, do que resultou a criação dos tribunos da plebe, instituição que tornou "a constituição romana mais perfeita". A plebe florentina, de modo semelhante à romana, se retira do espaço público do poder e estabelece sua própria instituição com autoridade de veto sobre o funcionamento do governo: "deliberaram entre si que, no Palácio, com os Senhores, deveria haver sempre oito, eleitos pelas corporações das suas Artes, e que tudo o que fosse deliberado pela Senhoria devia ser por eles confirmado" (*Histórias* III, 17). Para validar suas propostas, enviaram dois representantes à Senhoria "pedindo que [as propostas] fossem confirmadas pelos Conselhos, com o propósito de obtê-las pela força, caso não as obtivessem por acordo" (*Histórias* III, 17). Michele, em vez de reafirmar seu compromisso com os *ciompi* aceitando a proposta de reforma plebeia e permitindo-lhe o poder de veto tribunício sobre as decisões da Senhoria, preferiu recorrer à violência física: "primeiro, os feriu gravemente, e depois ordenou que fossem amarrados e presos" (*Histórias* III, 17). No conflito armado que se seguiu, Michele pessoalmente comandou seus homens atacando e derrotando a plebe "expulsando uma parte dela da cidade e obrigando a outra a depor as armas e a esconder-se" (*Histórias* III, 17). Conclui-se com isso a segunda onda da Revolta dos *ciompi*.

Povo internamente dividido 215

*Terceira fase: a morte da república popular
em Florença e o retorno do governo oligárquico*

A terceira fase da Revolta dos *ciompi* tem início após a derrota militar — e também cívica, como se verá — da plebe, imposta por Michele. Esse evento levou "os melhores artífices a emendar-se e a pensar na humilhação daqueles que, depois de haverem domado a soberba dos grandes, precisaram aguentar o fedor da plebe" (*Histórias* III, 17). À derrota militar da plebe seguiu-se a eleição da nova Senhoria, que excluiu os representantes plebeus e colocou em seu lugar nobres populares. Além disso, "anularam a Arte do *popolo minuto*" e excluíram da elegibilidade ao cargo todos os membros plebeus. Em seguida, dividiram as magistraturas em duas partes "consignando uma às Artes maiores e a outra às Artes menores" (*Histórias* III, 18) de modo que a Senhoria seria composta de quatro membros das primeiras e cinco das últimas. A plebe, a quem Michele havia concedido direitos políticos pela primeira vez na história da república, é excluída completamente do governo de Florença: "esse Estado assim ordenado trouxe tranquilidade à cidade e, embora a república tivesse sido tirada das mãos da *plebe minuta*, os artífices de menor qualidade ficaram mais poderosos que os *nobili popolani*" (*Histórias* III, 18). Michele di Lando, líder da Revolta dos *ciompi* e Gonfaloneiro da "república popular", não aparece mais exercendo um papel relevante. No relato de Maquiavel ele reaparecerá apenas no capítulo XXII, quando menciona o exílio de Michele em decorrência do retorno do Estado oligárquico controlado pela *parte de'popolani nobili e de'guelfi*.

A liderança do novo governo ficará com a facção dos *popolani* que havia se associado ao *popolo minuto* contra a tirania dos capitães guelfos e havia também aderido à nova ordem instaurada pela plebe. Reaparece, assim, o conflito entre facções, visto que se confrontam como *seitas*: de um lado, a *parte popolare* (que reúne a *parte de'popolani nobili e de'guelfi*) e, de outro, a *parte plebea* (do *popolani* associado ao *popolo minuto*) (*Histórias* III, 18). Com isso, Giorgio Scali, Benedetto Alberti, Tommazo Strozzi, Salvestro de' Medici, designados chefes da *parte plebea*, se tornaram "praticamente príncipes da cidade" (*Histórias* III, 18). Por três anos (de 1378 a 1381) esta *parte plebea* dominou a cidade de forma "violenta e tirânica" escreve Maquiavel: "foram anos cheios de exílios e mortes [...] de tantos descontentes de dentro e fora da cidade" (*Histórias* III, 18). Depois de muitas perturbações, como mostra a sequência do Livro III (capítulos XVIII-XXI), a *parte plebea* perdeu o controle do governo para sua adversária, a *parte de'popolani nobili e de'guelfi*, chamada agora *parte popolare* (por oposição à *parte plebea*). Com a volta desse grupo ao poder, em 1381, são restituídos os cargos ao partido guelfo, diminuída a participação das Artes menores de metade para um terço e extintas as Artes novas remanescentes, voltando os plebeus à posição de *sottoposti* das outras Artes. "Assim" — conclui Maquiavel — "a *parte de'popolani nobili e de'guelfi* reassumiu o Estado e a *parte plebea* o perdeu, do qual fora príncipe de 1378 a 1381" (*Histórias* III, 21).

Em um breve juízo avaliativo, o que podemos dizer acerca do papel do povo — mais precisamente do *popolo minuto* e da *plebe* — nos eventos finais da Revolta dos *ciompi*? Para começar, faz Michele jus aos louvores de Maquiavel acerca de suas qualidades? Maquiavel, como podemos ler nos capítulos 16 a 18 do Livro III, apresenta Michele como "homem sagaz e prudente" (*Histórias* III, 16), que "superou em ânimo, prudência e bondade, naquele tempo, qualquer outro cidadão, merecendo ser contado entre os poucos que beneficiaram sua pátria", pois a "bondade nunca lhe consentiu pensamento contrário ao bem de todos" (*Histórias* III, 17). Michele, na narrativa de Maquiavel, foi responsável pela reforma do governo de Florença, que permitiu à plebe o reconhecimento de direitos políticos na república pela primeira vez na história. Contudo, o mesmo texto também mostra que foi pelo esmagamento militar da plebe, executado pelo próprio Michele, que as novas ordens institucionais por ele criadas foram demolidas, os *ciompi* destituídos de seus direitos e a república popular substituída pela república de corporações. Ainda que o texto de Maquiavel não autorize afirmar que Michele foi cúmplice da derrocada plebeia, ele claramente não fez nada para impedi-la. Antes o contrário.

Povo internamente dividido

Desde o seu primeiro momento como Gonfaloneiro, Maquiavel conta como Michele adota uma perigosa "via do meio" ao implantar políticas que agradam a plebeus e outras que beneficiam a nobreza popular. Quando a plebe manifesta sua preocupação com a extensão do poder concedido por Michele à nobreza popular, ele parece escolher o lado oposto ao da plebe: exige a deposição das armas e, depois, investe militarmente contra ela até esmagá-la por completo. Sem o apoio da plebe o poder de Michele evapora. Ele é relegado à irrelevância. A destruição da força da plebe abre espaço para nova reforma no governo da cidade, na qual Michele não terá qualquer espaço.

Se Michele agiu em conluio com os *popolani nobile* na destruição militar e cívica da plebe, o texto de Maquiavel não fornece informações suficientes para um juízo definitivo. Contudo, fica claro que Michele adota a mesma estratégia equivocada em relação aos nobres que Maquiavel criticará em Soderini por ocasião da queda da república popular em 1512. Ali Maquiavel critica Soderini por pensar que, "com bondade, fortuna e benefícios, extinguiria a inveja". Soderini não havia entendido que "a bondade não basta, que a fortuna varia, e a maldade não se aplaca com prêmios" (*Discursos* III, 30).

Michele parece acreditar nos mesmos princípios equivocados que levarão Soderini e a república de Florença à ruína. Também Michele distribui benefícios aos grandes "não para recompensá-los por seus trabalhos, mas para que a qualquer momento o defendessem da inveja" (*Histórias* III, 16). Michele, que segundo a letra de Maquiavel "superou em ânimo, prudência e bondade, naquele tempo, qualquer outro cidadão" (*Histórias* III, 17), não entendeu que a inveja não pode ser aplacada pela bondade, nem os "prêmios" são capazes de saciar os apetites. Em suma, mesmo que Michele não tenha sido cúmplice do *popolani nobile*, foi inepto na condução política por não compreender que sua força não estava nele mesmo, e sim no apoio da plebe. Seu poder e influência políticas desapareceram com a derrota da plebe.

Breves considerações conclusivas

Considerando o modo de agir do *popolo minuto* e da *plebe* nas diferentes fases da Revolta dos *ciompi* qual avaliação pode ser feita? Ficaria realmente evidenciada a mudança de *humor* de *popolo* e *plebe* assumindo o mesmo desejo de comandar e oprimir que, segundo Maquiavel, caracterizam os *grandi*? As divisões políticas que marcaram a história de Florença teriam realmente mostrado que a diferença entre o humor popular e o dos grandes é determinado unicamente pela oportunidade que dá a uns a possibilidade de governar enquanto subordina os outros à condição de governados? E que, quando *popolo* e *plebe* têm a oportunidade de exercer o governo, se comportam com o mesmo humor dos grandes, de oprimir e comandar?

Se considerarmos a literatura secundária sobre esta questão, o lugar-comum é o entendimento de que teria havido sim uma inversão do humor popular, de modo que os desejos de grandes e povo se confundiriam. A plebe, do mesmo modo como os grandes costumam fazer, teria se deixado levar pelo desejo de governar sozinha, pelo desejo de não compartilhar o governo da cidade com os grandes.[21] Semelhante posição — com suas múltiplas variações

---

[21] Para ilustrar esta perspectiva de análise, segue um rápido panorama. Para Bonadeo, por exemplo, "povo e *grandi* tornam-se objeto comum de condenação: os primeiros aparecem a Maquiavel como 'promotores de licença', os últimos como 'promotores da escravidão', e ambas as classes como não dispostas 'a submeter-se, quer às leis ou aos homens'" ("The Role of the People in the Works and Times of Machiavelli", *Bibliothèque d'Humanisme et Renaissance*, t. 32, nº 2, 1970, p. 368). De acordo com A. M. Cabrini, as ações dos *ciompi* não "dizem respeito à criação de uma 'nova ordem', ou à 'correção' da atual, mas a virar de cabeça para baixo o 'sistema' para sua própria vantagem [...]" (*Interpretazione e stile in Machiavelli: Il terzo libro delle Istorie*, Roma, Bulzoni, 1990, p. 96). G. Bock, por sua vez, argumenta que o discurso do *ciompo* evidencia que "os rebeldes não só querem participar no governo e na riqueza, mas excluir seus inimigos dele", e que "os rebeldes também sistematicamente perseguiam uma política de divisão" ("Civil Discord in Machiavelli's *Istorie Fiorentine*", in *Maquiavelli and Republicanism*, *op. cit.*, p. 195). Para Suchowlansky, "uma vez no poder, o povo exibe e exerce a mesma ambição e compor-

internas —, predominante nos estudos sobre a obra de Maquiavel após 1520, é realmente conforme à letra do texto maquiaveliano?

Nossa interrogação se dirige particularmente ao comportamento popular nos dois últimos momentos da Revolta dos *ciompi*, mas poderia perfeitamente estender-se ao comportamento popular na primeira fase da Revolta e ao restante da obra. Tentaremos levantar alguns questionamentos com o propósito de, ao menos, problematizar o entendimento corrente na literatura interpretativa.

A descrição das reformas introduzidas por Michele di Lando deixa clara a posição política ocupada pela plebe na nova organização governamental. Às Artes novas, que representam os interesses dos cardadores de lã — *plebe* e *popolo minuto* — são concedidos quatro assentos na Senhoria (muito embora tivessem reivindicado apenas dois) e outros dois assentos para cada uma das Artes maiores e menores. *Plebe* e *popolo minuto* claramente *compartilham* o governo da cidade com os grandes, muito embora reunissem, naquela conjuntura, condições para exercerem sozinhos o poder, se o desejassem. Confirma-se, pois, que a plebe *não* quer governar sozinha, mesmo quando pode. Cria um ordenamento institucional no qual o poder político do governo da cidade permanece compartilhado com os grandes.[22] A decisão de criar uma

---

tamento que havia culpado nos aristocratas". Dessa maneira, os eventos da Revolta dos *ciompi* revelariam que, "se não obstruídos pelo Estado, tanto *grandi* quanto *popolo* mostram serem portadores da arrogância que leva à tirania e ao desaparecimento da liberdade" (*Between Citizen & Subject: Placing the People in Machiavelli's Political Imagination* — artigo digital).

[22] Neste ponto nos afastamos do entendimento de Sérgio Cardoso, para quem "[...] o desejo da plebe de controlar inteiramente o governo não tem apenas um caráter opositivo e defensivo, negativo; ele certamente ganha estatuto e eficácia verdadeiramente políticos por sua pretensão, positiva e afirmativa, de representar o *universale*, de encarnar os interesses do 'povo florentino'. A plebe, o grande número, pretende ser o povo, confunde-se com o todo; assume-se, de fato, como 'classe universal' e, assim, como sujeito encarnado da enunciação do Direito e da Lei; não se vê como uma classe, historicamente determinada, portadora da enunciação de direitos" ("Lições das *Histórias florentinas*", neste volume). Em nosso entendimento, não se configura essa identificação entre *plebe* e a totalidade política, de uma *plebe* que se compreenderia "representar o *uni-*

instituição — semelhante a dos Tribunos da plebe da Roma republicana — com poder de veto sobre as decisões da Senhoria decorre da ambígua relação de Michele com sua base de apoio — a plebe — e a demonstração de falta de controle por parte dele em relação ao avanço do *popolani nobile* sobre o governo da cidade. Os Grandes sim, depois da derrota militar da plebe, quando reorganizam a estrutura de poder da cidade, se decidem por compor a Senhoria unicamente com membros das Artes maiores e menores, excluindo por completo a plebe do governo. As Artes novas, que representavam os interesses da *plebe* e *popolo minuto*, são extintas, retornando seus membros, os cardadores de lã, à condição de *sottoposti*, precisamente aquela existente antes da Revolta dos *ciompi*. Os grandes, quando podem, governam sozinhos; não tomam a iniciativa de compartilhar o poder. O compartilhamento do poder, quando acontece, é sempre resultado da iniciativa da plebe. Esta parece a síntese mais precisa do comportamento político de grandes e *plebe* e *popolo minuto* que decorre dos capítulos examinados de *Histórias florentinas*.

Parece-nos, pois, que não se configura uma "inversão de humor" nos diferentes momentos que marcaram a Revolta dos *ciompi*.[23] O povo — mais precisamente o *popolo minuto* e a *plebe* — permanece orientado pelo humor de "não querer ser comandado,

---

versale", como pensa Cardoso. Como procuramos mostrar, a plebe *até* poderia comportar-se do modo como interpreta Cardoso, exercendo sozinha o governo da cidade em determinado momento da revolta, *mas não o faz*. Sua reivindicação é de compartilhar o governo da cidade com as demais Artes, não de exercê-lo solitariamente. Em relação a esta questão a posição de Winter está mais próxima do nosso entendimento: "Em nenhum momento do discurso, o *popolo minuto* se constitui como universal e faz a reivindicação de representar o povo como um todo. Em nenhum momento é resolvido o conflito entre *popolani* e *plebe*, nem o orador dá indícios de que tal resolução possa estar no horizonte da ação política emancipatória" ("Plebeian Politics", *op. cit.*, p. 757).

[23] É sobre esse ponto que insiste, particularmente, McCormick. Pela descrição da Revolta dos *ciompi*, escreve, Maquiavel mostra "que os humores característicos tanto de plebeus quanto das elites romanas e florentinas são fundamentalmente os mesmos; são principalmente os modos institucionais e ordens através dos quais se canalizam e se diferenciam de qualquer modo substantivo"

Povo internamente dividido   221

nem oprimido pelos grandes". Quando alcança o reconhecimento político, cria uma estrutura de poder que compartilha o governo da cidade de modo a assegurar que seu humor, qual seja, de não ser comandado nem oprimido, possa ser satisfeito. Fica claro, igualmente, que os grandes também não mudam de humor: quando podem, criam uma estrutura de poder que lhes assegure a condição de governar sozinhos.[24]

Em suma, a leitura dos eventos da Revolta dos *ciompi* descritos por Maquiavel em *Histórias florentinas* deixa patente que o objetivo de *plebe* e *popolo minuto* é alcançar reconhecimento político, reconhecimento esse que passa, necessariamente, pela participação na estrutura de governo da cidade e pela criação de uma corporação de ofício (uma Arte) que os emancipe da condição de *sottoposti* de outras Artes. Em uma estrutura na qual a produção econômica é regulada por corporações de ofício, o processo se inicia pela reivindicação da criação de uma Arte própria para aquela parcela da população de Florença à qual está negado o direito de inscrição nas corporações existentes. Em outras palavras, *plebe* e *popolo minuto* mostram-se conscientes da determinação do econômico no político: o único modo de alcançar reconhecimento político — cidadania, para dizê-lo em termos atuais, ainda que anacrônico em relação à época — passa pela criação de uma Arte própria. *Plebe* e *popolo minuto* compreendem que o acesso ao governo da cidade passa pela emancipação da condição de *sottoposti* de outras Artes. A vitória dos *ciompi* na revolta de junho de 1378

("Machiavelli, Popular Resistance and the Curious Case of the Ciompi Revolt" — artigo digital).

[24] Sérgio Cardoso, salvo melhor juízo, em certo sentido corrobora esta interpretação (com a qual, obviamente, estamos de acordo) quando escreve: "Os *ciompi*, efetivamente, afirmam o direito de todos à participação política, diante dos 'grandes', que sustentam sua exclusão. Deste modo, não é difícil compreender que ao conseguirem fazer valer o princípio republicano da universalidade da cidadania pretendam recusar aos oponentes da realização deste princípio (aos seus opressores) qualquer poder, e também, portanto, que se vejam como os representantes do universal e potência encarnada, substantivada, de negação de toda opressão" ("Lições das *Histórias florentinas*", neste volume).

permite ao *popolo minuto* e à *plebe* obterem a criação de Artes próprias para os trabalhadores que atuam nos diferentes ofícios do processo de beneficiamento da lã e, com isso, acesso à estrutura de poder do governo da cidade. A sequência dos acontecimentos nos meses seguintes é tão somente a confirmação daquilo que move o desejo desta "parte": assentos no órgão supremo do governo da cidade, a Senhoria, por meio dos quais pudessem compartilhar o governo, neutralizar o melhor possível o apetite de opressão dos grandes e dar vazão aos humores próprios sem precisar recorrer à violência.[25]

---

[25] McCormick chama a atenção para a necessidade de atentar para a distinção, em *Histórias florentinas*, entre os juízos avaliativos sobre o comportamento da plebe e as ações propriamente ditas levadas a efeito por ela. Nas palavras do comentador, para a diferença entre "adjetivos" e "verbos": "É necessário e esclarecedor ler tais episódios das *Histórias* com o objetivo de avaliar o grau em que os juízos de valor de Maquiavel acerca da resistência política resultam compatíveis com as circunstâncias políticas que ele descreve: isto é, para colocá-lo um pouco cruamente, vale a pena perguntar se os adjetivos de Maquiavel coincidem com seus verbos quando discute o comportamento tumultuoso da plebe florentina. Minha intuição é de que a maioria dos juízos avaliativos de Maquiavel acerca das elites e da plebe expressos nas *Histórias* são constantemente desmentidos por suas descrições reais — isto é, a verdade efetiva — do comportamento de cada grupo. Sugiro que, em quase todos os pontos em que Maquiavel critica explicitamente a plebe nas *Histórias*, coloca o material dentro dos detalhes dos eventos e ações que descreve, o que atenua seriamente essas críticas, especialmente quando julgado pelos padrões que estabeleceu em *O Príncipe* e *Discursos*" ("Machiavelli, Popular Resistance and the Curious Case of the Ciompi Revolt" — artigo digital).

Povo internamente dividido

O estatuto e a operação do desejo popular nas *Histórias florentinas*

Na interpretação dos textos clássicos, a franja de indeterminação existente em nossas conclusões e afirmações críticas continua sempre a suscitar perplexidades e novas interrogações, mas também, como se viu, a trazer amigos que nos ajudam a pensá-las. Volto, pois, aqui, ainda uma vez, ao mote central da obra de Maquiavel — reiterado em cada uma de suas obras maiores —, o do desejo de liberdade, do impulso popular de resistência ao comando e opressão por parte dos Grandes, o desejo elevado a fundamento da ordem política republicana. É verdade que é esse o mote nuclear para nós, hoje. Não faz muito tempo que ele avançou para o centro da cena do comentário. A questão dos conflitos de natureza política e de suas relações com o estabelecimento das *"ordini e modi"* (quer dos Principados, quer das Repúblicas) ficou à margem do trabalho suscitado pela "obra Maquiavel" na maior parte de seu percurso: seja quando se entendeu que a obra exporia o comportamento universal dos governantes; seja quando foi vista como o testemunho de um tempo de desafios históricos (o da formação dos estados nacionais europeus) legitimadores de violências e astúcias; seja ainda nos casos em que se projetou nela a lucidez da racionalização das "relações de poder", objetificadas em termos de arte ou de ciência políticas. Parece-me interessante que mesmo nos comentários de Gramsci, que vê prefigurar-se na obra os traços do "moderno príncipe" (o novo príncipe-partido-de-massas condutor do movimento histórico da abolição das classes socioeconômicas), não nos deparamos com toda a atenção que aí pareceria merecer o tema da divisão civil. Só com a reivindicação de um Maquiavel republicano — entre nós com a publicação do livro pioneiro de Newton Bignotto[1] —, com a passagem dos *Discorsi* para o primeiro plano das considerações, é que a afirmação da divisão civil (com todas as suas dificuldades de interpretação) torna-se o eixo do debate no campo da exegese e da própria disputa sobre o sentido da obra.

Hoje, nesse campo das leituras republicanas, distinguimos vários caminhos de compreensão da divisão política, que poderíamos ver decantados — mais em função de contextos e de heranças intelectuais — em dois grandes partidos de leitura, um de contorno mais liberal, outro de viés radical. O primeiro, que, simplificando, chamei, em outras ocasiões, de *skinneriano*, oferece um caminho mais fácil para a compreensão da gênese e da natureza das instituições republicanas: elas promoveriam uma tensão equilibrada entre as partes antagônicas da cidade — entre ricos e pobres, Grandes e povo —, postas em mútua vigilância para a obstrução dos excessos da parte adversária, através da criação de leis que garantiriam a liberdade de todos para a realização de seus fins próprios (sejam eles a busca de bens ou honras públicas, caso dos Grandes, sejam eles as pulsões em direção à segurança, o ócio e o prazer, o caso da plebe). Já o outro partido — o que temos designado *lefortiano* — nos põe certamente em uma trilha mais difícil, de tratamento mais complexo. Nela, é o desejo popular, plebeu, o único guardião da liberdade republicana; só ele aponta para um domínio público e permite alcançar universais políticos; só ele leva às leis e instituições da liberdade.

Nessa matriz "lefortiana" de compreensão da divisão civil, sabemos, multiplicam-se as dificuldades em torno da questão da natureza e da atividade do desejo popular fundante da ordem política. Como compreender adequadamente o desejo de não ser dominado e oprimido? Como esse negativo ganha forma constitucional ou legal? Como advêm as *"ordini e leggi"* da liberdade republicana? Pois a realização da república supõe a eficácia político-institucional do desejo popular; exige assumi-lo como atividade política construtiva, afirmativa e não apenas opositiva e defensiva. Enfim, se tomamos o negativo, lefortianamente, como indetermi-

---

[1] *Maquiavel republicano, op. cit.*

nado, ilimitado, absoluto (aversão a toda dominação e opressão), como passar desse desejo de liberdade para os sistemas instituídos de leis que dão corpo aos regimes políticos republicanos? Comecemos por aí. Podemos pensar como Lefort — já o indiquei em outra ocasião — que Maquiavel não se detém nessa questão: "o que importa a ele" — dizia o comentador — "é evidenciar o vínculo da liberdade e da lei [das leis civis], mostrar que em uma verdadeira república os homens têm mando sobre as leis e que suas dissensões, longe de serem destruidoras de toda vida civil, são suas geradoras";[2] ou seja, interessaria sobretudo a Maquiavel mostrar que a divisão civil está na origem das instituições da liberdade republicana. Devemos admitir que Lefort tem razão. Maquiavel multiplica suas declarações sobre o vínculo da negação popular da dominação com a ordem "política", não-despótica ou não-tirânica, em toda a obra. E, não obstante operar em suas reflexões com múltiplos episódios de instituição de *"ordini e leggi"*, em Roma e em Florença (o Tribunato da plebe, em Roma; os *Ordinamenti di justizia*, as leis antinobiliárias de Florença — em que se vê o papel representado por Giano della Bella "de estirpe nobilíssima" (*Istorie* II, 13) — ou mesmo a Revolta dos *ciompi*), podemos admitir que nosso autor não tematiza diretamente, ou especulativamente, os processos de invenção de tais leis, como o faz, é conveniente assinalar, em relação às práticas e expedientes da produção do poder do Príncipe, em sua obra mais conhecida. No que se refere à produção das leis republicanas, permaneceríamos, pois, aparentemente, naquela referência genérica ao desejo "puramente negativo", indeterminado, "sem objeto", absoluto, sempre em excesso em relação aos episódios históricos de sua atividade — a indeterminação que, justamente, faz o desejo insaciável e instituinte da liberdade e faz a divisão civil constitutiva e inultrapassável.

A Lefort interessa sobremaneira esse traço de indeterminação do desejo popular, o sopro de sua aspiração pelo Direito. É essa indeterminação que eleva o desejo acima da cena dos conflitos positivos de interesse, dando-lhe um caráter efetivamente político.

---

[2] Claude Lefort, "Machiavel et la *verità effettuale*", *op. cit.*, p. 169.

O estatuto e a operação do desejo popular nas *Histórias florentinas*   227

O desejo popular projetaria, assim, um espaço comum; figuraria uma unidade social "simbólica", o espaço inalcançável da realização plena da não-dominação, da liberdade. É, portanto, a indeterminação que permite a Lefort dar consistência política ao desejo do povo e alçá-lo a fundamento da ordem republicana — ao contrário de tantos outros comentadores que extraem dessa indeterminação a tese da natureza politicamente improdutiva da pulsão popular, a afirmação de sua rebeldia tumultuária e anárquica, "desprovida de conteúdo político".[3] Na perspectiva lefortiana, o negativo indeterminado, portador da liberdade e do Direito que a realizaria, transcende toda oposição social de fato; ou ainda: opera, eu diria, como "condição transcendental" da atividade de produção de leis e direitos.

Todos conhecemos a íntima conexão dessa leitura de Maquiavel com a teoria lefortiana da lógica das democracias modernas. E não é difícil constatar que é justamente a compreensão da eficácia simbólica dessa negação indeterminada da dominação, do desejo de liberdade, que permite a Lefort pensar a democracia como "negação permanente", como potência permanente de destituição do estabelecido e de invenção do novo, como aspiração pelo Direito, que suscita e sustenta o movimento histórico de criação de leis e direitos. É por seu desvio maquiaveliano, pelo recurso à indeterminação, que Lefort, afinal, se desembaraça das peias e amarras do determinismo histórico e da crença na "revolução", crença no advento do universal realizado na história, vinda da herança marxista. Pode fazê-lo agora sem desconsiderar a atividade do negativo — porém, sem negação da negação, sem síntese ou negação encarnada na história. Pela indeterminação maquiaveliana do desejo popular nosso autor livra-se, então, da "contradição de Trotsky" assinalada por seu mestre Merleau-Ponty. Que contradição? Aquela de chamar a uma "revolução permanente" (movimento sem repouso, sem aquisição), à revolução na revolução, sem abrir mão

---

[3] Helton Adverse, em "Maquiavel, a República e o desejo de liberdade", *op. cit.*, p. 37. Esse texto assinala vários comentários da obra que vão nessa direção; à frente de todos, Harvey Mansfield, cf. *Machiavelli's Virtue, op. cit.*

da "convicção filosófica de que a sociedade sem opressão, homogênea, realizada, está virtualmente dada com o fim do capitalismo". É esta convicção relativa a um socialismo inscrito *nos fatos*[4] (que leva à contradição de Trotsky denunciada nas *Aventuras da dialética*) que permite a Merleau-Ponty apontar "a revolução permanente [dos trotskistas] como um mito".[5]

Mais uma vez, por que a "revolução permanente" é um mito? Porque se pretende atribuir uma ruptura contínua a um regime *instituído*, estabelecido como poder efetivo de uma classe (o proletariado). Ora, um regime instituído não pode se pensar em permanente revolução (o que negaria exatamente a instituição). As revoluções, lembra Merleau-Ponty, "não podem nunca, como regimes instituídos, ser o que eram como movimento. Justamente porque vence e alcança a instituição, o movimento não é mais tal [...]"; não é mais propriamente revolucionário. Segue-se daí a sentença conhecida do filósofo: "as revoluções são verdadeiras como movimento e falsas como regime".[6] Ou ainda: "a instalação de uma classe no poder não é a revolução mesma, é antes seu escamoteamento".[7] Vejamos bem: se Lefort — um dos alvos diretos da crítica de Merleau-Ponty nas *Aventuras da dialética*, em função de suas raízes trotskistas —, contornando esta contradição, pôde chegar à sua concepção da revolução democrática, *um regime em ruptura contínua institucionalizada*, foi porque renunciou à instalação da pretendida classe universal no poder, deixando o lugar do universal vazio, apenas figurado simbolicamente. Assim, podemos constatar facilmente que, sem sua passagem por Maquiavel — por *seu* Maquiavel —, Lefort não teria deixado de ser, como observa Merleau-Ponty com ironia, "o Trotsky de Trotsky".[8] Mas, entendemos também, em contrapartida, que sem suas questões e inter-

---

[4] Cf. Maurice Merleau-Ponty, *Les aventures de la dialectique*, Paris, Gallimard, 1955, p. 116.

[5] *Idem*, p. 123.

[6] *Idem*, p. 279.

[7] *Idem*, p. 281.

[8] *Idem*, p. 128.

rogações vindas de práticas e reflexões históricas, ele não chegaria ao *seu* Maquiavel, aquele da ordem política impulsionada pelo negativo, por uma negação indeterminada.

Esse percurso de Lefort e sua interpretação extraordinária de Maquiavel nos faz *mais uma vez* constatar que, em nossas leituras dos clássicos, não há como escapar de nossa *situação*, de nossa condição de leitores impregnados por certo contexto intelectual e histórico e pelo percurso pessoal e vital de nossas inquietações e interrogações. E o campo do comentário da obra de Maquiavel mostra-se privilegiado para verificarmos hoje esse impacto dos contextos e tradições intelectuais sobre nossas abordagens das obras de pensamento. Em contextos de tradição mais liberal, a política maquiaveliana aparece como busca de equilíbrio, constitucionalmente assegurado, entre pulsões sociais diversas. Em contextos de tradição socialista e radical, é a afirmação do desejo popular de não dominação que surge como a condição da lei e da liberdade. Em cada um desses casos, não há truques, nem má-fé, mas, em todos os casos, leituras cuidadosíssimas dos textos. Há sempre textos lidos, não *o fato* de um texto. Como vimos, o discípulo mais caro de Merleau-Ponty certamente vai ao *Príncipe* e aos *Discorsi* tendo em mente aquelas críticas e questões trazidas pelos mais lúcidos ensaios sobre os caminhos da revolução soviética — o grande acontecimento do século XX — reunidos nas *Aventuras da dialética*. Pois, estou certo, como já sinalizei, de que é esse livro — mais que a "Nota sobre Maquiavel" — que motiva e impacta o trabalho extraordinário de Lefort sobre a obra do nosso Secretário florentino.

Fui levado, porém, a essas observações, pensando em nossa própria atração pela obra e em nossa própria atividade de leitura e exegese. E pensando também particularmente no interesse atual crescente pelas *Histórias florentinas*, um texto que ganha destaque entre os maquiavelianos, até há pouco mais presos à exegese dos *Discorsi*, depois de um longo reinado de protagonismo do *Príncipe*. O próprio Lefort, que comenta linha a linha *O Príncipe* e os *Discorsi*, não dá a mesma atenção às *Istorie*. Mas não pretendo comentar as razões contextuais do interesse crescente por essa obra. Falta-nos distância para isso. Quero apenas observar que esse deslocamento da atenção para as *Istorie* traz também um pequeno deslizamento do foco de nosso interesse relativo àquelas questões diretamente sugeridas pela matriz lefortiana. Com as *Istorie*, somam-se aos problemas relativos ao estatuto do desejo indeterminado de liberdade aqueles postos no registro da sua atuação efetiva. Enfim, deslizamos da perspectiva da lógica para a da história, do transcendental para o empírico. Para dizer mais exatamente, agregamos às considerações sobre o fundamento aquelas relativas aos acontecimentos.

Justamente nessa dimensão temporal-histórica, impõem-se a nós aquelas questões a que aventei no início: como entender o desejo popular negativo como origem das leis positivas? Como conferir eficácia política efetiva (*effetuale*) ao desejo do povo de não ser dominado? Como pensar o *povo* como autor das leis? Ou ainda, como formula Helton Adverse, "como conceber a relação entre lei e liberdade (e não lei e violência)?". Pois, devemos conceber a negação como politicamente produtiva, como produtora de universais histórico-políticos, sob pena de ter que devolver a um legislador sábio, como entre os Antigos, ou a uma aristocracia intelectual o lugar decisivo do "sujeito político".

Mas há ainda outra questão, esta, ao menos aparentemente, mais embaraçosa e, por suas implicações, a mais controversa, visto que sugere a tese de que ocorreria, entre os *Discorsi* e as *Istorie*, uma mudança de posição de Maquiavel, a tese da "virada conservadora das *Histórias florentinas*",[9] encampada por muitos comentadores, à frente o chileno Mauricio Suchowlansky ("tanto *grandi* quanto *popolo* mostram serem portadores da arrogância que leva à tirania e ao desaparecimento da liberdade").[10] Minha própria leitura das *Istorie*[11] já foi colocada sob suspeita de alinhamento a esse batalhão (e, devo confessar que não faltou alguma contribui-

---

[9] John P. McCormick, "On the Myth of a Conservative Turn in Machiavelli's *Florentine Histories*", *op. cit.*, p. 21.

[10] Mauricio Suchowlansky, in "Citizens, Subjects or Tyrants?", *op. cit.*

[11] Ver "Lições das *Histórias florentinas*", neste volume.

ção minha, por uma ou outra formulação menos precisa).[12] Ora, tal tese, é bastante sabido, tem seu apoio maior na conhecida comparação feita por Maquiavel entre o povo romano e o florentino no início do Livro III. Eles se moveriam em direção a fins diversos: o povo romano visaria à inclusão republicana da nobreza, o *popolo* florentino à sua exclusão; ele pretenderia "governar sozinho"[13] — emblema do comportamento não republicano das facções dos *grandi* e das tiranias —, com desastrosas consequências para a cidade. Devemos nos perguntar, certamente, como compreender tal observação (especificamente referida ao povo florentino, no Livro III, 1), se nas linhas que a precedem o autor reafirma sua tese da divisão civil e do caráter negativo que confere ao humor popular o galardão de "guardião da liberdade"? José Luiz Ames, ao considerar o episódio da Revolta dos *ciompi* proposto no Livro III, entende que o relato do historiador não corrobora o diagnóstico evocado nas considerações do capítulo introdutório daquele livro. O comentador observa:

> Considerando o modo de agir do *popolo minuto* e da *plebe* nas diferentes fases da Revolta dos *ciompi* qual avaliação pode ser feita? [...] Se considerarmos a literatura secundária sobre esta questão, o lugar-comum é o entendimento de que teria havido sim uma inversão do humor popular, de modo que os desejos de grandes e povo se confundiriam. A plebe, do mesmo modo como os grandes costumam fazer, teria se deixado levar pelo desejo de governar sozinha, pelo desejo de não compartilhar o governo da cidade com os grandes [...]. *Plebe* e *popolo minuto* claramente *compartilham* o governo da cidade com os grandes, muito embora reunissem, naquela conjuntura, condições para exercerem sozinhos o po-

---

[12] Cf. José Luiz Ames, "Povo internamente dividido: plebe, seitas e partidos nas *Histórias florentinas*", neste volume, pp. 220-1, nota 22.

[13] Cf. *Tutte le opere, op. cit., Istorie* II, 39; III, 1; III, p. 690².

der, se o desejassem. Confirma-se, pois, que a plebe *não* quer governar sozinha, mesmo quando pode.[14]

Consideremos bem, então. Ames tem inteira razão quanto ao caráter republicano do próprio movimento dos *ciompi*. Não procedem certamente argumentos de muitos intérpretes, baseados no teor do Discurso do "*ciompo* anônimo" que antecede a rebelião: o apelo à violência e à vingança em relação aos *grandi*, os opressores. É verdade que plebe e *popolo minuto* buscam, republicanamente, conquistar cidadania *para todos*, como comprova a partilha dos postos de governo no momento da vitória da revolta.[15] Entretanto, não é esse ápice dos acontecimentos de 1378 o verdadeiro objeto da discussão. Ela se refere ao que se convencionou chamar o terceiro ato dessa peça histórica, o desfecho desastroso do movimento, o fim lamentável dessa primeira "revolução republicana proletária" de que se tem memória. De fato, no momento da vitória, a partilha do poder foi efetiva. A plebe e o *popolo minuto* insurgidos partilham com a grande e a pequena burguesias, em igualdade de condições, a administração da cidade. A questão que se impõe diz respeito ao que teria produzido a derrota e a reversão dessa revolução. Ainda uma vez: uma revolução autenticamente republicana.

O que e quem leva o novo regime, devidamente instituído, à sua derrocada? Seria, como já foi sugerido, a ingenuidade política e/ou o oportunismo de Michele di Lando, o *ciompo* plebeu feito chefe do governo, que teria concedido novo alento à burguesia florentina por sua participação no novo governo? Penso — e também Maquiavel, acredito — que certamente não. É a própria plebe, segundo assinala o historiador, que provoca o retorno à situação dos conflitos de facção, ao passar ela própria, a partir de certo momento, a comportar-se como facção. Pois, instaurado o governo republicano, o governo das instituições e das leis, a plebe passa a temer

---

[14] José Luiz Ames, "Povo internamente dividido: plebe, seitas e partidos nas *Histórias florentinas*", neste volume, pp. 219-20.

[15] *Tutte le opere, op. cit., Istorie* III, 16, p. 705[1].

O estatuto e a operação do desejo popular nas *Histórias florentinas*   233

que sua participação no governo "não era tanta quanto o necessário para poder se defender", diz o relato — e, evidentemente, para defender a *nuova ordine* que, afinal, ela mesma propiciaria. Assim, na verdade, ela se retira do pacto republicano e se reúne à parte (e como "parte") em Santa Maria Novella, sob seus próprios estandartes (aqueles das recém-criadas corporações e não mais sob o signo do grande estandarte da justiça com o qual invadira o *palazzo* da *Signoria*), decidindo, com arrogância, enviar "comissários do povo" para habitar o palácio e controlar o governo, assumindo ou vetando suas decisões. Ao ser interpelado, o *Gonfaloniero* plebeu responde que a *Signoria* não poderia aceitar tal imposição sem perder sua dignidade. Enfim, dispondo de um terço dos postos de governo, ao invés de jogar o jogo político constitucional para defender suas conquistas, sua revolução, a plebe quer controlar o governo. Maquiavel certamente não se equivoca: ela passa a querer "governar sozinha".[16]

Como compreender, então, essa mudança, esse movimento? Devemos falar em uma reversão do humor popular de negativo a positivo, de desejo de não ser dominado (de viver sob leis) a desejo de dominar? Certamente não. Nem se pode alegar aqui a "maldição do poder" que inclinaria a plebe para a tirania; pois, não há

---

[16] Quem faz, então, desandar a revolução republicana? José Luiz Ames nos diz: "Michele, na narrativa de Maquiavel, foi responsável pela reforma do governo de Florença, que permitiu à plebe o reconhecimento de direitos políticos na república pela primeira vez na história. Contudo, o mesmo texto também mostra que foi pelo esmagamento militar da plebe, executado pelo próprio Michele, que as novas ordens institucionais por ele criadas foram demolidas, os *ciompi* destituídos de seus direitos e a república popular substituída pela república de corporações" (José Luiz Ames, "Povo internamente dividido: plebe, seitas e partidos nas *Histórias florentinas*", neste volume, p. 217). De um lado, é preciso dizer, os *ciompi* (e o *popolo minuto*) reivindicam a própria elevação à corporação, para justamente participarem da república das corporações — do governo de "regimento" que constitui a "república florentina". De outro lado, tal compreensão do desenlace do movimento leva o comentador em seguida a se perguntar: "Para começar, faz Michele jus aos louvores de Maquiavel acerca de suas qualidades?" (*idem, ibidem*). O relato, enfim, leva-o a questionar o próprio autor, para além de interpretá-lo.

234   Leituras das *Histórias florentinas*

aí governo *da plebe*; já há governo das leis. Vigem, nesse momento, "modos ordinários", republicanos. Assim, não há mutação ou reversão do desejo *do povo*. A mudança ocorre não em razão de que *o povo* deixe de ser *povo*, deixando de atuar como negativo, assumindo o desejo de dominar; a mudança ocorre porque a plebe, a *parte* da cidade movida por reivindicações de universais políticos (e não por interesses de *parte*) continua a pretender representar *o povo*, ou mesmo a encarnar *o povo*, num momento em que o *movimento* que protagoniza já passou da revolução à *instituição* — a passagem dos modos extraordinários aos ordinários, institucionalizados, potencialmente capazes de canalizar os descontentamentos populares em relação às prepotências dos grandes, como indicam os capítulos 7 e 8 do Livro I dos *Discorsi*: "*sfogare a quegli umori che crescono nelle citadini in qualunque modo, contra a qualunque citadino* [...] *una via da sfogarsi ordinata dalle leggi*" (grifos nossos).[17]

Enfim, em sentido político e institucionalmente, a plebe não é o povo. Ela se faz povo quando atua como oposição à opressão dos grandes, visando a introdução de *leggi ed ordini*, buscando a proteção de universais políticos. Em muitas ocasiões, mostram as

---

[17] *Tutte le opere, op. cit., Discorsi* I, 7, p. 87[1]. Helton Adverse formula a questão que aqui comentamos, nos seguintes termos: "Como é possível o mesmo povo em um momento estar claramente lutando pela liberdade e, no momento quase imediatamente após, eleger a via contrária?". Ele sugere, então, que "o povo portador do desejo negativo, guardião da liberdade, seria diferente daquele que Maquiavel aponta como usurpador da liberdade". Haveria, assim, uma flutuação do sentido do termo *povo* de um registro transcendental — o do desejo puro de liberdade — para o empírico, do registro ontológico para o histórico. E a passagem do registro da lógica para o da história redundaria sempre em derrapagem do desejo de liberdade, filtrado pelas paixões e os acidentes do tempo. Ora, certamente devemos lembrar que a vitória do movimento dos *ciompi* (permeado por paixões e violências) e a instalação do novo regime de leis se dá no tempo histórico; os dois movimentos, o da instituição da liberdade e o de sua perda são históricos. Por outro lado, não se pode dizer que a negação popular das opressões — o desejo de liberdade — redunda sempre não em leis e liberdade, mas em reiteração da dominação e da opressão. Busco, portanto, sugerir aqui um outro caminho para a compreensão da questão.

O estatuto e a operação do desejo popular nas *Histórias florentinas*   235

Istorie, a plebe não atua como povo, mas como parte implicada em conflitos de facção, seja como aliada de partidos dos grandes, seja movida por interesses próprios e por ambição. Em regimes ordinariamente republicanos, só as leis — as verdadeiras — *encarnam* aspirações propriamente populares, universais. O povo, em sentido político, é verbo; é ação de negação da opressão. E esse verbo só pode substantivar-se nas leis republicanas. Pois, o que são as repúblicas senão aqueles regimes que acolhem e encenam os conflitos políticos, os regimes que incorporam institucionalmente a atividade da pulsão popular, produtora de leis e direitos?

É fundamental, sobretudo na leitura das *Istorie*, considerar tanto a distinção dos registros sociológico e político da figuração do "povo" (pois tais registros nem sempre se recobrem) quanto a distinção entre as oposições propriamente políticas e aquelas facciosas, benéficas para as cidades as primeiras, destrutivas as outras. Tal distinção e avaliação, Maquiavel as reitera no início do Livro VII dos *Discorsi*: "É verdade" — diz — "que algumas divisões são nocivas às repúblicas e algumas as beneficiam. Prejudicam as que são estabelecidas *dalle sètte e da partegiani*; ajudam, as que ocorrem *senza sètte e senza partigiani*".[18] Enquanto, republicanamente, em Roma — nos é dito no capítulo 1 do Livro III das *Istorie* —, a divisão política assume uma única figura, resolvendo-se em instituições republicanas estáveis. Em Florença, assume múltiplas figuras, justamente por mostrar-se a cidade incapaz de aceder a formas constitucionais de acolhimento da divisão política, de modo que seus conflitos civis se degradam repetidamente nas formas facciosas de ódios e divisões, levando a uma alternância lastimável entre os conflitos políticos e os facciosos, movidos pelos interesses dos grupos. Maquiavel chega a propor, no início das *Istorie*, o roteiro dos conflitos florentinos ocorridos ao longo do tempo da narrativa.[19] Não é necessário descrevê-lo; devo apenas assinalar

---

[18] *Tutte le opere, op. cit., Istorie* VII, 1, p. 792².

[19] "In Roma, come ciascuno sa, poi che i re ne furono cacciati, nacque la disunione intra i nobili e la plebe, e con quella infino alla rovina sua si mantenne; così fece Atene; così tutte le altre repubbliche che in quelli tempi fiorirono. Ma di Firenze in primo si divisono infra loro i nobili, dipoi i nobili e il popolo,

que, nessa longa história, a plebe não foi a única portadora do humor popular: a burguesia florentina — a grande e a pequena — enfrentou, como povo, a opressão por parte da nobreza, do mesmo modo que, mais tarde, a plebe, associada ao *popolo minuto*, enfrentou sua dominação no episódio da Revolta dos *ciompi*. A plebe não teve em Florença o monopólio das manifestações políticas do desejo de liberdade; e também não esteve isenta de responsabilidade nos enfrentamentos facciosos que corroeram a vida política da cidade. Mas, não deixemos de admitir que, para os pobres e deserdados, atuar no campo político-institucional da produção das leis que os protejem é sempre mais difícil. É tentadora a ilusão de uma revolução continuada, sem os entraves de sua institucionalização.

---

e in ultimo il popolo e la plebe; e molti volte occorse che una di questi parti, rimasa superiore, si divise in due; dalle quali divisioni ne nacquero tante morti, tanti esili, tante destruzione di famiglie, quante mai ne nascessero in alcuna città della quale si abbia memoria" (*idem, Istorie* I, Proemio, pp. 632²-3¹).

O estatuto e a operação do desejo popular nas *Histórias florentinas*   237

Anotações críticas:
Sobre comentários (brasileiros)
das *Histórias florentinas*

Não se explica facilmente que uma das grandes obras de um autor universalmente celebrado seja tão pouco conhecida e estudada como as *Histórias florentinas* de Maquiavel — para grande prejuízo de nossas investigações históricas e políticas, como nos faz concluir a leitura brasileira pioneira desta obra, o livro *História e política em Maquiavel*, de Patrícia Aranovich.[1] Tome-se o vastíssimo campo do comentário do autor, que o pensamento contemporâneo lavra e pratica em todas as direções, e se verá que o lote reservado às *Istorie*, entre as centenas de títulos que inflam as bibliografias mais recentes, se resume talvez (considerando-se três ou quatro décadas de compulsiva produção acadêmica) a uma dezena de livros e outro tanto de artigos. É verdade que não faltam bons estudos, mais gerais, sobre a compreensão da história e o uso indefectível de casos e exemplos antigos e modernos em toda a obra de Maquiavel. Além dos trabalhos dedicados à historiografia renascentista — que não podem ignorar sua posição de destaque na decisiva contribuição dos italianos para a formação moderna da disciplina da história —, há aqueles, indispensáveis, de Felix Gilbert (1965 e 1977), de Nicolaï Rubinstein (1966), Peter E. Bondanella (1973), Jean-Jacques Marchand (1978), Andrea Matucci (1991), Genaro Sasso (1993) e, mais recente, o trabalho de Thierry Ménissier (2001). No entanto, são raros os estudos que se dedicam ao comentário direto do texto, ou mesmo de partes dele, como os de Aldo Garosci (1973), Marina Ma-

---

[1] São Paulo, Discurso Editorial, 2007.

rietti (1974) e Anna Maria Cabrini (1985 e 1990), ao lado dos quais, depois de muitos anos, também vem perfilar o livro brasileiro. Assim, um valor inegável desse trabalho é já o de, oportunamente, chamar a atenção entre nós para essa obra que a história das ideias e o pensamento político descuraram seguidamente. Mas, entre outros méritos deste livro, talvez um dos maiores seja o de aproximar seu leitor do próprio texto de Maquiavel e buscar enredá-lo no interesse e no prazer da leitura, ao assinalar sua originalidade (que já foi contestada ou diluída), sua consistência teórica e histórica (que já foi arguida) e também, enfim, seu manejo exímio dos instrumentos retóricos e, mais amplamente, das "belas letras". E se verá também que, além do escritor virtuoso, o comentário nos permite reencontrar nas *Istorie* aquele pensador intrépido que não teme entrar por águas e terras desconhecidas, que propõe audaciosamente ao seu tempo *modi ed ordini nuovi* e que se move sem muita reverência (*sanza alcuno respetto*) no interior de um gênero literário fortemente marcado pelos modelos clássicos e por aqueles erigidos pelos primeiros humanistas.

Quando Maquiavel escreve esta obra, entre 1520 e 1525, pelo fim de sua vida, as *Historiae Florentini Populi* de Leonardo Bruni (sobre a qual Hans Baron já observou que "nenhuma outra obra histórica foi mais amplamente lida, reconhecida, citada e imitada na Florença da Renascença") e o trabalho, de mesmo título, do reverenciado humanista Poggio Bracciolini (chanceler da República em 1444) já estão inteiramente consolidados como paradigmas da história da cidade. Ora, o novo historiador (que, como se sabe, escreve depois da queda do regime republicano, por encomenda de um governo novamente comandado pelos Medici), encarregado de retomar o fio do relato trazido por seus antecessores justamente até a ascensão da ilustre família ao principado da cidade, evidentemente respeita, como dele se espera, boa parte dos cânones formais dessa historiografia humanista; porém, não deixa de contestar e afrontar suas balizas "ideológicas" mais decisivas. Maquiavel investe, sobretudo, contra o mito, forjado por aqueles humanistas, do destino extraordinário a que estaria votada sua cidade — como guardiã das liberdades republicanas —, escrevendo, ao contrário, a história da sua corrupção (de sua incapacidade para sustentar a liberdade) e do advento da sua servidão sob um principado. Já no Prefácio, justificando sua disposição de começar o relato pela fundação da cidade, *ab urbe condita* (contrariando a intenção original de partir do ano de 1434, "o momento em que a família dos Medici obteve em Florença mais autoridade que qualquer outra"[2] e em que terminam as narrações de Bruni e Poggio), dirige aos historiadores que o precederam uma censura demolidora: o trabalho deles, dedicado principalmente às guerras dos florentinos com príncipes e povos estrangeiros, "não poderia proporcionar aos leitores utilidade ou prazer algum",[3] por omitir o entrecho fundamental de uma história verdadeira (*vera historia*): as discórdias civis, as inimizades e conflitos internos das cidades, seus desdobramentos institucionais e demais sequências. A sinalização é nítida: mais que o espaço efetivo concedido aos assuntos internos ou externos (questão que ainda mobiliza muitos comentadores), o que se põe em causa é a própria concepção da natureza da ordem política embutida naquelas obras. Maquiavel recusa, como ficção, a representação da cidade determinada pela ideia da concórdia civil, da solidariedade dos cidadãos devotados ao bem público e governados por leis justas — a ideologia da *unione*, sublinhada na oposição aos inimigos estrangeiros, com que operam os humanistas — e reafirma aí sua compreensão da política como o terreno das manifestações da discórdia civil, do conflito, inultrapassável, entre os grandes e o povo, a "desunião" que mantém viva a liberdade e que, pelos "bons efeitos que produz", revigora as repúblicas. Mesmo nessa sua obra final, o pensador não perde seu mote; desafia ainda nela o ideário conservador, que teima em se apresentar como História.

Em sua leitura da obra, Patrícia Aranovich busca iluminar diretamente essa relação entre política e história, e o entrelaçamento, no grande escritor florentino, do historiador e do filósofo político. Mostra-nos que, nele, a associação das duas disciplinas se radicaliza, pois a historicidade efetiva passa a coincidir com a atua-

---

[2] *Tutte le opere, op. cit., Istorie*, Proemio, p. 632[1].

[3] *Idem*, 632[2].

ção da lógica que articula o domínio da política. A História, assim, não é aí, como já foi antes, nem o relato dos desígnios dos deuses para a vida dos homens (ou dos avatares da Fortuna), nem o instrumento da imortalização de feitos e palavras memoráveis, nem repositório de exemplos destinados a guiar e instruir (*magistra vitae*) as deliberações dos agentes morais; e não é também, finalmente, o relato das revoluções dos regimes (que, no entanto, permanece como enquadramento da trama histórico-política). Somos levados a observar, pelo vigoroso comentário proposto por Aranovich, que nessa obra a história se faz Política em um sentido inédito: ela dá a ver, permite reconhecer, a divisão constitutiva (originária) da ordem política como uma cena total, para além da fragmentação abstrata das atuações e representações de seus diferentes personagens. Ela testemunha ou a oposição do *universale* (o povo) aos grandes, à particularidade de seus interesses — a oposição que suscita e sustenta as leis e alicerça a liberdade republicana — ou, então, a impotência da cidade para fazer atuar o "negativo" (seja pela incapacidade dos oprimidos para sustentar a bandeira do Direito, seja pela força e astúcia dos grandes na defesa de seus interesses) e, assim, sua oscilação ininterrupta entre o estado de servidão e de licença, como se constata nestas *Histórias florentinas*.[4] Enfim, a "verdade efetiva" que a história testemunha é aquela da atividade de uma ordem propriamente política, ou de sua falta (suas contrafações ou sua corrupção sistêmica).

Maquiavel insiste nesse ponto no capítulo introdutório do Livro IV: "Muitas repúblicas antigas foram dotadas de leis e ordenamentos que lhes deram longa vida. Tais leis e ordenamentos faltaram e faltam a todas aquelas cujos governos passaram ou passam amiúde do estado tirânico ao licencioso, e deste para aqueles".[5] Se, pois, não se ergue o dique popular que barra, pelo recurso a leis, a ambição dos grandes, assiste-se ou à servidão de todos a um

---

[4] "[...] as cidades que são governadas sob o nome de repúblicas, sobretudo as que não são bem ordenadas, variam frequentemente seus governos e estados não da liberdade à servidão, como muitos pensam, mas da servidão à licença" (*idem, Istorie* IV, 1, p. 715[1]).

[5] *Idem*, p. 715[2].

príncipe (a tirania) ou à dilaceração e autodestruição da cidade por lutas intestinas (a licença). Assim, como se compreenderá, a encenação da história se ilumina pela necessária distinção entre as divisões de natureza política (as manifestações do desejo de liberdade, a oposição à opressão da particularidade e a afirmação das leis e do direito) e as divisões facciosas, os conflitos dos grupos de interesse, que tentam sobrepor-se aos demais — frequentemente seduzindo a multidão e comprando o consentimento dos cidadãos pela "liberalidade". O belo discurso que Maquiavel faz proferir Niccolò da Uzano,[6] destacado e comentado no trabalho de Aranovich,[7] acusa com extraordinária lucidez esse recurso à liberalidade utilizado pelos Medici: "Todos os nossos concidadãos" — diz ele —, "seja por ignorância, seja por corrupção, estão prontos a vender a república; e a Fortuna lhes é de tal maneira propícia que lhes encontrou um comprador".[8] E, adiante, nos faz assistir a Cosme de Medici, "espontaneamente proclamado por todos benfeitor do povo e pai da pátria", vindo selar a incapacidade dos florentinos para realizar sua liberdade. O estado licencioso, exaurido pelas desordens promovidas pelas facções — ainda frequentemente abrigadas, estas, sob os estandartes já rotos dos velhos partidos guelfo e gibelino —, dá lugar mais uma vez a um estado principesco em cujo topo se sucederam Cosme, Piero, Lorenzo e Piero II, até a derrocada do regime e a catástrofe iminente para a vida independente da cidade em 1492, o momento em que se fecha a narrativa das *Istorie*.

Para Patrícia Aranovich, comentar estas *Histórias florentinas* não é compilá-las; nem apenas glosá-las, traduzindo e atualizando sua linguagem, ou ainda provendo as informações necessárias para se alcançar seu sentido. Não é também trilhar o velho e bom caminho — hoje um tanto desdenhado como "escolar" — da "explicação de texto" que, apegada ao fio da escrita, enfrenta a diafonia das interpretações, relacionando e articulando passagens pa-

---

[6] *Idem*, IV, 27.

[7] Cf. *História e política em Maquiavel*, op. cit., Parte II, pp. 229-34.

[8] *Tutte le opere*, op. cit., Istorie IV, 27, p. 733[1].

Sobre comentários (brasileiros) das *Histórias florentinas*   243

ra esclarecer a letra e os conceitos. Aqui, o comentário se aproxima, e nos aproxima, do texto (sem uma atitude excessivamente polêmica em relação às leituras precedentes), buscando o que poderíamos chamar suas margens reflexivas, sem enveredar por todos os meandros do próprio relato. Assim, a indagação sobre o estatuto e a originalidade da obra (sobre a urdidura política do que constitui o passado de uma coletividade) se concentra, sobretudo, na análise daqueles momentos que as regras do gênero reservam para a expressão das intenções do autor e de seus juízos sobre a natureza da História ou sobre o sentido dos atos e acontecimentos rememorados. Enfim, para dizê-lo em termos mais precisos: o comentário destaca o prefácio, os capítulos introdutórios dos vários livros e aqueles segmentos nos quais se recorre ao expediente retórico dos discursos diretos para manifestar, pela palavra de certos personagens, a lógica subjacente aos episódios e os impulsos e elaborações que os levam às suas ações. É surpreendente a eficácia heurística desta estratégia de leitura; ela assegura, como se verá, a elucidação de várias das indagações levantadas pela crítica.

A análise das introduções permite à comentadora assinalar um claro paralelismo entre os textos "políticos" do autor (*O Príncipe* e os *Discursos sobre a primeira década de Tito Lívio*) e seus trabalhos "históricos". Permite-lhe verificar que os enunciados de alcance geral destes capítulos têm uma função simétrica a dos "exemplos" disseminados nos textos "teóricos". Da mesma forma que, no *Príncipe*, os relatos históricos vêm alicerçar os enunciados universalizantes (pretende-se "demonstrar por exemplos", segundo os procedimentos persuasivos reclamados pela esfera do pensamento político), nas *Istorie*, as proposições gerais das introduções soldam e sustentam o relato dos eventos. Não há, no domínio da reflexão prática, pensamento inteiramente abstrato; como não há relato, propriamente histórico, sem o distanciamento do pensamento. Os "exemplos" são a matéria — inarredável e incontornável — da reflexão; não são a *empeiria* desprezada pelo conhecimento, mas o avesso do próprio tecido dos conceitos. Por isso, nas *Istorie*, como constata Patrícia Aranovich, "a inserção do comentário político nunca aparece como artificial: dos eventos ao comen-

244   Leituras das *Histórias florentinas*

tário, e deste aos eventos, o relato não é interrompido". Os dois momentos necessariamente se entrelaçam: o saber político incorpora a experiência das "coisas do mundo", antigas e modernas, e a narração histórica se costura pela lógica que governa os embates inerentes à ordem política.

Enfim, ao contrário do que entendem outros comentadores, mostra-se neste trabalho que a história em Maquiavel não é a "ilustração" de uma teoria; ela não vem apenas "corroborar" as suas teses políticas. A autora parece mesmo sugerir que o "efeito de verdade" alcançado pelo empreendimento do historiador — no qual os momentos de reflexão procedem, ou emergem, do relato — seja mais vigoroso e persuasivo que aquele produzido pelo movimento contrário (o da busca dos exemplos motivada pelas proposições gerais) nas obras "políticas".

São, entretanto, as análises dos discursos atribuídos aos protagonistas dos acontecimentos — as onze peças retóricas comentadas no capítulo 4 da parte II do livro[9] — que certamente proporcionam o núcleo e a sustentação mais firme a esse estudo, ao seu propósito de assinalar os vínculos internos, de dependência recíproca, entre a reflexão política e a compreensão histórica, pois estes discursos "encenam" — como diz a autora — "a materialidade da política". Com seu manejo hábil dos instrumentos retóricos, Maquiavel transfere frequentemente aos próprios agentes históricos a palavra da interpretação que define sua situação e o sentido de sua intervenção na cena política. Esses discursos, atribuídos a personagens de condições diversas, e postos também em situações diversas, manifestam a lógica da política em ato, no seu acontecer e fazer-se história. Permitem-nos ver a historicidade investida na ação dos sujeitos políticos, patenteando cabalmente as convicções expressas pela intérprete.

O capítulo final do livro dá continuidade a esta fina operação de exame dos discursos, destacando — em função da singularidade do evento, de sua repercussão posterior na vida político-institucional da cidade e ainda de sua relevância para os propósitos

---

[9] Cf. *História e política em Maquiavel*, *op. cit.*, Parte II, pp. 221-52.

Sobre comentários (brasileiros) das *Histórias florentinas*

intelectuais de Maquiavel — o momento particularíssimo da obra comentada: o episódio da Revolta dos *ciompi* (o movimento protagonizado, em 1378, sobretudo pelos trabalhadores subalternos da poderosa manufatura florentina da lã), uma "rebelião operária" — certamente a primeira —, de natureza expressamente política, em um tempo de revoltas camponesas bafejadas por milenarismos. Veem-se os excluídos da cidadania irromperem, violentamente, na cena política, para reivindicar participação no governo (inclusão no sistema das corporações de ofício, que constituem a base da vida civil e da cidadania política de Florença) e leis que os protegessem dos desmandos dos grandes. Suas conquistas serão efêmeras, como se sabe; mas não as lições dessa história, que revela a divisão social, dá voz ao *popolo minuto* e lembra aos florentinos, e a nós, as condições — e também os descaminhos — da liberdade. Ao terminar os seus comentários do livro com a análise do discurso do *ciompo* que polariza a narrativa desse episódio, a autora deixa ressoar, em toda sua grandeza, a lucidez, a originalidade e o interesse da obra do historiador Maquiavel.

A trilha aberta pelo livro de Patrícia Aranovich sobre as *Istorie* produziu entre nós uma significativa ampliação do interesse e do horizonte da leitura das *Istorie*. Assim, já se constata a existência de um amplo campo de interlocução sobre esta obra, como mostram os textos de José Luiz Ames e de Helton Adverse integrados à presente coletânea.[10] Mas, acreditamos que o alcance desta interlocução fique ainda mais patente quando passamos da perspectiva mais geral da diversidade das leituras a dificuldades pontuais de interpretação. Por isso, trazemos em seguida observações que transitam por esses nós e que permitem entrever a complexidade da empresa de exegese de um texto cujo sentido — controverso, como já se viu — não se separa da materialidade dos personagens e acontecimentos narrados.

---

[10] Ver, de José Luiz Ames, "Povo internamente dividido: plebe, seitas e partidos nas *Histórias florentinas*", pp. 195-223, e de Helton Adverse, "O povo e seu desejo: observações sobre 'Lições das *Histórias florentinas*'", pp. 181-93, neste volume.

Podemos começar essas notas pelas dificuldades mais gerais e mais comuns indicadas pelos comentários destas *Histórias florentinas*. O primeiro deles é, certamente, a observação de que nelas mudariam o tom e mesmo o teor das considerações anteriores de Maquiavel sobre as discórdias civis. As afirmações tão surpreendentes e contundentes — sobretudo dos *Discursos sobre a primeira década de Tito Lívio* — relativas aos conflitos entre grandes e povo e sobre seus efeitos benéficos para as repúblicas (por oposição às divisões facciosas, partidárias e sectárias, das "*sètte*") pareceriam aqui, no mínimo, perder muito de sua força. A partir de sua visão pessimista sobre o caminho histórico percorrido por sua Florença, ocorreria, então, uma reavaliação pouco encorajadora desses conflitos — uma perspectiva que pareceria mesmo comprometer o entusiasmo do autor pela trajetória política da República romana,[11] sobre a qual não deixaria de lembrar agora (no início do Livro III das *Istorie*) que ela termina em "*una desiguaglianza grandissima*" e em principado.[12]

Não se trata, evidentemente, de dizer que Maquiavel volte atrás ou de que comprometa sua afirmação da divisão (inultrapassável) dos humores opostos de grandes e povo, que ele diz, ainda no capítulo 1 do Livro III destas *Histórias*, existir em todas as cidades. Pois, como já vimos, no Proêmio são censurados os historiadores de Florença que o precederam — Leonardo Bruni e Poggio Bracciolini — por terem em parte calado, em parte minimizado, as "*civile discordie e intrinsiche inimicizie*", privilegiando o relato das guerras, das "inimizades" externas. Ora, "se alguma lição é útil para os cidadãos que governam as repúblicas" — diz ele — "é aquela que demonstra as *razões* dos ódios e divisões das cidades".[13] Não há, portanto, qualquer hesitação ou ambiguidade sobre o interesse e a centralidade da questão do conflito civil. Ela, como todo leitor certamente admite, permanece no centro de seu

---

[11] Cf. *idem*, p. 184.

[12] Cf. *Tutte le opere, op. cit., Istorie* III, 1, p. 690[1].

[13] *Idem, Istorie*, Proemio, p. 632[2].

olhar sobre as histórias florentinas. A questão estaria na avaliação de sua natureza e de seus efeitos.

Duas considerações do Proêmio parecem incomodar bastante os que vêm da leitura dos *Discorsi*. Em primeiro lugar, a referência às "notabilíssimas divisões" que Florença conheceu: "a maior parte das repúblicas contentou-se com uma divisão [...] já Florença, não contente com uma, produziu muitas",[14] que — continua Maquiavel — causaram mais mortes, exílios e destruição de famílias "que em qualquer outra cidade de que se tem memória".[15] Ele se refere aí, expressamente, à "malignidade" dos efeitos dessas divisões, bem diversas daquelas que em Roma produziram a grandeza da cidade e a *virtù* de seus cidadãos. Mas, há mais: nosso autor agora lamenta essas divisões. É certo que não chegaram a destruir Florença; mas, se sua cidade "tivesse tomado uma forma de governo que a tivesse mantido unida" — comenta —, "não sei que república, antiga ou moderna, ter-lhe-ia sido superior".[16] Ora, esta e algumas outras alusões à unidade levam logo alguns leitores a vislumbrar nessa obra alguma volta — ou ao menos alguma concessão — à velha tradição florentina da exaltação da *"unione"* e da concórdia, ao lado da arraigada reprovação, também tradicional, aos "partidos", às *"sètte"* e a todo facciosismo.[17] De qualquer modo não deixaria de haver — como assinala Gisela Bock em conhecido ensaio muitas vezes retomado no campo do comentário brasileiro — uma reavaliação desse tema em relação aos *Discorsi*. Neles, ela diz:

> [...] Maquiavel permanece longa e detalhadamente nessas divisões civis e em seu acolhimento positivo,

---

[14] *Idem*, p. 633[1].

[15] *Idem, ibidem*.

[16] *Idem, ibidem*.

[17] "Enquanto a afirmação do conflito civil nos *Discorsi* havia quebrado a tradição do pensamento político que sempre condenara a discórdia como causa e efeito tanto do mal governo quanto da corrupção, sua avaliação nas *Istorie fiorentine* parece, ao contrário, retomar e reafirmar esta tradição" (Gisela Bock, "Civil Discord in Machiavelli's *Istorie Fiorentine*", *op. cit.*, p. 183).

demonstrando a conflitualidade intrínseca do universo político, descrevendo a discórdia civil não como um elemento disruptivo, mas como o levedo e o cimento de uma república livre, e apresentando o bem comum como o resultado de compromissos e equilíbrios [*balances*] entre os nobres e a plebe. Mais tarde, no entanto, nas *Istorie fiorentine*, Maquiavel parece ter abandonado esta avaliação positiva do conflito civil. O vocabulário variegado que usa nesta conexão [*connection*] não parece deixar dúvida sobre a negatividade do fenômeno: *"discordia (civile)"*, *"divisione"*, *"odio"*, *"inimicizie"*, *"disunione"*, *"disordine"*, *"disparere"*, *"parti"*, *"sètte"* e, ocasionalmente, *"fazioni"* e *"contenzioni"*. De outro lado, para a visão de uma cidade bem ordenada, ele utiliza um vocabulário que inclui termos como: *"unione"*, *"amicizia"*, *"quiete"*, *"pace"*, *"stabilità"*, *"amore"* ou *"amore della patria"*. Já no Prólogo o autor sublinha que o estudo histórico das "causas dos ódios e divisões na cidade" deve ser uma lição útil aos cidadãos que governam a república sobre como alcançar a "unidade".[18]

Deixando de lado as indicações mais discutíveis — sobre "alcançar a unidade" e sobre os "compromissos e equilíbrios entre nobres e plebe" —, é preciso, de fato, reconhecer que Maquiavel arrola, em certo momento, entre "as notabilíssimas divisões" de Florença, sem qualquer distinção, os conflitos dos humores políticos antagônicos e também as divisões facciosas, sugerindo, eventualmente, serem ambos os responsáveis pelos "males" que advêm à cidade e por sua corrupção.

Diferentemente de Roma, que ao longo de sua história assistiu apenas à divisão entre nobres e plebe, "em Florença" — observa nosso autor — "primeiramente dividiram-se os nobres entre si [divisões facciosas], depois os nobres e o povo [divisão política, contra a opressão da nobreza] e, por último, a oposição se deu en-

---

[18] *Idem*, pp. 182-3.

tre o povo e a plebe [divisão política outra vez, agora contra a opressão dos sem cidadania por parte do *popolo* cidadão], tendo muitas vezes ocorrido que uma destas partes, tornando-se superior, dividiu-se em duas [as divisões facciosas, no interior da classe dominante da hora]".[19] Esta listagem genérica dos conflitos (que buscamos distinguir como políticos ou como facciosos) parece confirmar o sentimento de José Luiz Ames[20] de que eles são apresentadas nessa obra como uma realidade "pastosa", pouco diferenciada, de contornos instáveis, de modo que os conflitos dos humores políticos se fundiriam e confundiriam com os conflitos por interesses, os confrontos das facções. Assim, segundo o comentador, o esquema dual dos *Discorsi* (a oposição grandes/povo) ganharia nas *Istorie* um espectro de múltiplas formas instáveis de conflitos, incapazes de definir-se como oposições propriamente políticas e de produzir os bons efeitos que ocasionaram em Roma. E por que tais divisões não se alçariam aqui à forma da oposição política? Ames nos responde — na companhia de outros leitores da obra[21] — que isto ocorre por faltar à cidade instituições capazes de disciplinar politicamente as paixões e ambições egoístas dos homens — as causas primárias das dissensões —, estabelecendo, então, os polos do comando e da submissão, que catalisariam o desejo de dominar de uns e o desejo de liberdade de outros,[22] enfim, o desejo de bens e poder e sua negação. Desse modo, pensa o comentador, a existência de "meios ordinários" adequados, de boas instituições políticas, precederia — como sua condição — a oposição política dos

---

[19] *Tutte le opere, op. cit., Istorie*, pp. 632[2]-3[1].

[20] José Luiz Ames, "Transformações do significado do conflito na *História de Florença* de Maquiavel", *op. cit.*, p. 278.

[21] Cf. Gisela Bock, "Civil Discord in Machiavelli's *Istorie Fiorentine*", *op. cit.*, p. 201; também, Patrícia Aranovich, *História e política em Maquiavel, op. cit.*, pp. 186-7: "Ao salientar os males provenientes da inimizade, Maquiavel salienta que a ausência de uma ordenação republicana impedia Florença de alcançar os aspectos positivos da inimizade", diz a comentadora.

[22] Cf. José Luiz Ames, "Transformações do significado do conflito na *História de Florença* de Maquiavel", *op. cit.*, p. 278.

humores.[23] Observa ainda, que, assim sendo, a divisão política, por depender dos meios constitucionais ordinários para existir, revelar-se-ia inteiramente incompatível com o recurso a "modos extraordinários", figurados, então, como nua violência.[24] Ora, uma leitura detida das *Istorie* inclina nossa interpretação numa outra direção. Pode-se verificar, acreditamos, que não são, na verdade, as (boas) instituições republicanas a condição da qualificação política dos conflitos; são, ao contrário, os conflitos dos humores entre grandes e povo que exigem, fundam e sustentam as instituições propriamente políticas (seja o principado "político", seja a república, a *libertà*). Uma coisa é existirem instituições capazes de dar vazão aos conflitos de natureza política (de modo a que se resolvam em leis e produzam *virtù*); outra, é pretender que sejam as próprias instituições republicanas (encarregadas de canalizá-los) que lhes confiram sua natureza política. Tal compreensão remeteria todos os conflitos a um registro antropológico primitivo de embates de interesses, ambições e paixões, homogeneizando-os todos e subtraindo à atividade "negativa" do humor popular sua especificidade, justamente a de conferir aos conflitos a marca política.[25] Assim, de um lado, entendemos que as convicções dos *Discorsi* relativas à distinção entre oposições políticas e divisões facciosas, e também quanto ao caráter benéfico do conflito entre os "humores" (no caso romano) e quanto ao efeito destrutivo das lutas de facções, seriam plenamente mantidas nesses relatos das *Istorie* (no caso de Florença). Maquiavel, aliás, não deixa de reiterar explicitamente essa convicção no início do Livro VII: "É verdade" — diz — "que algumas divisões são noci-

---

[23] Cf. Gisela Bock, *op. cit.*; e também Patrícia Aranovich, *História e política em Maquiavel*, *op. cit.*, p. 187, nota 19.

[24] Cf. José Luiz Ames, *op. cit.*

[25] Acreditamos que o que constitui o caráter político da oposição é a negação da particularidade opressiva dos desejos de "alguns" pelos de "muitos". É a força desta negação que confere aos conflitos seu caráter político (por oposição àqueles, de facção, que opõem os interesses de "alguns" aos de "outros") e que levam às instituições republicanas e à imposição de suas leis, como temos sublinhado no decorrer destes escritos.

Sobre comentários (brasileiros) das *Histórias florentinas*   251

vas às repúblicas e algumas as beneficiam. Prejudicam, as que são acompanhadas *dalle sètte e da partigiani*; ajudam, as que ocorrem *senza sètte e senza partigiani*".[26] De outro lado, acreditamos também que a divisão que, no início do Livro III,[27] Maquiavel diz ser "natural", necessária e constitutiva de todo corpo político — e que, em Roma, assume uma única figura (por resolver-se politicamente em instituições republicanas estáveis) —,[28] ocorre, evidentemente, também em Florença — assumindo aí múltiplas figuras, justamente por se mostrar esta cidade incapaz de aceder a formas constitucionais de acolhimento republicano da divisão civil "originária" (para usar a expressão lefortiana), degradando-se repetidamente nas formas facciosas dos "ódios e divisões".[29] Esta alternância, lastimável, entre divisões políticas e conflitos facciosos manifesta, enfim, para o historiador, a incapacidade do povo florentino para produzir boas instituições e leis verdadeiras, revelando sua cidade como uma república apenas "de nome", uma sombra de república, cuja história testemunha a perda progressiva da *virtù* de seus cidadãos e a ruína final das suas aspirações políticas, vendo-se — sob os Medici — convertida em efetivo principado.

É preciso dizer que a profusão dos conflitos florentinos (antagonismos de naturezas diversas: conflitos de interesses — que poderíamos genericamente chamar de "econômicos" — ou conflitos políticos, aqueles apontados para *leggi e ordini*" e direitos) não facilita a leitura das *Istorie*. Exige grande atenção ao vocabulário utilizado nos relatos das *civili discordie* (*sètta, parte, universale, popolo, plebe* etc.) bem como à extração econômico-social dos personagens e grupos nelas envolvidos, pois não é fácil deci-

---

[26] *Tutte le opere, op. cit., Istorie* VII, 1, p. 792[2].

[27] *Idem*, III, 1, p. 690[1].

[28] Cf. *idem*, IV, 1, pp. 715[2]-6[1].

[29] Cf. *idem*, VII, 1, p. 793[1]: "As inimizades de Florença foram sempre sectárias [*con sètte*] e por isso foram sempre danosas. Uma *sètta* vencedora não permanece unida senão enquanto a inimiga permanece viva. Mas, quando a vencida se extinguia, não tendo mais medo aquela que reinava, nem ordenações que a freassem, as divisões recomeçavam". Cf. também *idem*, Proemio, p. 632[1].

frar a trama das oposições e composições, divisões e alianças, mesmo se Maquiavel propõe com clareza, no início do livro, o roteiro geral da periodização política de seu relato.[30] Lembremo-lo mais uma vez: de início, a antiga dominação da nobreza; depois, o levantamento do *popolo* (grande e pequena burguesias, inscritas nas corporações maiores e menores) contra os nobres; posteriormente, a hostilidade da plebe (social e economicamente oprimida, bem como destituída de direitos políticos) contra o *popolo*, que no final volta a dominar as instituições (a cada vez com a hegemonia de uma das facções dos *popolani*, os grandes burgueses, o *popolo grasso* das *Arti maggiore*), sendo a última e mais duradoura no poder a dos Medici e seus aliados.[31]

Ora, esse roteiro se complexifica com a entrada das divisões facciosas que afloram, a cada passo, no seio da classe dominante da hora: entre os nobres, aquela dos Guelfos e Gibelinos, seguida da oposição *bianchi e neri*; no momento do domínio do *popolo*, o conflito da facção *popolani* capitaneada pelos Albizzi (a chamada *parte guelfa*, apoiada pela antiga nobreza) com outra liderada pelos Ricci (estigmatizada como *gibelina*) e ainda a hostilidade das corporações menores (com alguns aliados *popolani*) à facção *guelfa* reunida em torno dos Albizzi. Já no momento do efêmero domínio da plebe com a Revolta dos *ciompi* ocorre a divisão da própria *plebe minuta* entre os que ficam do lado do novo governo e os que o desafiam; por fim, com o desmanche das instituições conquistadas pelo *popolo minuto* e a plebe, prevalecerão novamente os conflitos burgueses, agora entre a chamada *parte popolare* (nova designação dada pela cidade à facção antes dita *de' guelfi*) e a

---

[30] Para conferir esta passagem em italiano, ver pp. 236-7, nota 19 neste volume.

[31] Maquiavel no início do Livro III relembra o roteiro: "Estas coisas, pelas lições do livro precedente, podem ser claramente conhecidas, tendo eu mostrado o nascimento de Florença e o princípio da sua liberdade, ao lado das razões das suas divisões, e também como terminaram os partidos dos nobres e do povo com a tirania do Duque de Atenas e com a ruína da nobreza. Resta agora narrar as inimizades entre o povo e a plebe e os vários acontecimentos que produziram" (*idem*, III, 1, p. 691[1]).

Sobre comentários (brasileiros) das *Histórias florentinas*   253

parte plebea, assim chamada, ironicamente, por associar clãs dos ricos *popolani* que haviam apoiado a plebe em sua revolta: os Scali, alguns Strozzi ou os riquíssimos Medici.[32]

Podemos observar que o livro de Patrícia Aranovich, a que nos referimos acima, sintetiza com grande precisão o roteiro fundamental das divisões assinaladas por Maquiavel.[33] No entanto, ao arrolar os conflitos sem assinalar claramente suas diversas naturezas (facciosas ou políticas, determinadas por interesses de parte ou pela visada de interesses gerais da cidadania), sugere também, por sua vez, aquela sucessão "pastosa" das discórdias a que se referia José Luiz Ames: uma sucessão interminável de conflitos, responsáveis pela corrupção e a ruína da cidade. "Em Florença" — diz a comentadora — "o conflito permanece conflito e gera mais conflito, a república não se aperfeiçoa".[34] Desse modo, suas considerações corroboram a tese da mudança por parte de Maquiavel, entre os *Discursos* e as *Histórias*, da avaliação sobre os efeitos das divisões, a mudança de perspectiva ("o sinal trocado da análise",

---

[32] Cf. *idem*, III, 18, p. 706².

[33] Transcrevemos toda a passagem: "Na *História de Florença*, Maquiavel traça um curso das divisões que parte do interior de uma oligarquia até desembocar em um principado, que resulta de uma dissolução progressiva do estado republicano [...]. Assim, em uma análise sintética deste processo, se pode seguir o alargamento progressivo das divisões até os *ciompi* (a plebe), e seu progressivo estreitamento até chegarem às conjuras. As divisões partem do interior de um grupo, os nobres, e esta divisão da oligarquia causa seu enfraquecimento até que o povo seja capaz de se lhe contrapor [...]. As divisões persistem no meio do povo e se ampliam quando a plebe se revolta. Deste ponto máximo de alargamento das divisões, exposto no terceiro Livro, a derrota da plebe reconduz as divisões para o povo, iniciando um processo de estreitamento dos conflitos, que se desenvolve no quarto livro, aprofundando a corrupção da república. A vitória do partido dos Medici, que se mantém nos Livros 5 e 6, comporta ainda um partido adversário. Com a extinção deste partido, no início do Livro 7, surge a divisão no interior do partido dos Medici, que retoma o caráter das divisões do início da cidade [...]. Da derrota dos adversários dos Medici se urge, então o Principado, quando o poder é levado a seu máximo de estreitamento [...]" (Patrícia Aranovich, *História e política em Maquiavel, op. cit.*, pp. 209-10).

[34] *Idem*, p. 185.

ela diz)[35] que teria profunda repercussão sobre toda a obra, pois, afirma, "a inversão do julgamento do conflito afeta não apenas o que é pensado acerca de Florença, mas tudo que havia sido considerado antes sobre Roma [nos *Discursos*]".[36] Consagra-se, pois, também aqui, aquela leitura difundida — problemática, como vimos —, assumida por Gisela Bock, sobre a avaliação negativa das discórdias civis que ocorreria nas *Istorie*.

Não é fácil o trânsito pelas complexas oposições e nomenclaturas sociopolíticas utilizadas por Maquiavel, não sendo, então, incomum que nossas leituras incorram em imprecisões e ambiguidades na decifração da trama e na identificação dos grupos sociais implicados nesses conflitos. Posso lembrar aqui que em considerações mais gerais sobre as divisões civis[37] eu mesmo tomei frequentemente, como muitos, a expressão *popolo minuto* como equivalente ao genérico *popolo*, o sujeito do "humor popular". E mais ainda: a expressão parecia-me referida aos membros das corporações menores (em oposição às maiores, que associam os que Felix Gilbert designa como a "aristocracia florentina"),[38] o que leva ao ocultamento da potência política da plebe, da *infima plebe*, também investida da negatividade do humor popular por ocasião da Revolta dos *ciompi*. Ocultava-se ainda a existência política dos pequenos artesãos, de vários ofícios, excluídos do sistema das corporações e, em decorrência, excluídos também da cidadania, eles sim designados pela expressão "*popolo minuto*", o grupo social que se associa à *infima plebe* na Revolta dos *ciompi*[39] e se vê mes-

---

[35] *Idem*, p. 184.

[36] *Idem, ibidem.*

[37] Penso em formulações mais gerais sobre a divisão civil referidas a textos com o capítulo IX do *Príncipe* ou do Livro I, capítulo 4, dos *Discursos*, que opõem os dois humores antagônicos da cena política, "*quello del popolo*" e "*quello de'grandi*".

[38] Cf. Felix Gilbert, *Machiavelli and Guicciardini, op. cit.*, p. 73, entre outras.

[39] Que se preste atenção ao conectivo "e" que associa *popolo minuto* e *plebe* por duas vezes no Livro III, indicando-os, pois, como categorias sociais diversas (cf. *Tutte le opere, op. cit., Istorie* III, 12, p. 700²).

Sobre comentários (brasileiros) das *Histórias florentinas*   255

mo fundido a ela a certa altura mediante a expressão *plebe minuta*, pela qual Maquiavel designa, por duas vezes, os beneficiários das novas corporações conquistadas pela Revolta.[40]

Os relatos de Maquiavel sobre os acontecimentos de 1378 deixam efetivamente certa margem de obscuridade sobre as categorias sociais empenhadas na transformação das instituições; mas sabemos bastante bem o que as associa. O autor é claro no Livro III, 12:

> Visto que no ordenar as corporações [*i corpi delle Arti*] muitas daquelas atividades nas quais o *popolo minuto* e a *plebe* se afadigam ficaram sem dispor de corporações próprias — foram submetidos a várias Artes, conforme o tipo de sua atividade —, ocorria que, quando não estavam satisfeitos com seu trabalho ou quando eram de algum modo oprimidos por seus senhores, não tinham a quem recorrer, senão ao magistrado daquela Arte que os governava, do que decorria que lhes parecia não se fazer a justiça que julgavam conveniente. E de todas as Artes a que tinha mais destes *sottoposti* era a da lã, que, por ser poderosíssima e a primeira em autoridade, com sua indústria nutria e nutre a maior parte da *plebe* e do *popolo minuto*.[41]

Porém, a composição social dos revoltosos se esclarece melhor ainda pela designação das novas Artes por eles reivindicadas: uma para cardadores e tintureiros (justamente os chamados *ciompi*); outra para certas categorias de artesãos (*Arti meccaniche: "barbieri, farsettai, sarti e simile"*);[42] a terceira, diz o texto, *"per il popolo minuto"*. Mas, como interpretar aqui esta última categoria? O certo é que se trata de uma corporação "paradoxal", dado que as "corporações de ofícios" abrigam todas, por tradição,

---

[40] Cf. *idem*, 17, p. 705[1].

[41] *Idem*, III, 12, p. 700[2] (grifos nossos).

[42] *Idem*, III, 15, p. 703[2].

profissões determinadas. Aqui temos uma corporação "genérica" de atividades (*esercizi*) múltiplas, não determinada, pois, por ofícios, mas apenas pela exclusão social e política dos grupos incorporados.[43] Leve-se em conta que a revolta que associa a plebe e o *popolo minuto* visa à inclusão de todos os *sottoposti* no universo da cidadania. E não são poucos os momentos em que *popolo minuto* e plebe aparecem fundidos e confundidos, como se observa no desfecho institucional da revolta. O historiador observa: "[Michelle] fez reunir depois os síndicos das Artes e criou a *Signoria*: com quatro da *plebe minuta* [os vitoriosos, designados no seu conjunto], dois das corporações maiores e dois das menores [as *Arti* já existentes]. Além disso, fez novo escrutínio e dividiu o estado em três partes — tocando uma para as novas corporações, outra para as menores, a terceira para as maiores".[44] As três novas artes do *popolo minuto* e da plebe ficam, assim, com metade dos postos da *Signoria*, o conselho maior do governo, e com um terço do aparelho administrativo do estado, a ordenação política que estará inteiramente desmontada em 1381, três anos depois.[45]

Não obstante a margem de indeterminação do vocabulário, nossos deslizes ou ambiguidades na identificação das referências dos termos *popolo, popolani, popolo minuto, plebe, infima plebe, plebe minuta*, representam um obstáculo considerável para a apreciação dos acontecimentos narrados e de sua significação política. Temos, certamente, incorrido nesses deslizes ou em interpretações polêmicas no que se refere ao conteúdo histórico-sociológico-político desses termos. Por exemplo, sobre o momento inicial dos tumultos de 1378 (logo após o final da Guerra dos Oito Santos que Florença manteve contra os Estados Pontifícios, no quarto final deste século XIV), aquele em que o grupo dos *popolani "di mino-*

---

[43] Cf. *idem, ibidem.*

[44] *Idem*, III, 16, p. 705^1.

[45] Cf. *idem*, III, 21, p. 709^2. Completa Maquiavel: "De modo que o partido dos *popolani nobili* reassumiu o estado e o da plebe o perdeu — tendo permanecido seu 'príncipe' de 1378 a 1381, ano destes acontecimentos" (*idem, ibidem*).

Sobre comentários (brasileiros) das *Histórias florentinas*   257

ri sorte"[46] (mas não menos ricos) alça-se contra a hegemonia consolidada da *"parte de'guelfi"*,[47] José Luiz Ames observa que "o primeiro ato ocorreu em junho de 1378 *em decorrência de uma luta de poder entre as elites*, as quais envolveram o *popolo minuto* em ondas de protestos manipulados pelos comerciantes patrícios com o objetivo de evitar *a tentativa de golpe da velha nobreza*" (grifos nossos).[48] Esse entendimento é confirmado por ele quando acrescenta, em seguida, que "Maquiavel narra como alguns dos chamados 'nobres populares', *ligados ao partido guelfo*, persuadiram o *popolo minuto* e a *ínfima plebe* a saquear casas de cidadãos associados ao partido gibelino" (grifos nossos).[49] Podemos lembrar, além de outras evidências, que o relato indica que o primeiro dos incêndios foi o da casa de Lapo de Castiglionco,[50] personagem central do núcleo do partido guelfo, e também que foi perpetrado por grupos "movidos pelos que desejavam vingar-se dos Guelfos".[51] Quem move, pois, tais grupos? Certamente devemos pensar naqueles *"popolani di minore sorte"* que, aliados à pequena burguesia das corporações menores, haviam começado a rebelião contra a prepotência e as audácias[52] de seus adversários Guelfos, tendo sido seguidos pela plebe e o *popolo minuto* ("o restante da multidão [que], como quase sempre acontece, junta-se à parte descontente").[53] Também se mostra controverso o entendimento do comentador de que, nos tumultos que antecederam a revol-

---

[46] Cf. *idem*, III, 8, p. 696[1]; e também a designação *"i minori popolani"* em *idem*, III, 4, p. 692[2].

[47] Esse partido, Maquiavel diz ser formado "por todos os antigos nobres e a maior parte dos *piu potenti popolani"*, tendo à sua frente os Albizzi (cf. *idem*, III, 8, p. 696[1]).

[48] José Luiz Ames, "Povo internamente dividido: plebe, seitas e partidos nas *Histórias florentinas"*, neste volume, p. 206.

[49] *Idem, ibidem.*

[50] Cf. *Tutte le opere, op. cit., Istorie* III, 10, p. 698[1].

[51] *Idem, ibidem.*

[52] Cf. *idem*, III, 8, p. 696[1].

[53] *Idem, ibidem.*

ta, "as ações da plebe foram ditadas pelos *nobili popolani*",[54] o que sugere novamente que a incitação adveio dos Guelfos, que, no entanto, constituíam a facção visada pela rebelião desde seu "primeiro ato". Ao mesmo equívoco o leitor pode ser induzido quando o comentário adiante assinala que "se Michelle [di Lando] agiu em conluio com os *popolani nobili* na destruição militar e cívica da plebe, o texto de Maquiavel não fornece informações suficientes para um juízo definitivo"[55] — uma informação que viesse selar os elementos de convicção que o comentador vê no relato. Ora, a acusação lançada a Lando de ser *"troppo partigiano"* em relação aos *"maggiori popolani"*[56] certamente não se refere à grande burguesia florentina genericamente tomada; refere-se à facção oportunista destes *popolani* que se aliou à plebe contra seus adversários Guelfos, aí incluídos os Medici.[57]

Enfim, quanto a essa obra difícil, mesmo em comentários agudos como os de José Luiz Ames, permanece um resíduo de elementos controversos — talvez indecidíveis —, como em todas as nossas leituras e interpretações. Tomo ainda um exemplo, também em texto de grande interesse exegético, o de José Antônio Martins. Ele vê no líder da revolta, Michelle di Lando, um "representante das *Arti minori*".[58] Ora, o gonfaloneiro escolhido pelos revoltosos é

---

[54] José Luiz Ames, "Povo internamente dividido: plebe, seitas e partidos nas *Histórias florentinas*", neste volume, p. 209.

[55] *Idem*, p. 218.

[56] Cf. *Tutte le opere, op. cit.*, Istorie III, 17, p. 705[1].

[57] A expressão *"nobili popolani"* referida de modo mais genérico aos membros das corporações maiores (com a inclusão dos *"nobili fatti popolani"* — cf. *idem*, III, 4, p. 692[2] —: "gli antichi nobili, chiamati Grandi" — III, 21, p. 709[1]), em oposição às corporações menores e ao *popolo minuto* e plebe parece só surgir no relato no capítulo dedicado ao desmoronamento do governo plebeu (*ibidem*). Nos episódios referentes à própria revolta a expressão evoca a *"parte de' guelfi"*, cuja hegemonia retornará após os desmandos despóticos *"de' capi plebei"*, justamente aqueles *popolani* ditos *"di minori sorte"* nos tempos que antecederam a rebelião.

[58] José Antônio Martins, em "Notas sobre os conflitos políticos nas *His-*

Sobre comentários (brasileiros) das *Histórias florentinas*   259

um dos *ciompi* — um cardador, *"pettinatore di lana"*, diz Maquiavel,[59] que faz parte da "multidão" constituída pelo *popolo minuto* e a plebe (esta designa, lembremos, a mão de obra sem qualificação), todos *sottoposti* das *Arti*, sobretudo da poderosa *Arte della Lana*,[60] a massa que reivindica autonomia e cidadania justamente por não pertencer a qualquer das corporações estabelecidas. Outra de suas considerações, certamente, também será discutida. José A. Martins afirma que "os conflitos, desde o início do Livro II até o final do Livro III, são apresentados de modo binário: grandes contra grandes (Guelfos contra Gibelinos), grandes contra plebe, grandes contra *Arti minori*, *Arti minori* contra *infima plebe* etc. Não se verifica" — continua —, "após essa tipificação dos grupos políticos, possíveis articulações entre esses grupos contra um outro a ponto de identificarmos alguma coligação para a luta política".[61] Devemos considerar, de um lado, que Maquiavel lembra que os florentinos reservam o termo *Grandi* para os antigos nobres;[62] assim, ele não o utiliza (nas *Istorie*, é preciso dizer) para a associação desses nobres com a facção dos *popolani* que domina a cidade até os acontecimentos de 1378, a chamada *parte guelfa*. Usar aqui nas *Istorie* a expressão "Grandes" (tomada de modo genérico para designar o humor dos que querem dominar e oprimir, como é utilizada nos *Discursos* e no *Príncipe*)[63] obscure-

---

tórias florentinas", afirma: "A narrativa da Revolta dos *ciompi* — que começa no capítulo 10 e se desenvolve até o capítulo 19, tendo por ápice dramático a tomada da *Signoria* por Michelle Lando, esse representante das *Arti minori* [...]" (em Telma de Souza Birchal e Maria Cristina Theobaldo (orgs.), *Espaços da liberdade: homenagem a Sérgio Cardoso*, Cuiabá, EdUFMT, 2018, p. 161).

[59] Cf. *Tutte le opere, op. cit., Istorie* III, p. 704².

[60] *Idem*, III, 12, p. 702².

[61] José Antônio Martins, "Notas sobre os conflitos políticos nas *Histórias florentinas*", *op. cit.*, pp. 161-2.

[62] Cf. *Tutte le opere, op. cit., Istorie* III, 21, p. 709¹.

[63] No *Príncipe* e nos *Discursos*, como sabemos, é conferido um uso mais genérico e flexível ao vocabulário das oposições políticas. Há, de um lado, *ottimati* (*Discursos* I, 2), *nobili* (*idem*, I, 3), *Senato* (*idem*, I, 2, 3 e 4), *grandi*. De outro lado, *popolo, uomini popolari, plebe* e ainda *ignobili* (*idem*, I, 5, p. 84¹¹).

260   Leituras das *Histórias florentinas*

ceria a oposição do *popolo* (dos membros das corporações maiores e menores) aos nobres e também as divisões internas, facciosas, no interior do grupo dos *popolani*, a alta burguesia florentina das corporações maiores. Ainda se observará que há, sim, ao fio dos episódios dessa história colaborações entre "classes": além daquela da antiga nobreza com os *popolani* do partido guelfo, ocorre a da plebe (dos *ciompi*, sobretudo) que se associa à revolta contra a dominação dos Guelfos, que tem início com os cidadãos inscritos nas corporações menores (pois a revolta, a princípio, mobiliza predominantemente os cidadãos inscritos nas *Arti minori*, "*quelle di minori qualitá*"),[64] como há também a associação do *popolo minuto* (alfaiates, coleteiros, barbeiros e outros ofícios privados de corporação) à *infima plebe* destituída de ofícios, fundindo-se com ela em vista da superação de sua idêntica exclusão política.

Evidentemente, nossas observações visam apenas acrescentar matéria de diálogo à produtiva e crescente colaboração estabelecida no círculo de nossos estudos maquiavelianos no trabalho de exegese das *Histórias florentinas*, pois sabemos que a trama tecida pelos fios das diversas leituras é o que confere consistência e resistência às nossas interpretações. Vamos aprendendo, na trilha indicada por Claude Lefort, que o sentido de uma obra de pensamento está inscrito no amplo campo dos discursos que ela suscita, na empresa coletiva que cada leitor atualiza e amplia de seu lugar — sempre, certamente, em meio àquele sentimento de distância em relação à sua verdade, com a suspeita de que "algo foi ignorado ou distorcido",[65] um sentimento que alimenta permanentemente nosso trabalho de leitura e nosso diálogo crítico.

Já a oposição genérica é designada como aquela dos "*humori diversi, quello del popolo, quello de' grandi*" (*idem*, I, 4, p. 82[2], e *Il Principe*, IX, p. 271[1]).

[64] *Tutte le opere, op. cit., Istorie* III, 10, p. 688[1].

[65] Claude Lefort, *Les formes de l'histoire, op. cit.*, cap. 3, p. 144.

Sobre comentários (brasileiros) das *Histórias florentinas*   261

Parte III

A ABERTURA DA MODERNIDADE:
MAQUIAVEL (E MONTAIGNE)

Antigos, modernos e "Novos Mundos" da reflexão política[1]

em homenagem a Adauto Novaes

O que faz de uma multidão de homens um povo, de um grupo de indivíduos, famílias ou clãs uma cidade? O que os cimenta em uma unidade, dando-lhes um modo de existência comum, uma vida coletiva? A esta questão fundamental da filosofia política poderíamos, talvez, responder que o que constitui um povo, conferindo-lhe identidade, são suas instituições, leis e governos. No entanto, tal resposta não parece satisfazer à intenção de radicalidade da indagação. Seria possível, com razão, objetar que, se um povo é capaz de se dar (assumir ou receber) instituições, leis e governo, é porque "antes" — ao menos logicamente — já se constitui como povo (seja em função de alguma sociabilidade "natural" — identidade étnica, linguística, cultural ou moral — ou de uma convenção primeira encarregada de criar entre seus diversos elementos a unidade, o "eu comum" e a vida coletiva). Rousseau, que descarta a hipótese da naturalidade das associações civis, formula classicamente tal objeção no capítulo 5 do primeiro livro do *Contrato social*:

> Um povo, diz Grotius, pode dar-se a um rei. Segundo Grotius, portanto, um povo é povo antes de dar-se a um rei. Esse próprio dom é um ato civil, supõe uma de-

---

[1] Trajetos panorâmicos, como o que ensaio neste texto, tecem-se com imprecisões, generalizações, lacunas e sub (e mal) entendidos. À Academia, com boas razões, frequentemente aborrecem. Aprendi, no entanto, com meu amigo Adauto Novaes, a ver a utilidade dessas empresas — nem sempre bem-sucedidas — como escadas, suporte e orientação para a arte do pensamento.

liberação pública. Antes, pois, de examinar um ato pelo qual um povo elege um rei, seria bom examinar o ato pelo qual um povo é povo.[2]

Assim, "é sempre preciso retroceder a uma primeira convenção", afirma o filósofo no título do referido capítulo. É a construção do modelo lógico desse pacto social originário que permitiria, então, compreender as condições da convivência social dos homens, bem como responder adequadamente às exigências de sua constituição política.

Para os pensadores modernos da política, o que, verdadeiramente, de direito, faria de um povo um povo seria uma convenção, um acordo ou associação de vontades, um pacto constituído a partir de condições pré-sociais, empreendido por indivíduos postos no seu "estado de natureza", independentes e preocupados essencialmente consigo mesmos. As sociedades seriam, portanto, construções inteiramente artificiais, destinadas à realização das aspirações desses homens associais, preocupados, em primeiro lugar, com a própria conservação, interessados em preservar sua vida, bens e liberdade, em garantir suas condições de existência e em obter os objetos de seus impulsos e desejos. Por isso, segundo pensam, a missão primeira das associações civis é salvaguardar tais interesses (assegurar a vida, propriedades e liberdade — tornados direitos pelas estipulações do pacto) e o intento de lhes proporcionar a satisfação mais ampla e segura possível.

É inteiramente diverso, como bem sabemos, o caminho tomado pelos filósofos na Antiguidade clássica. O que funda ou torna possível — para além da associação de clãs ou de famílias — as comunidades dos homens não pode ser, segundo pensam, uma conjunção convencional de vontades ou interesses; pois esse gênero de vínculo seria sempre parcial e instável, incapaz de se universalizar e durar (dificuldade que os modernos solucionarão pela ge-

---

[2] Jean-Jacques Rousseau, *Du contrat social*, introdução, notas e comentários de Maurice Halbswachs, Paris, Aubier-Montaigne, 1967, I, V, p. 86; *Do contrato social*, Lisboa, Portugália Editora, 1968, I, V, p. 85.

neralização da situação que levaria os homens ao pacto — o estado de guerra de todos contra todos — e pela redução radical dos interesses àquele da conservação da vida, como condição de todos os outros). Os vínculos fundados nos interesses são parciais e efêmeros, atam alianças passageiras e não constituem uma comunidade universal e estável. Assim, apenas a postulação e a busca comum de um Bem Verdadeiro, fundador de todos os outros, autossuficiente e subsistente, constante e partilhável por todos (visto estar acima dos interesses e opiniões, sempre particulares), permitiriam pensar a constituição de uma verdadeira associação política. É, enfim, a inclinação para um Bem soberano, diverso dos bens que movem os apetites para o prazeroso ou agradável, que efetivamente ata os homens em sociedade, integra-os em uma verdadeira comunidade.

Mas como compreender esse Bem? Como ele é pensado pelos clássicos? Um Bem é sempre a realização de uma integração verdadeira (essencial e não acidental ou ocasional) de um conjunto de elementos; é o princípio da conjunção ou harmonização destes elementos em uma totalidade. Todo movimento de "cosmicização", de ordenação e integração de partes em um todo — pressupondo-se, evidentemente, que as coisas do mundo disponham-se naturalmente a essa unidade —, é governado pelo Bem, o princípio de unificação que se impõe, como "aspiração", a todos os entes do Mundo. Daí a postulação socrático-platônica de um Bem-em-si, divino — *summum bonum* —, condição e garantia final de todo sentido e racionalidade, motor da atividade da natureza, princípio simultaneamente normativo e de realidade.

No campo da ética, aquele da orientação das disposições e movimentos voluntários dos homens, o Bem é o princípio da harmonização dos impulsos, apetites e interesses, e se impõe pela hierarquização dos fins a que aspiram. Tomemos certa apetição, o impulso determinado por uma carência ou um desejo. Pode-se responder a ela buscando uma satisfação imediata. Mas é possível também procurar submetê-la a interesses mais gerais do agente, ou dos agentes, tomados como um todo, isto é, submetê-la a uma medida superior, mais abrangente, que se imponha naturalmente como valor. Um apetite alimentar, por exemplo, pode desencadear um movimento imediato em direção ao objeto apetecido, mas pode também subordinar-se ao imperativo mais amplo da saúde do sujeito, e este, por sua vez, aos interesses da vida considerada como um todo, corpo e espírito, até as imposições de um fim último, a aspiração por uma vida completa e florescente, a que os gregos chamaram *eudaimonia*, uma vida bem-sucedida, "feliz". A ética procura, pois, assegurar que a busca da satisfação dos diversos apetites não transforme o agente em um campo de conflitos entre impulsos ou desejos contraditórios que atentem contra a sua vida; procura conferir ao agente uma disposição estável (virtude) para submeter seus apetites ao princípio superior de sua unificação (o Bem), ao intento de realização, a melhor possível, de seu interesse maior, o "bem viver" — em Aristóteles, a vida de atividade a mais integrada, desembaraçada e completa de suas capacidades, mormente da faculdade intelectiva e contemplativa da alma que parece a esses filósofos gregos definir especificamente os homens.

O mesmo se dá, enfim, no registro da vida em comum, no domínio da política, cujo fim último é a realização de uma comunidade humana autárquica (autossuficiente, sem dependências externas ou subordinação aos fins de um outro, ou mesmo sem dependência de qualquer outro fim que não aquele de sua própria existência bem-sucedida), capaz de proporcionar a seus membros as condições de um "bem viver" comum, de um desempenho excelente da sua disposição para o *logos* (a função da palavra e do sentido) e para uma vida livre em comunidade. A associação política bem constituída dispõe os homens para a virtude e para a boa deliberação de suas ações comuns.

Nesse registro, a questão que domina a investigação dos clássicos antigos é aquela da melhor forma de ordenação dessas comunidades em vista de seus fins, aquela da melhor forma possível de sua constituição política. Esta indagação remete por sua vez, no fundamental, àquela da organização das magistraturas ou das funções que articulam a vida coletiva, o problema dos regimes de governo, já que a boa repartição e articulação dos poderes soberanos de uma cidade ao mesmo tempo espelham e tornam possível a vida boa da comunidade, sua disposição para seus verdadeiros fins. Assim, a doutrina clássica da política coincide com a investigação sobre as "formas de governo" e se refere, na sua perspectiva prática, à teoria do "melhor regime", o mais apto a realizar, em cada caso, os fins da vida política.

Se retornarmos agora aos pensadores modernos, verificaremos com clareza a radicalidade de sua ruptura com a filosofia política clássica. Eles não apenas recusam o postulado da destinação natural dos homens para o bem e para a vida política — o bom entendimento e o bem viver em comum — como se afastam também de todo o arcabouço que sustenta a reflexão dos antigos: a ideia de que a realização dos fins visados pelo homem — a *eudaimonia* ou felicidade — depende da construção de um caráter virtuoso; este, de uma boa educação; esta, das boas leis e da boa organização das magistraturas da cidade; e estas, enfim, de um bom legislador, impregnado pela formação intelectual e moral da filosofia. Em outras palavras: a cidade moderna não busca as condições de uma convivência dos homens o mais possível integrada, nem a mais justa disposição possível de suas "partes", realizada através da melhor constituição ou do regime político mais adequado para cada caso. A indagação dos modernos refere-se apenas, como já sugerimos, ao problema da possibilidade e das condições da produção e conservação de uma ordem política artificial, capaz de livrar os homens do estado de guerra (de todos contra todos) a que os condenariam naturalmente suas paixões e inclinações egoístas, assegurando-lhes, assim, a conservação da vida e lhes proporcionando um espaço de liberdade para buscar a maior satisfação possível de seus interesses ou dos impulsos da sua vontade. O pacto social originário, oferecido como resposta a essa questão, nada mais visa, portanto, que dar aos indivíduos — ao homem natural, associal — as garantias necessárias para gozar uma vida o mais possível independente, segura e confortável (independência, segurança e conforto constituirão, pois, como sabemos, os bens supremos do homem da modernidade).

Leo Strauss, o filósofo político a quem devemos uma penetrante compreensão de nosso tempo, nos oferece uma análise abrangente e arguta da grande ruptura realizada pelos pensadores modernos. Ele observa que é em nome do realismo que eles procuram retirar do âmbito da vida social e política qualquer tipo de motivação propriamente moral. "Todas as filosofias modernas", diz, "confluem em um princípio fundamental, comum a todas elas. Um princípio que pode ser melhor expresso pela via negativa: a exclusão do esquema clássico como irrealista".[3] Os homens não são naturalmente seres de inclinação moral, são interesseiros e egoístas. Por isso, para seu bem, devem ser forçados por instituições a submeter-se à justiça. O direito e a moralidade — sempre convencionais — só existem no interior de uma ordem social estabelecida por meios não subordinados às suas próprias exigências e normas, já que encarregados de criá-las. Esse seria, segundo ele, o arcabouço mesmo do realismo maquiaveliano, que constituiria o solo da nossa modernidade política. O Príncipe, para fundar e manter seu Estado, deve estar livre para "ingressar na trilha do mal fazer", pois sua ação não se determina por uma intenção moral, dobra-se à "necessidade" e às imposições da fortuna. Sua violência e astúcia — sua "moralidade extraordinária" — estariam, afinal, a serviço da existência do espaço artificial da moralidade ordinária e do direito que protege os homens do mal enraizado em sua natureza — pela terapia, a única eficaz, da estupefação e do medo.[4]

O projeto de Hobbes, considera Strauss, teria sido o de proporcionar fundamentos sólidos a esta nova compreensão da natureza dos homens e da ordem social. Sobre o novo continente político estabelecido por Maquiavel, ou na trilha do seu realismo, o filósofo seiscentista teria procurado restabelecer a ideia de um direito natural, a ser deduzido não mais de princípios metafísicos (o fim último das ações, um bem supremo das aspirações humanas), mas da condição e do comportamento efetivo dos homens.[5] Para tanto, foi buscar em suas paixões e interesses pré-sociais (e especialmente na paixão mais imediata, mais urgente e poderosa de todas: o medo da morte violenta que os ameaça em seu estado de

---

[3] Leo Strauss, *Que es filosofia política?*, Madri, Guadarrama, 1970, p. 53.

[4] Cf. Pierre Manent, *Histoire intelectuel du liberalisme*, Paris, Calmann-Lévy, 1987, p. 50.

[5] Cf. Leo Strauss, *Droit naturel et histoire*, Paris, Plon, 1953, pp. 195 ss.

natureza) a lei natural capaz de fundar a vida política, considerando que o impulso natural na direção da própria conservação ameaçada é que conduziria os homens — movidos, então, por um egoísmo esclarecido[6] — ao pacto social, à obediência às leis e aos modos da convivência civilizada.

A teoria hobbesiana do direito natural (cujo apoio na abstração lógica de um estado de natureza pré-social faz, segundo Strauss, a intenção de realismo dos modernos deslizar no mais extremo idealismo) daria, portanto, ao pensamento político moderno seus traços mais marcantes. Em primeiro lugar, ela supõe (e, então, acaba por produzi-la segundo os ditames da teoria) a condição natural dos homens como a de indivíduos-mônadas, fechados sobre si mesmos e determinados fundamentalmente por seus interesses e inclinações egoístas. Depois, atribui à própria vida social a missão de realizar esses fins buscados pelos homens em seu estado de natureza, afastando do horizonte social e político todo exercício de uma verdadeira razão prática (a operação de juízos e deliberações guiados por fins postos acima dos interesses dos indivíduos), e estabelecendo como únicos critérios das decisões que dizem respeito ao comum o consentimento e a "vontade". Com Hobbes, abrir-se-ia, portanto, o reino do moderno "hedonismo político" (no qual, como no "hedonismo apolítico" de Epicuro, "o Bem é fundamentalmente idêntico ao agradável").[7] Suprime-se, no registro da moral e do direito, a distância entre os interesses e o Bem, entre o fato e a norma, o real e o ideal; tudo se reduz à estratégia dos interesses e às aspirações de indivíduos prisioneiros de suas inclinações — a busca do prazer e de uma vida confortável. Agora, o Estado não terá mais como finalidade proporcionar aos cidadãos as condições para o exercício da virtude, torná-los bons e aptos para a felicidade, mas apenas remover os obstáculos (ainda que de forma limitada) que, no estado de natureza, impedem seu acesso aos bens que desejam e às coisas deleitáveis.[8]

---

[6] *Idem*, p. 207.

[7] Cf. *idem*, p. 203.

[8] Cf. *idem*, p. 353, nota 29.

Os pilares centrais do "projeto moderno", pensa Strauss, estão fincados nesse terreno do "hedonismo político". Ele visa, de um lado, ao conhecimento e à dominação da natureza (em vista de uma prosperidade e um conforto crescentes), e, de outro, à ampliação contínua da independência dos indivíduos (o gozo de sua "liberdade"). Assim, nosso autor identifica já aí, nesses traços fundamentais do projeto moderno, as raízes da "crise do nosso tempo": o fato de que nos "tornamos incertos sobre seus desígnios"[9] — pois, tanto mais se avança na direção desse projeto, tanto mais as modernas aspirações liberais se realizam, mais se exacerbam os traços inquietantes da moderna cultura do individualismo: o narcisismo, o voluntarismo, o pendor para a solidão e, com a perda do horizonte dos ideais e valores, o niilismo.

Desde que se compreende que os princípios de nossas ações não têm outro fundamento que nossas preferências cegas, não cremos mais realmente neles. Não podemos mais agir com o coração tranquilo; não podemos mais viver como seres responsáveis. Para viver, temos que reduzir ao silêncio — e é fácil fazê-lo — a voz da razão que nos diz que nossos princípios são tão bons, ou tão ruins, quanto quaisquer outros. Tanto mais exercemos nossa razão, mais encorajamos o niilismo.[10]

É preciso reconhecer que a crítica de Strauss aos fundamentos da ideologia liberal moderna e também seu diagnóstico da "crise do nosso tempo"[11] alcançam uma abrangência e contundência raras — ainda que possamos pensar que o sentido da nossa modernidade política não se esgote nessa filosofia do "individualismo

---

[9] Leo Strauss, *The City and Man*, Chicago, The University Chicago Press, 1964, p. 3.

[10] Leo Strauss, *Droit naturel et histoire*, *op. cit.*, p. 18.

[11] Leo Strauss, *The City and Man*, *op. cit.*, p. 1.

possessivo", como já foi adequadamente chamada.[12] Mas é verdade também que, mesmo persuadidos pelo diagnóstico, tendemos a questionar a terapia por ele recomendada, a suspeitar do caminho que propõe para a superação da crise e a reorientação do pensamento político. Segundo Strauss, a direção a ser tomada é aquela do reatamento, em alguma medida, com a perspectiva e a inspiração do direito natural clássico, o termo que se opõe ao "hedonismo político" dos modernos na "alternativa essencial"[13] que ele pretende ser constitutiva do pensamento político: a filosofia jusnaturalista dos clássicos e o convencionalismo. A primeira, no seu entender, representa a filosofia política *tout court*, enquanto o segundo (aí incluídas filosofias dos séculos XVI e XVII) assinala a figura da sua negação e representa a desintegração da própria ideia de uma filosofia política. Por isso, a tarefa que ele toma para si é a de reexaminar a oposição entre Antigos e modernos, palmilhá-la e sondá-la, no sentido de reabrir o caminho de um necessário "retorno à filosofia política"[14] — mesmo sabendo que "uma simples continuação da filosofia política clássica não é mais possível".[15]

Como dizíamos há pouco, são muitas as objeções a este chamado de retorno à filosofia política dos clássicos. O próprio Leo Strauss, no prefácio de seu marcante *Direito natural e história*, aponta o obstáculo liminar que parece opor-se a tal projeto:

> Estamos todos às voltas com a mesma dificuldade. O direito natural, na sua forma clássica, está ligado a uma perspectiva teleológica do universo: todos os seres naturais têm um fim natural que determina as operações que para eles são boas; e, no caso do homem, a razão

---

[12] Cf. Crawford Brough Macpherson, *La teoria politica del individualismo posesivo*, Barcelona, Fontanella, 1970.

[13] Leo Strauss, *Droit naturel et histoire*, op. cit., p. 50.

[14] Leo Strauss, *The City and Man*, op. cit., p. 11.

[15] *Idem*, p. 2.

Antigos, modernos e "Novos Mundos" da reflexão política   273

permite discernir as operações que são justas, por natureza, em vista do seu fim natural.[16]

De fato, tais postulados da razão clássica (seu finalismo universal e a reivindicação de um *summum bonum* como medida de todos os bens e fundamento de toda ordem) não estariam definitivamente desacreditados depois de seu estilhaçamento na atmosfera intelectual da modernidade? Como recompor, assim, as condições desse direito natural, desde que se impôs, com o desenvolvimento das ciências da natureza modernas, uma concepção mecânica do universo, desde que ruiu a fé em seus alicerces divinos, a crença em sua ordenação racional — enquanto Cosmo — para a unidade? Não é possível ignorar essas transformações. Mesmo os pensadores mais sensíveis às dificuldades de uma concepção "naturalista" do universo político (alicerçada na mecânica das paixões e dos interesses) tentaram quase sempre alguma composição com ela, postulando, por exemplo, um dualismo fundamental — "tipicamente moderno", diz Strauss — que opõe as ciências da natureza, não teleológicas, e as ciências do homem, que seriam teleológicas.[17] É verdade que Strauss procura esquivar-se do debate teórico sobre essa questão. O que lhe importa, no seu combate por uma verdadeira filosofia política, na sua oposição intransigente ao convencionalismo e ao historicismo ("o ponto final da crise do direito natural e da filosofia política modernos"),[18] é sobretudo retomar e renovar a convicção dos antigos de que há uma verdade fundamental acessível aos homens[19] e de que o problema essencial da vida política — o dos princípios da justiça e do direito — é "susceptível de ter uma solução definitiva",[20] não obstante a variação infinita das situações históricas.

Mas como pensar essa "solução" para a questão do funda-

---

[16] Leo Strauss, *Droit naturel et histoire, op. cit.*, p. 20.

[17] Cf. *idem*, p. 21.

[18] *Idem*, p. 49.

[19] Cf. *idem*, p. 43.

[20] *Idem*, p. 50.

mento do direito? Como restabelecer, no terreno da cultura da modernidade, tal sustentação para a ordem política? Strauss não é o único a colocar tais questões, e ele sabe que a história do pensamento moderno lhes reserva, ao menos, duas grandes linhas de resposta. Há, de um lado, os que procuram conservar, pura e simplesmente, a ideia de um Bem-em-Si, perfeito e subsistente, dotado de todos os atributos que lhe foram conferidos pela metafísica clássica, apenas restringindo seu âmbito de operação ao domínio das coisas morais e espirituais, como "os modernos discípulos de Santo Tomás".[21] Há, de outro lado, os que, num intento radical de depuração dos traços imaginários e metafísicos desse Bem regulador, o convertem em um postulado prático (agir "como se..."), em um operador meramente formal da racionalidade das ações, incapaz, no entanto, de lhes proporcionar normas objetivas. Entendem, enfim, mantê-lo como um ideal da razão prática, como regulador — vazio — das aspirações humanas de moralidade, concórdia e felicidade. Ora, Strauss certamente pretende propor uma solução diversa, capaz de contornar as dificuldades anteriormente delineadas. Parece empenhado em, simultaneamente, despojar a postulação do Bem supremo de suas implicações religiosas e metafísicas e em lhe devolver o caráter substantivo e objetivo, perdido na vertente do idealismo. Assim, recusando ao mesmo tempo o ponto de partida metafísico e a perspectiva formalista, busca estabelecer seu finalismo numa direção que poderíamos designar como político-prática: o fim último, segundo pensa, coincide com o horizonte absoluto que se impõe naturalmente ao espírito humano desde que este se acerca das indagações totalizadoras da filosofia e se coloca a questão da justiça. Ele se revela na exigência evidente de transcender os interesses particulares na direção de um "bem comum" — pois, "o que chamamos de justiça se não o bem comum?",[22] pergunta ele. E o que seria o bem comum se não o que — para

---

[21] *Idem*, p. 21.

[22] *Idem*, p. 117.

além das vantagens que podem ser obtidas pelas partes — é favorável a todos, aqui e a esta hora (*hic et nunc*)? "As leis são justas", diz ele, "na medida em que se confundem com o bem comum",[23] um bem que não pode ser visto como uma estipulação meramente convencional, pois "as convenções não podem tornar vantajoso para a cidade o que se revela para ela, na realidade, como fatal, e vice-versa".[24] Esse critério do bem comum se revelaria, portanto, apto a sustentar preceptivas objetivas e, ainda, pensa ele, facilmente determináveis.

Podemos observar que o projeto de Strauss de "retorno à filosofia política" procura não tanto as doutrinas clássicas, mas, sobretudo, o seu ponto de partida e seus estabelecimentos fundamentais — o propósito, que as inspira, de ultrapassar o universo das opiniões e convenções na direção de sua integração compreensiva num horizonte de totalidade (o horizonte do "comum", que se assinalaria naturalmente no terreno das disputas entre as pretensões das "partes" e que demarcaria o domínio próprio da filosofia). Como bem compreenderia o Sócrates de Platão, a controvérsia das opiniões e convenções já pressuporia esse horizonte de totalidade, sugerindo a empresa de busca de uma visão sinótica na qual se revelaria a verdade.[25] Do mesmo modo, a tese convencionalista de que o direito se realiza sempre por figurações particulares — ganhando sentidos diversos segundo os interesses em causa — veicularia também a pressuposição de um horizonte do "Direito", a representação de um interesse comum (o *koinon synpheron*). Nesse "bem comum" é que o filósofo identificaria, então, o princípio da justiça, o princípio que fornece ao mundo histórico das convenções uma medida absoluta de avaliação e arbitragem (apropriada a cada comunidade), um princípio objetivo e operativo de distinção entre o bem e o mal, o legítimo e o ilegítimo, o conveniente e o inconveniente, o adequado e o inadequado.

---

[23] *Idem, ibidem.*

[24] *Idem, ibidem.*

[25] Cf. *idem*, pp. 139-40.

Esse retorno ao caminho primitivo da filosofia clássica parece a Strauss trazer à reflexão política nítidos benefícios. Permitiria não só depurar a teleologia de muitos de seus investimentos mais teóricos e alicerces metafísicos, mas resgatar o vínculo direto (sem mediação de enunciados teológicos ou éticos) da afirmação do direito "natural" (que se impõe "naturalmente") com a vida efetiva da cidade, com o interesse essencialmente prático da ciência política;[26] pois o critério do "bem comum" — o que é melhor para todos, para o conjunto desta cidade — mostrar-se-ia um instrumento claro e eficaz para a avaliação das situações concretas e para a resolução das controvérsias políticas. Mas, não se pode deixar de observar que essa volta aos fundamentos da política clássica, não obstante restabelecer sua intenção eminentemente prática, evidencia também seus pressupostos "teóricos" básicos e, sobretudo, sua crença primeira de que as oposições podem harmonizar-se nas articulações de um todo, de que o acordo das opiniões e a concórdia dos interesses são, no plano do "direito" — e na medida em que os homens se mostram sensíveis ao apelo do "comum" —, possíveis. Ora, como se pode logo perceber, esse postulado, reiterado por Strauss e recusado pelos modernos, apenas capitaliza a postulação espontânea (não refletida, embutida nas próprias "opiniões" e responsável por sua rivalidade) de um "absoluto", a crença que se mantém, quando, em função de seu embate, essas opiniões se veem reduzidas, pelo filósofo, a uma pluralidade de "pontos de vista" *parciais*, a apreensões particulares de um todo pressuposto que seria passível de ser restaurado pela reflexão integradora de agentes impregnados pela filosofia. É preciso dizer que, se esta crença na totalidade constitui o fundamento da política clássica, não deixa de ser exorbitante pretender erigi-la em horizonte de *toda* verdadeira filosofia prática — ou, ainda, identificar na lógica que ela instaura balizas absolutas para o pensamento político. Talvez seja verdade que "uma sociedade que se acostumou a compreender-se em termos de um desígnio [*purpose*] universal, não pode *perder a fé* neste desígnio sem se tornar inteiramente deso-

---

[26] Cf. Leo Strauss, *Que es filosofia política?*, *op. cit.*, pp. 118 ss.

Antigos, modernos e "Novos Mundos" da reflexão política

rientada [*bewildered*]";[27] porém, isso não é suficiente para estabelecer a legitimidade desse desígnio ou para pretender que, na sua falta, torna-se impossível qualquer forma de convivência política em uma sociedade.[28]

Desejamos insistir em que o esteio central das teses de Strauss está em sua convicção de que o pensamento político move-se necessariamente no interior daquela alternativa fundamental assinalada pela afirmação e a negação — simétricas — de um princípio natural e objetivo do direito. É esta certeza que o leva a encenar a história do pensamento político como uma gigantomaquia em que se opõem os partidários do Bem e do Direito (seja qual for sua concepção sobre as normas desse Direito) àqueles do Mal e dos egoísmos (as diversas formulações do convencionalismo), os que fazem da força, da astúcia e do medo "os princípios geradores da ordem artificial das cidades".[29] Não obstante a simplicidade e mesmo a considerável eficácia heurística desse quadro para apreender as linhas mais fortes da tradição do pensamento político do Ocidente, se considerarmos que ele deriva diretamente dos pressupostos fundamentais da própria filosofia clássica, não podemos deixar de suspeitar de sua pretensão de abarcar todos os caminhos possíveis do pensamento político, como não podemos deixar de suspeitar mesmo de sua capacidade para compreender sua história efetiva, quando nos dispomos, por exemplo, a retomar os caminhos abertos no limiar da modernidade, antes de firmar-se a hegemonia do contratualismo. A grande abertura revelada pela reflexão política no breve entreato da passagem das concepções clássicas às modernas quase desaparece sob a camisa de força do esquema straussiano, privando-nos de referências essenciais para o enfrentamento da "crise do nosso tempo" e para a renovação de nossas concepções políticas.

Tomemos Maquiavel. Strauss o apresenta como o "Cristóvão Colombo que descobriu o continente sobre o qual Hobbes pôde

---

[27] Leo Strauss, *The City and Man*, op. cit., p. 3.

[28] Cf. *idem, ibidem*.

[29] Pierre Manent, *Histoire intellectuel du liberalisme*, op. cit., p. 48.

edificar sua doutrina",[30] o introdutor, como já vimos, da "concepção anti-idealista do universo ou, ao menos, das origens da humanidade ou da sociedade civil".[31] A base de sua "revolta realista" contra os clássicos seria sua antropologia naturalista e pessimista, sua convicção sobre a natureza passional e egoísta dos homens. Ora, sabemos que esta leitura da obra de Maquiavel suscita fundadas reservas. A obra não se acomoda, certamente, aos pressupostos do nossso comentador, à sua teoria relativa à oscilação fundamental do pensamento político entre a afirmação da sociabilidade enraizada no ideal do bem comum e da justiça, e aquela lastreada pelas paixões e interesses egoístas. Podemos verificar, ao nos desvencilharmos desta teoria, que a afirmação maquiaveliana relativa à maldade dos homens, se ecoa no nível antropológico, a rigor não determina o registro sociopolítico. Nesse registro a insaciabilidade de bens e poder — observa argutamente um grande leitor de Maquiavel, Claude Lefort — não é atribuída aos integrantes da cidade na sua generalidade; Maquiavel a identifica no comportamento da classe dominante. "Em toda cidade", diz, "encontram-se dois humores distintos e disto nasce que o povo deseja não ser comandado e oprimido pelos Grandes, os Grandes desejam comandar e oprimir o povo."[32] Os Grandes são movidos pelo desejo de bens, o povo pelo desejo de liberdade e de viver seguro, sob leis. Assim, se for possível atribuir a Maquiavel a tese do egoísmo generalizado dos homens, será preciso ressalvar que, no registro político, a natureza desse "egoísmo", num caso e noutro, é bastante diversa: os grandes — o *popolo grasso* — desejam comandar e oprimir, movidos por suas paixões possessivas e despóticas; os pequenos — o *popolo minuto* e a *plebe* — desejam tão somente não ser comandados e oprimidos, querem viver em paz, sob a proteção das instituições republicanas ou de um príncipe (político). A

---

[30] Leo Strauss, *Droit naturel et histoire*, *op. cit.*, p. 192.

[31] *Idem*, p. 193.

[32] Maquiavel, *O Príncipe*, IX, *op. cit.*, p. 147; cf. também *Discursos sobre a primeira década de Tito Lívio*, *op. cit.*, I, 5.

oposição grandes/pequenos, ricos/pobres, poucos/muitos, no nível de suas manifestações políticas, distingue, portanto, o desejo de bens e de poder do desejo popular de leis e liberdade, manifestando agora uma figura inédita do universal politico. Pois, a recusa (pelos "muitos") da dominação e opressão da particularidade (dos "poucos") projeta um "comum", determinado pela aspiração à universalidade de leis e direitos. A revolução maquiaveliana está nessa fundação do universal político na pulsão do desejo popular por liberdade ("não ser dominado e oprimido"), na negação continuada (institucionalizada no caso das Repúblicas) da opressão dos poderosos, na negação que produz leis e direitos. Não há *summum bonum*, fim regulador ou "bem comum" integrador da comunidade, figuras da Justiça e da Concórdia: esta "divisão social", que leva à criação das leis, é inultrapassável.

Assim comprendido, Maquiavel afasta-se da perspectiva do direito natural clássico e de seus postulados essencialistas, mantendo-se exclusivamente no registro da lógica que governa a instituição e conservação da vida política. Aqui, a ordem social e o poder político que a mantém se sustentam pela referência à Lei e ao Direito projetados pelo desejo negativo do "povo", como anteparos contra a ambição dos Grandes, contra a opressão da particularidade. Longe de inaugurar a ficção de um social construído a partir dos interesses de indivíduos-mônadas, associais, determinados unicamente por suas inclinações egoístas, longe de se enredar na trilha naturalista do contratualismo liberal e do hedonismo político, Maquiavel atribui, ao contrário, à oposição ao desejo de poder e à ganância econômica particularista e particularizante — representados pelo desejo dos "poucos" — a virtude de projetar um domínio de universalidade, de figurar um espaço comum, propriamente político. A instituição da sociedade é pensada, enfim, a partir dessa lógica da cisão e oposição, originárias e irreconciliáveis, entre um princípio de extração "econômica" e um princípio de caráter propriamentente político, o desejo do povo, dos "muitos", a projeção de um "Direito" como condição da representação do espaço social e de sua constituição política. Maquiavel esboçaria, assim, poderíamos dizer, uma versão político-social, em vez de jurídico-individualista, para o liberalismo.

Mas nesse século extraordinário da história do pensamento político — visto, entretanto, quase sempre, como um momento indeciso, de trânsito para as verdadeiras rupturas da modernidade —, Maquiavel não é o único a inovar de modo radical a compreensão dos fundamentos da vida social, orientando-a em uma direção inteiramente diversa daquela que se tornou hegemônica a partir do século seguinte. Também Montaigne, seguramente, afasta-se do jusnaturalismo (clássico e moderno) e abre um caminho novo para a política ao explorar e radicalizar, no seu caso, as proposições ético-políticas do legado do antigo ceticismo. Também para ele, o fundamento da socialidade não é a inclinação dos homens — naturalmente sociáveis — para o Bem, e não é um pacto originário firmado entre indivíduos pré-sociais; são simplesmente os "costumes" — os usos, opiniões e sentimentos comuns cristalizados em um certo conjunto de indivíduos, tornados "direito consuetudinário". O princípio motor da produção dessa ordem social não são as disposições virtuosas dos homens para promover a realização da justiça, como não é também um poder destacado da sociedade, a força legisladora de um soberano instituído pelo pacto social coletivo; ele se encontra, tão somente, na dimensão espontaneamente normativa dos próprios costumes, enquanto moldam disposições afetivas, modos intelectuais e valores, enquanto produzem expectativas de comportamento, códigos de conduta, normas legais e reivindicações de direito (um Direito, nem natural, nem positivo — e, portanto, também avesso ao teológico e a todo absolutismo). São, pois, os costumes, segundo ele, que educam os homens e dirigem suas práticas, que constituem o estofo de suas relações sociais e governam sua convivência política. "*La coustume*", observa, "*est reine et emperiere du monde.*"[33]

Montaigne, evidentemente, não cede às explicações inocentemente naturalistas da constituição e do poder dos costumes. Não atribui sua origem e sua força diretiva e normativa a fatores naturais, como a raça, o temperamento psicofisiológico (vinculado quase sempre a determinações geográficas e climáticas) de um povo,

---

[33] Cf. Michel de Montaigne, *Les Essais*, I, 23, Paris, PUF, 1978, p. 115.

Antigos, modernos e "Novos Mundos" da reflexão política

o "natural" ou a índole de uma nação e tantos lugares-comuns da tradição, fortemente reaquecidos em seu tempo (ainda que, certamente, lhes reconheça papéis significativos). Recusa-se ainda a definir sua natureza e a explicar sua autoridade pela referência a um direito natural, opondo-se, portanto, à concepção escolástica do costume como *inclinatio naturalis* e "segunda natureza", como explicitação do direito natural no tempo. Os costumes, segundo pensa, são destituídos de qualquer necessidade; determinam-se por motivos históricos e acidentais, são fortemente marcados pelo acaso e o tempo. Mas, estas "convenções" não resultam também de decisões coletivas, pactos ou consensos racionais, tácitos ou expressos; impõem-se como hábitos em função da crença (que sempre os acompanha) em sua "naturalidade" ou "bondade". Assim, quanto à sua natureza, os costumes são crenças — no sentido quase trivial das "verdades" ou evidências do homem comum —, são opiniões fixadas, tornadas convicções e disposições para agir no sentido de um pretendido bem, justo e necessário ou ainda adequado e conveniente. Quanto ao seu estatuto propriamente social, eles assinalam regiões de consenso ou domínios de confiança — enquanto constituídos por crenças comuns —, que envolvem também uma dimensão jurídica (um "direito consuetudinário"), por implicarem promessas mútuas, expectativas socialmente fundadas e compromissos, configurados em padrões de conduta, códigos sociais e prescrições legais. Os costumes são, enfim, na expressão concisa e feliz de Montaigne, *"créances communes et légitimes"*,[34] crenças fixadas em *mores*, leis e assentamentos jurídicos, legitimadas pelo efeito de naturalidade e universalidade que lhes conferem adesão e observância comuns.

É esta compreensão dos fundamentos e da lógica do social que desenha o perfil da moralidade política montaigniana: a afirmação da incondicionalidade da boa-fé (sinceridade nas promessas) e da fidelidade (lealdade aos compromissos, a toda palavra dada), como condições da produção e conservação da confiança necessária, que embasa as relações sociais e define o campo polí-

---

[34] *Idem*, III, 2, p. 806.

tico. Montaigne reafirma, em suma, a centralidade da *fides* — já enaltecida como a virtude política por excelência pela cultura romana; porém, não para devolver a vida social às suas antigas referências religiosas ou metafísicas, mas justamente para recusá-las — pois a *fides* se impõe aqui como a virtude política fundamental no movimento mesmo em que se recusa qualquer alicerce natural para os vínculos sociais, em vista do caráter puramente humano, convencional ou "cultural" — como hoje diríamos — desses vínculos. A *"boa-fé"* é o fundamento dos contratos, pactos e convenções, e os vínculos sociais pensam-se agora à maneira desses acordos civis, frequentemente tácitos. Contudo, observe-se que tais vínculos são rigorosamente sociais, uma vez que não associam *interesses* comuns a indivíduos (mesmo referidos à preservação de sua vida), e sim *convicções* comuns sobre o que é adequado e "direito" *(créances communes et légitimes)*, atando, assim, compromissos relativos a crenças e práticas que, em função do costume (e seu poder "naturalizador" e normalizador), aparecem como necessárias e legítimas. Afasta-se, pois, a crença dos clássicos em um direito natural, preservando-se a crença no Direito, mantendo-se um horizonte de normas e valores — efetivamente sociais e postulados como "universais" —, que nos abre para uma compreensão do social inteiramente diversa daquela do "hedonismo político". O social se estabelece no terreno de uma moralidade muito particular, uma moralidade histórica (consignada nos costumes), que faculta aos homens condições de convivência e instituições políticas. Uma alternativa histórico-social ("realista"), ao invés de jurídico-naturalista ("idealista"), para o antigo jusnaturalismo.

Novos Mundos, esses, conquistados para o pensamento político no século XVI com uma audácia comparável àquela dos grandes navegadores do tempo. O próprio Maquiavel propõe esta aproximação na abertura de seus *Discorsi*:

> Ainda que, devido à natureza invejosa dos homens, tenha sido sempre tão perigoso encontrar modos e ordens [políticos] novos quanto procurar águas e terras desconhecidas, [...] deliberei entrar por um caminho que, não tendo sido ainda trilhado por ninguém, se me trou-

xer enfados e dificuldades, também poderá me trazer alguma recompensa, por meio daqueles que considerarem com humanidade os objetivos deste meu labor.[35]

É verdade, como sabemos bem, que estes novos mundos permaneceram em grande medida ignorados. Hoje ainda o pensamento político — reconhecendo embora os sinais de fadiga dos alicerces da modernidade — parece incapaz de vencer o conservadorismo arraigado que o confina nos limites da alternativa clássica: entre antigos e modernos, "comunitaristas" e "liberais", holismo e individualismo, ou, como quer Strauss, jusnaturalismo e historicismo. Para além daí, parece não haver terra firme possível. Ora, pensadores como Maquiavel e Montaigne não só fazem vacilar esta convicção como já nos anunciam novas "terras à vista".[36]

---

[35] Maquiavel, *Tutte le opere*, *op. cit.*, *Discorsi* I, Proemio, 2007, p. 76[1].

[36] "Novo Mundo é lícito chamar [estas terras] que entre os antepassados nossos de nenhuma delas se teve conhecimento, e a todos aqueles que isso ouvirem será novíssima coisa, visto que isto a opinião de nossos antepassados excede, uma vez que a maior parte diz que além da linha equinocial para o meio dia não há continente, só o mar, ao qual Atlântico chamaram; e se algum entre eles ali continente afirmou e aquela a ser terra habitável, por muitas razões negaram. Mas esta sua opinião ser falsa e à verdade de todos os modos contrária, esta minha última navegação atestou, visto que naquelas regiões meridionais o continente descobri, habitado de mais frequentes povos e animais do que nossa Europa, Ásia ou África" (Amerigo Vespucci, *Mundus Novus*, *apud* Luiz Renato Martins, *Novo Mundo: uma ideia da Renascença*, São Paulo, Fundação Memorial da América Latina, s.d., p. 35).

Bibliografia de referência sobre Maquiavel

O leitor encontrará na listagem que se segue as obras citadas ou consideradas no decorrer da escrita dos textos deste livro. Foram destacados os estudos maquiavelianos brasileiros mais recentes, que constituíram um campo privilegiado de interlocução para o autor.

GERAL

Arienzo, Alessandro; Borrelli, Gianfranco (orgs.). *Anglo-American Faces of Machiavelli: Machiavelli e machiavellismi nella cultura anglo-americana (secoli XVI-XX)*. Monza: Polimetrica, 2009.

Aristóteles. *La Métaphysique*, tomo I, introdução, notas e índice de J. Tricot. Nova edição inteiramente refeita, com comentário. Paris: J. Vrin, 1970.

_____. *Les Politiques*, tradução e apresentação de Pierre Pellegrin. Paris: Flammarion, 1993.

_____. *Aristotle's Metaphysics*, vol. 1, texto revisto com introdução e comentário de W. D. Ross. Oxford: Clarendon Press, 1975.

_____. *Metafísica*, vols. I, II e III, introdução, texto grego com tradução para o italiano, fontes e notas de Giovanni Reale. Ed. bras.: direção de Fidel Garcia Rodriguez; edição de texto de Marcos Marciolino; revisão de Marcelo Perine; ensaio introdutório, texto grego com tradução para o italiano e comentários de Giovanni Reale; tradução para o português de Marcelo Perine. São Paulo: Loyola, 2002.

_____. *Política*, tradução e notas de António Campelo Amaral e Carlos de Carvalho Gomes. Lisboa: Vega, 1998.

Audier, Serge. *Machiavel, conflit et liberté*. Paris: J. Vrin/EHESS, 2005.

Aurélio, Diogo Pires; Campos, André Santos (orgs.). *Machiavelli's Discourses on Livy: New Readings*. Leiden/Boston: Brill, 2021.

Aurélio, Diogo Pires. *Maquiavel & herdeiros*. Lisboa: Temas e Debates, 2012.

_____. "Antinomias da razão de Estado", in Bento, António (org.). *Razão de Estado e democracia*. Coimbra: Almedina, 2012, pp. 25-50.

_____. "A fortuna, ou o imprevisível em política", in Bento, António (org.). *Maquiavel e o maquiavelismo*. Coimbra: Almedina, 2012, pp. 63-94.

_____. "Moderate Machiavellianism: Aron, Machiavelli and the Modern Machiavellians", in Colen, J.; Dutartre-Michaut, E. (orgs.). *The Companion to Raymond Aron*. Nova York: Palgrave Macmillan, 2015, pp. 231-44.

_____. "Razionale e irrazionale nella politica: la presunta scienza politica di Machiavelli", in Anselmi, Gian Mario; Caporali, Riccardo; Galli, Carlo (orgs.). *Machiavelli Cinquecento. Meso millenio del* Principe. Milão: Mimesis, 2015, pp. 129-44.

_____. "Razão e desrazão em política: sobre a alegada 'ciência política' de Maquiavel", *Cadernos Espinosanos*, Universidade de São Paulo, nº 32, 2015, pp. 15-41.

_____. "Imitação e inovação: o Proêmio do Livro II dos *Discursos*", in Adverse, Helton; Pancera, Gabriel (orgs.). *As faces de Maquiavel: história, república, corrupção*. Belo Horizonte: D'Plácido, 2019, pp. 17-38.

_____. "The 'Discovery of the Masses' and the Paradox of the Fatherland", in Aurélio, Diogo Pires; Campos, André Santos (orgs.). *Machiavelli's Discourses on Livy: New Readings*. Leiden/Boston: Brill, 2021, pp. 189-207.

_____. "Sovereignty, the People, and Popular Sovereignty", in Campos, Andre Santos; Cadilha, Susana (orgs.). *Sovereignty as Value*. Nova York: Rowman & Littlefield, 2021, pp. 3-19.

_____. "O povo do populismo", in Barata, André; Coutinho, Luís Pereira; Nogueira de Brito, Miguel (orgs.). *Populismo e democracia*. Lisboa: Edições 70, 2021, pp. 129-60.

Bagge, Sverre. "Actors and Structures in Machiavelli's *Istorie Fiorentine*", *Quaderni d'Italianistica*, 2007, pp. 1-43.

Balcells, Joan. "Maquiavelo y la estabilidad interna de la república: interpretación histórica, crítica contemporánea", *Praxis Filosófica*, 26, 2008, pp. 83-91.

Balladur, Edouard. *Machiavel en démocratie: mécanique du pouvoir*. Paris: Fayard, 2006.

Balot, Ryan; Trochimchuk, Stephen. "The Many and the Few: On Machiavelli's 'Democratic Moment'", *The Review of Politics*, vol. 74, nº 4, 2012, pp. 559-88.

Banerjee, Kiran; Suchowlansky, Mauricio. "Citizens, Subjects or Tyrants? Relocating the People in Pocock's *The Machiavellian Moment*", *History of European Ideas*, 43:2, 2017, pp. 184-97. DOI: 10.1080/01916599.2016.1198515.

Bibliografia de referência sobre Maquiavel   287

_____. "Between Citizen & Subject: Placing the People in Machiavelli's Political Imagination", *Annual Meeting of the American Political Science Association*, Aug. 29-Sept. 1, 2013. Available at SSRN: https://ssrn.com/abstract=2314496 or http://dx.doi.org/10.2139/ssrn.2314496.

Barnes, Jonathan (org.). *The Complete Works of Aristotle, vols. 1 and 2: The Revised Oxford Translation*, tradução de J. Barnes e G. Lawrence. Princeton: Princeton University Press, 1984.

Baron, Hans. *The Crisis of the Early Italian Renaissance*. Princeton, New Jersey: Princeton University Press, 1966.

_____. *Humanistic and Political Literature in Florence and Venice at the Beginning of the Quattrocento*. Nova York: Russel & Russel, 1968.

Bento, António (org.). *Maquiavel e o maquiavelismo*. Lisboa: Almedina, 2012.

_____. "Maquiavelismo e antimaquiavelismo na razão de Estado da Contra-Reforma", in Bento, António (org.). *Maquiavel e o maquiavelismo*. Lisboa: Almedina, 2012, pp. 11-61.

_____. "Máximas de Estado, segredos de Estado, golpes de Estado e razão de Estado em Gabriel Naudé", in Bento, António (org.). *Razão de Estado e democracia*. Lisboa: Almedina, 2012, pp. 109-48.

_____. "O príncipe, o conselho de Estado e o conselheiro na tratadística política do barroco", in Rosa, José (org.). *Da autonomia do político: entre a Idade Média e a modernidade*. Lisboa: Edições Documenta, 2013, pp. 311-23.

_____. "Leo Strauss: filosofia política e arte de escrever", in André, José Gomes; Santos, José Manuel; Dias, Bruno Peixe (orgs.). *Teorias políticas contemporâneas*. Lisboa: Edições Documenta, 2015, pp. 415-38.

_____. "'Conjuras' e 'golpes de Estado': de Nicolau Maquiavel a Gabriel Naudé", in Adverse, Helton (org.). *Reflexões sobre Maquiavel: 500 anos de O Príncipe*. São Paulo: Loyola, 2015, pp. 35-85.

_____. "Machiavelli's Treatment of *Congiure* and the Modern Oath", in Aurell, Martin; Aurell, Jaume; Herrero, Montserrat (orgs.). *Le sacré et la parole: le serment au Moyen Âge*. Paris: Classiques Garnier, 2018, pp. 267-97.

Bobbio, Norberto; Viroli, Maurizio. *Diálogos em torno da República*, tradução de Daniela B. Versiani. Rio de Janeiro: Editora Campus, 2002.

Bock, Gisela; Skinner, Quentin; Viroli, Maurizio (orgs.). *Maquiavelli and Republicanism*. Cambridge: Cambridge University Press, 1990.

_____. "Civil Discord in Machiavelli's *Istorie Fiorentine*", in Bock, Gisela; Skinner, Quentin; Viroli, Maurizio (orgs.). *Maquiavelli and Republicanism*. Cambridge: Cambridge University Press, 1990.

Bonadeo, Alfredo. "The Role of the People in the Works and Times of Machiavelli", *Bibliothèque d'Humanisme et Renaissance*, t. 32, n° 2, 1970, pp. 351-77.

Bondanella, Peter E. *Machiavelli and the Art of Renaissance History*. Detroit: Wayne State University Press, 1973.

Burckhardt, Jacob. *O Renascimento italiano*, tradução de António Borges Coelho. Lisboa/São Paulo: Editorial Presença/Martins Fontes, 1973.

Butterfield, Herbert. *Maquiavelo y el arte de governar*. Buenos Aires: Editorial Huemul, 1965.

Cabrini, Anna Maria. *Per una valutazione delle* Istorie fiorentine *del Machiavelli: note sulle fonti del Secondo Libro*. Florença: La Nuova Italia, 1985.

_____. *Interpretazione e stile in Machiavelli: il Terzo Libro delle* Istorie. Roma: Bulzoni, 1990.

Caporali, Riccardo (org.). *La varia natura, le molte cagioni. Studi su Machiavelli*. Cesena: Il Ponte Vecchio, 2007.

Caporali, Riccardo; Morfino, Vittorio; Visentin, Stefano (orgs.). *Machiavelli: tempo e conflitto*. Milão: Mimesis, 2013.

Castillo Vegas, Jesús Luis. "Ciudadanía y milicia en el republicanismo fiorentino", *Tópicos: Revista de Filosofia*, n° 37, 2009, pp. 135-60.

_____. "Ciudad rica y ciudadanos pobres. La consideración de la riqueza en el republicanismo fiorentino", *Ingenium. Revista de Historia del Pensamiento Moderno*, n° 7, 2013, pp. 71-91.

Cícero. *Les Devoirs* [De officiis], estabelecimento de texto e tradução de Maurice Testard. Paris: Belles Lettres, 1965.

_____. *On the Republic* [De re publica], *On the Laws* [De legibus], tradução de Clinton W. Keyes. Cambridge, MA: Harvard University Press, 1994.

_____. *Dos deveres*, tradução de Angélica Chiappetta, revisão de Gilson Cesar Cardoso de Souza. São Paulo: Martins Fontes, 1999.

_____. *De l'Orateur* [De oratore], estabelecimento de texto e tradução de Edmond Courbaud (tomos I e II, livros I e II), tradução de Edmond Courbaud e estabelecimento de texto e tradução de Henri Bornecque (tomo III, livro III). Paris: Les Belles Lettres, 2002-2009.

Clarke Michelle, Tolman. "The Virtues of Republican Citizenship in Machiavelli's *Discourses on Livy*", *Journal of Politics*, vol. 75, n° 2, 2013, pp. 317-29.

Del Águila, Rafael; Chaparro, Sandra. *La república de Maquiavelo*. Madri: Editorial Tecnos, 2006.

Di Maria, Salvatore. "Machiavelli's Ironic View of History: The *Istorie Fiorentine*", *Renaissance Quarterly*, vol. 45, n° 2, pp. 248-70.

Ferguson, Wallace K. *La Renaissance dans la pensée historique*, tradução de Jacques Marty, prefácio de Verdun-Léon Saulnier. Paris: Payot, 1950.

Flynn, Bernard. "Foreword", in Plot, Martín (org.). *Claude Lefort: Thinker of the Political*. Londres: Palgrave MacMillan, 2013.

Fontana, Alessandro; Fournel, Jean-Louis; Tabet, Xavier; Zancarini, Jean-Claude (orgs.). *Langues et écritures de la république et de la guerre. Études sur Machiavel*. Genova: Name, 2004.

Forte, Monge Juan Manuel. "La *vis dominandi* en la tradición republicana: Maquiavelo y Spinoza", *Res Publica: Revista de Filosofía Política*, vol. 21, n° 12, 2009, pp. 85-95.

Fournel, Jean-Louis; Zancarini, Jean-Claude. *Machiavel: une vie en guerres*. Paris: Passés/Composés, 2020.

Frosini, Fabio. "La repubblica immaginata da Niccolò Machiavelli", *Il Contributo*, n° 2-3, ano XXVII, Maggio-Dicembre 2005, pp. 7-32.

Gaille-Nikodimov, Marie. *Conflit civil et liberté: la politique machiavélienne entre histoire et médicine*. Paris: Honoré Champion, 2004.

_____. *Le gouvernement mixte*. Sainte-Étienne: Publications de l'Université de Saint-Étienne, 2005.

_____. *Machiavel*. Paris: Tallandier, 2005.

_____. *Machiavel et la tradition philosophique*. Paris: PUF, 2007.

Gaille-Nikodimov, Marie; Ménissier, Thierry (orgs.). *Lectures de Machiavel*. Paris: Ellipses, 2006.

García, Eloy. "*Istorie fiorentine* de Maquiavelo: una primera definición moderna de corrupcion", *Teoria y Realidad Constitucional*, n° 25, 2010, pp. 57-67.

Garin, Eugenio. *L'umanesimo italiano*. Bari: Editori Laterza, 1993.

_____. *Machiavelli fra politica e storia*, Turim: Giulio Einaudi, 1993.

_____. *Machiavel entre politique et histoire*. Paris: Éditions Allia, 2006.

Garosci, Aldo. *Le Istorie Fiorentini del Machiavelli*. Turim: G. Giappichelli, 1973.

Gatti, Roberto. "'Popolo' nel repubblicanesimo moderno. Machiavelli, Rousseau, Robespierre", *Hermeneutica — Annuario di Filosofia e Teologia*, 2013, pp. 7-29.

Gauchet, Marcel; Lefort, Claude. "Sur la démocratie: le politique et l'institution du social", *Textures*, 71/2-3, 1971.

Gilbert, Felix. *Machiavelli and Guicciardini: Politics and History in Sixteenth--Century Florence*. Princeton: Princeton University Press, 1965.

_____. *Machiavelli e il suo tempo* [1964]. Bolonha: Il Mulino, 1977.

Hankins, James. "Humanism and the Origins of Modern Political Thought", in Kraye, Jill (org.). *The Cambridge Companion to Renaissance Humanism*. Cambridge: Cambridge University Press, 1996.

_____. *Virtue Politics: Soulcraft and Statecraft in Renaissance Italy*. Cambridge: Belknap/Harvard University Press, 2019.

Hidalgo, Roldán Carmen. "Maquiavelo: la legalización del azar al servicio de la república florentina", *Daimon*, nº 20, 2000, pp. 35-51.

Jackson, Michael. "Imagined Republics: Machiavelli, Utopia, and *Utopia*", *Journal of Value Inquiry*, vol. 34, nº 4, 2000, pp. 427-37.

Johnston, David; Urbinati, Nadia; Vergara, Camila (orgs.). *Machiavelli on Liberty and Conflit*. Chicago: The University of Chicago Press, 2017.

Jurdjevic, Mark. "Machiavelli's Hybrid Republicanism", *The English Historical Review*, vol. 122, nº 499, 2007, pp. 1.228-57.

_____. *A Great and Wretched City: Promise and Failure in Machiavelli's Florentine Political Thought*. Cambridge, MA/Londres: Harvard University Press, 2014.

Kraye, Jill (org.). *The Cambridge Companion to Renaissance Humanism*. Cambridge: Cambridge University Press, 1996.

Landi, Sandro. "'Fama', Humors and Conflicts: A Re-Reading of Machiavelli's *Florentine Histories*", in Rospocher, Massimo (org.), *Beyond the Public Sphere: Opinions, Publics, Spaces in Early Modern Europe*. Bolonha: Il Mulino/Berlim: Duncker & Humblot, 2012, pp. 137-64.

Lefort, Claude. *Le travail de l'oeuvre Machiavel*. Paris: Gallimard, 1972.

_____. "Le nom d'un", in La Boétie, Étienne de. *Discours de la servitude volontaire*. Paris: Payot, 1976.

_____. *Les formes de l'histoire*. Paris: Gallimard, 1978.

_____. "Préface", in Machiavel, Nicolas. *Discours sur la première décade de Tite-Live*. Paris: Berger-Levrault, 1980.

_____. *As formas da história*, tradução de Luiz Roberto Salinas Fortes e Marilena Chaui. São Paulo: Brasiliense, 1990, 2ª ed.

_____. "Machiavel et la *verità effettuale*", in *Écrire, à l'épreuve du politique*. Paris: Calmann-Lévy, 1992.

_____. *Desafios da escrita política*, tradução de Eliana Maria de Melo Souza. São Paulo: Discurso Editorial, 1999.

Bibliografia de referência sobre Maquiavel · 291

Leibovici, Martine. "From Fight to Debate: Machiavelli and the Revolt of the Ciompi", *Philosophy and Social Criticism*, vol. XXVIII, n° 6, 2002, pp. 647-60.

Macpherson, Crawford B. *La teoria politica del individualismo posesivo*. Barcelona: Fontanella, 1970.

Malinconico, Dario. *L'incertezza democrática: potere e conflitto in Claude Lefort*. Nápoles: La Scuola di Pitagora Editrice, 2020.

Manent, Pierre. *Histoire intelectuel du liberalisme*. Paris: Calmann-Lévy, 1987.

Mansfield, Harvey. *Machiavelli's Virtue*. Chicago: The University of Chicago Press, 1996.

Maquiavel, Nicolau. *Oeuvres complètes de Machiavel*. Paris: Gallimard, 1952.

_____. *Toutes les lettres de Machiavel*, 2 vols., apresentação e notas de Edmond Barincou. Paris: Gallimard, 1955.

_____. *Discorsi sopra la prima deca di Tito Livio*, in *Tutte le opere*, estabelecimento de texto e organização de Mario Martelli. Florença: Sansoni, 1971.

_____. *Istorie fiorentine*, in *Tutte le opere*, estabelecimento de texto e organização de Mario Martelli. Florença: Sansoni, 1971.

_____. *História de Florença*, tradução e notas de Nelson Canabarro. São Paulo: Musa Editora, 1994.

_____. *Discursos sobre a primeira década de Tito Lívio*, tradução de Martins Fontes, revisão de Patrícia F. Aranovich. São Paulo: Martins Fontes, 2007.

_____. *História de Florença*, tradução de Martins Fontes, revisão de Patrícia F. Aranovich. São Paulo: Martins Fontes, 2007.

_____. *O Príncipe*, tradução e notas de Diogo Pires Aurélio. Lisboa: Círculo de Leitores, 2008.

_____. *O Príncipe*, tradução, introdução e notas de Diogo Pires Aurélio. São Paulo: Editora 34, 2017.

Marchand, Jean-Jacques. "L'interprétation de l'histoire chez Machiavel", *Études de Lettres*, s. IV, t. 1, 1978, pp. 31-78.

Marietti, Marina. "Machiavel historiographe des Médicis", in Rochon, André (org.). *Les écrivains et le pouvoir en Italie à l'époque de la Renaissance*. Paris: Université de la Sorbonne Nouvelle, 1974.

Matucci, Andrea. *Machiavelli nella storiografia fiorentina: per la storia di um genere letterario*. Florença: Leo S. Olschki Editore, 1991.

McCormick, John P. "Machiavelli against Republicanism: On the Cambridge School's 'Guicciardinian Moments'", *Political Theory*, vol. 31, n° 5, 2003, pp. 615-43.

_____. "Machiavelli's Political Trials and 'The Free Way of Life'", *Political Theory*, vol. 35, n° 4, ago. 2007, pp. 385-411.

_____. "The (In)Compatibility of Liberty and Empire in Machiavelli's Political Thought", in Buckinx, Barbara; Trejo-Mathys, Jonathan; Waligore, Timothy (orgs.). *Domination and Global Political Justice: Conceptual, Historical and Institutional Perspectives*. Londres: Routledge, 2014.

_____. "Machiavelli's Greek Tyrant as Republican Reformer", in Lucchese, Filippo del; Frosini, Fabio; Morfino, Vittorio (orgs.). *The Radical Machiavelli: Politics, Philosophy, and Language*. Leiden: Brill, 2015, pp. 337-48.

_____. "On The Myth of a Conservative Turn in Machiavelli's *Florentine Histories*", in Urbinati, Nadia; Johnston, David; Vergara, Camila (orgs.). *Liberty and Conflict: Machiavelli on Politics and Power*. Chigago/Londres: The University of Chicago Press, 2017, pp. 330-51.

_____. "Faulty Foundings and Failed Reformers in Machiavelli's *Florentine Histories*", *American Political Science Review*, vol. 111, n° 1, February 2017, pp. 204-16. Disponível em:_https://www.academia.edu/ 26640841/Faulty_Foundings_and_Failed_Reformers_in_Machiavellis_Florentine_Histories_APSR_forthcoming. Acesso em: 27/04/2018.

_____. "Machiavelli, Popular Resistance and the Curious Case of the Ciompi Revolt", in Ferrer, Véronique; Desan, Philippe (orgs.). *Penser et agir à la Renaissance*. Paris: Droz, 2020, pp. 369-90. Disponível em: https://www.academia.edu/25871832/Machiavelli_Popular_Resistance_and_the_Curious_Case_of_the_Ciompi_Revolt. Acesso em: 27/04/2018.

_____. "Republicanism, Virtuous and Corrupt: Social Conflict, Political Leadership and Constitutional Reform in Machiavelli's *Florentine Histories*", in White, Stuart; Nabulsi, Karma; Leipold, Bruno (orgs.). *Radical Republicanism: Recovering the Tradition's Popular Heritage*. Oxford: Oxford University Press, 2020, pp. 67-80.

Ménissier, Thierry. *Machiavel, la politique et l'histoire: enjeux philosophiques*. Paris: PUF, 2001.

_____. "Le *Discursus florentinarum rerum* de Machiavel: logique et pragmatique de l'action politique", *Les Cahiers du CEVIPOF. Interpreter les textes politiques*, dossier réuni et présenté par Lucien Jaume & Alain Laquièze, n° 39, Avril 2005, pp. 12-22.

Merleau-Ponty, Maurice. *Les aventures de la dialectique*. Paris: Gallimard, 1955.

_____. *Signes*. Paris: Gallimard, 1960.

Mesnard, Pierre. *L'essor de la philosophie politique au XVIe siècle*. Paris: J. Vrin, 1969.

Montaigne, Michel de. *Les Essais*. Paris: PUF, 1978.

Morfino, Vittorio. *Il tempo e l'occasione: l'incontro Spinoza Machiavelli*. Milão: Il Filarete, 2004.

_____. "The Five Theses of Machiavelli's 'Philosophy'", in Del Lucchese, F.; Frosini, F.; Morfino, V. (orgs.). *The Radical Machiavelli: Politics, Philosophy and Language*. Boston: Brill, 2015, pp. 144-73.

Najemy, John. "Machiavelli and the Medici: The Lessons of *Florentine History*", *Renaissance Quarterly*, vol. 35, n° 4, 1982, pp. 551-76.

Nuzzo, Enrico. "Le eredità di Machiavelli nel repubblicanesimo inglese e la riflessione moderna sulla storia antica: attorno agli 'Essays' su Sparta e Roma di Walter Moyle", *Archivio di Storia della Cultura*, XXIII, 2010, pp. 21-82.

Pallares-Burke, Maria Lúcia Garcia. "O anjo e a história" (entrevista com Quentin Skinner), *Folha de S. Paulo, Mais*, 16/08/1998, pp. 6-7.

Panichi, Alessio. "Della rovina delle 'repubbliche de' molti': Campanella lettore di Machiavelli", *Storia del Pensiero Político*, vol. 1, n° 2, 2012, pp. 213-38.

Pedullà, Gabriele. *Machiavelli in Tumult. The Discourses on Livy and the Origins of Political Conflitualism*. Cambridge: Cambridge University Press, 2018.

Pettit, Philip. *Republicanism: A Theory of Freedom and Government*. Oxford: Clarendon Press, 1997.

Plot, Martín (org.). *Claude Lefort: Thinker of the Political*. Londres: Palgrave MacMillan, 2013.

Pocock, John G. A. *The Machiavellian Moment: Florentine Political Thought and the Atlantic Republican Tradition*. Princeton: Princeton University Press, 1975.

Políbios. *História*, tradução de Mário da Gama Kury. Brasília: UnB, 1985.

_____. *Storie*, 8 vols., nota biografica di D. Musti, traduzione di M. Mari, F. C. de Rossi, A. L. Santarelli, note di J. Thornton. Milão: BUR, 2001-2006.

Rahe, Paul A. *Machiavelli's Liberal Republican Legacy*. Cambridge: Cambridge University Press, 2006.

Raimondi, Fabio. *L'ordinamento della libertà: Machiavelli e Firenze*. Verona: Ombre Corte, 2013.

Ridolfi, Roberto. *Machiavel*. Paris: Fayard, 1960.

Rousseau, Jean-Jacques. *Du contrat social*, introdução, notas e comentários de Maurice Halbswachs. Paris: Aubier-Montaigne, 1967.

_____. *Do contrato social. Discurso sobre a origem e os fundamentos da desigualdade entre os homens*, tradução de Rogério Fernandes, Maria José Marinho e Alberto Ferreira, introduções, comentários e notas explicativas Jean-Louis Lecercle. Lisboa: Portugália Editora, 1968.

Roman, Sébastien. *Nous, Machiavel et la démocratie*. Paris: CNRS, 2017.

Rubinstein, Nicolaï. *The Government of Florence under the Medici: 1434-1494* [1966]. Oxford: Clarendon Press, 1998.

Sasso, Genaro. *Niccolò Machiavelli: la storiografia*. Bolonha: Il Mulino, 1993.

Sfez, Gérald. *Machiavel, la politique du moindre mal*. Paris: PUF, 1999.

Skinner, Quentin. *Machiavelli: A Very Short Introduction*. Oxford: Oxford University Press, 1981.

_____. *Maquiavelo*, tradução de Manuel Benavides. Madri: Alianza Editorial, 1984.

_____. *Maquiavel: pensamento político*. São Paulo: Brasiliense, 1988.

_____. *As fundações do pensamento político moderno*, tradução de Laura Teixeira Motta e Renato Janine Ribeiro. São Paulo: Companhia das Letras, 1996.

_____. "Sur la justice, le bien commun et la priorité de la liberté", in *Libéraux et Communitariens*, reunião de textos e apresentação de André Berten, Pablo da Silveira e Hervé Pourtois. Paris: PUF, 1997.

_____. *Maquiavel*, tradução de Denise Bottmann. São Paulo: L&PM Pocket, 2010.

Strauss, Leo. *Droit naturel et histoire*. Paris: Plon, 1953.

_____. "The Twofold Character of Machiavelli's Teaching", in Strauss, Leo, *Thoughts on Machiavelli*. Glencoe, Illinois: The Free Press, 1958.

_____. *The City and Man*. Chicago: The University of Chicago Press, 1964.

_____. *Que es filosofia política?*. Madri: Guadarrama, 1970.

Suchowlansky, Mauricio. *Machiavelli's Republicanisms: Society, Discord and the Politics of Equilibrium in the* Florentine Histories. Tese apresentada em conformidade com os requisitos para a obtenção do título de Doutor no Departamento de Ciência Política da Universidade de Toronto, 2015.

Valadier, Paul. *Machiavel et la fragilité du politique*. Paris: Éditions du Seuil, 1996.

Valente, Milton. *A ética estoica em Cícero*. Caxias do Sul-RS: Educs, 1984.

Vatter, Miguel E. *Between Form and Event: Machiavelli's Theory of Political Freedom*. Dordrecht/Boston/Londres: Kluwer, 2000.

_____. "Machiavelli and the Republican Conception of Providence", *Review of Politics*, vol. 75, nº 4, 2013, pp. 605-23.

Bibliografia de referência sobre Maquiavel

_____. "The Quarrel between Populism and Republicanism: Machiavelli and the Antinomies of Plebeian Politics", *Contemporary Political Theory*, vol. 11, nº 3, 2012, pp. 242-63.

Viroli, Maurizio. *Machiavelli*. Oxford, Nova York: Oxford University Press, 1998.

_____. *Republicanism*, tradução de Antony Shugaar. Nova York: Hill and Wang, 1999.

_____. "Il repubblicanesimo di Machiavelli", in Braccesi, Simonetta Adorni; Ascheri, Mario (orgs.). *Politica e cultura nelle repubbliche italiane dal Medioevo all'età moderna*. Roma: Istituto Storico Italiano per l'Età Moderna e Contemporanea, 2001, pp. 157-87.

Visentin, Stefano. "L'inafferrabilità di Old Nick: Machiavelli nell'interpretazione di John Pocock e Quentin Skinner", in Caporali, Riccardo (org.). *La varia natura, le molte cagioni. Studi su Machiavelli*. Cesena: Il Ponte Vecchio, 2007, pp. 165-89.

_____. "La virtù dei molti: Machiavelli e il repubblicanesimo olandese della seconda metà del Seicento", in Del Lucchese, F.; Sartorello, L.; Visentin, S. (orgs.). *Machiavelli: immaginazione e contingenza*. Pisa: ETS, 2006, pp. 217-52.

_____. "Immaginazione e parzialità. Note sull'interpretazione neo-repubblicana del popolo in Machiavelli", *Giornale di Storia Costituzionale*, vol. 18, IIº sem., 2009, pp. 31-47.

_____. "How Does 'The People' Act? Philip Pettit's Reception of Machiavelli's Republicanism", in Arienzo, A.; Borrelli, G. (orgs.). *Anglo-American Faces of Machiavelli. Machiavelli e machiavellismi nella cultura anglo--americana (secoli XVI-XX)*. Monza: Polimetrica, 2009, pp. 623-43.

_____. "'Tenere animato l'universale'. Visibilità del popolo in Machiavelli", in Caporali, Riccardo; Morfino, Vittorio; Visentin, Stefano (orgs.). *Machiavelli: tempo e conflitto*. Milão: Mimesis, 2012, pp. 275-92.

_____. "Il luogo del príncipe: Machiavelli e lo spazio dell'azione politica", *Rinascimento*, vol. LIII, 2013, pp. 57-72.

_____. "La topografía política de Maquiavelo", *Anacronismo e Irrupción*, vol. 6, nº 10, 2016, pp. 172-201. Disponível em: https://publicaciones.sociales.uba.ar/index.php/anacronismo/article/view/1745. Acesso em: 11/01/2022.

_____. "A república para além do Estado. O republicanismo anômalo de Maquiavel e Spinoza", in Benvenho, Célia Machado; Dias, José Francisco de Assis; Cardoso, Libanio (orgs.). *Ressonâncias filosóficas: textos seletos*, vol. 1. Toledo-PR: Vivens, 2018, pp. 43-65. Disponível em: https://projetos.unioeste.br/cursos/toledo/filosofia/attachments/article/429/xxisfmc_textos-seletos.pdf. Acesso em: 11/01/2022.

_____. "'O jugo que por si mesmo é colocado em seu pescoço': Maquiavel e a servidão voluntária da multitudão", in Adverse, H.; Pancera, G. (orgs.). *As faces de Maquiavel: história, república, corrupção.* Belo Horizonte: D'Plácido, 2019, pp. 167-78.

_____. "Un altro 'momento machiavelliano': l'eredità di Machiavelli negli scritti politici di Marx", in Basso, Luca; Cesarale, Giorgio; Morfino, Vittorio; Petrucciani, Stefano (orgs.). *Soggettività e trasformazione. Prospettive marxiane.* Roma: Manifestolibri, 2020, pp. 323-42.

Winter, Yves. "Plebeian Politics: Machiavelli and the Ciompi Uprising", *Political Theory*, vol. 40, n° 6, Dec. 2012, pp. 736-66.

Yágüez, Jorge Álvarez. *Política y república: Aristóteles y Maquiavelo.* Madri: Biblioteca Nueva, 2012.

Zancarini, Jean-Claude. "La révolte des Ciompi. Machiavel, ses source et ses lectures", *Cahiers Philosophiques*, n° 97, 2004, pp. 9-22.

Zuckert, Catherine. "Machiavelli's Democratic Republic", *History of Political Thought*, vol. 35, n° 2, 2014, pp. 262-94.

BRASILEIRA

Adverse, Helton. "Maquiavel, a República e o desejo de liberdade", *Trans/Form/ Ação*, vol. 30, n° 2, 2007.

_____. *Maquiavel: política e retórica.* Belo Horizonte: Editora UFMG, 2009.

_____ (org.). *Maquiavel: Diálogo sobre nossa língua e Discurso sobre as formas de governo de Florença.* Belo Horizonte: Editora UFMG, 2010.

_____. "Política e retórica no humanismo do Renascimento", *O Que Nos Faz Pensar*, vol. 19, n° 27, maio 2010, pp. 27-58. Disponível em: http:// oquenosfazpensar.fil.puc-rio.br/index.php/oqnfp/article/view/298. Acesso em: 11/01/2022.

_____. "A matriz italiana", in Bignotto, Newton (org.). *Matrizes do republicanismo.* Belo Horizonte: Editora UFMG, 2013.

_____. (org.). *Filosofia política no Renascimento italiano.* São Paulo/Belo Horizonte: Annablume/Programa de Pós-Graduação em Filosofia da UFMG, 2013.

_____. "Virtude moral e virtude política no Renascimento italiano: o sonho de Dante no *Vita civile* de Matteo Palmieri", in Adverse, Helton (org.). *Filosofia política no Renascimento italiano.* São Paulo/Belo Horizonte: Annablume/Programa de Pós-Graduação em Filosofia da UFMG, 2013.

_____. "Argumentos republicanos em *O Príncipe*: um breve comentário do capítulo V", in Adverse, Helton (org.). *Reflexões sobre Maquiavel: 500 anos de* O Príncipe. São Paulo: Loyola, 2015, pp. 171-96.

Bibliografia de referência sobre Maquiavel

_____. "Maquiavel, o conflito e o desejo de não ser dominado", in Benevenuto, Flávia; Magalhães Pinto, Fabrina (org.), *Filosofia, política e cosmologia: ensaios sobre o Renascimento*. São Bernardo do Campo-SP: EdUFABC, 2017, pp. 135-59.

_____. "Lefort e Maquiavel: ontologia e história", *Discurso*, vol. 48, nº 1, 2018, pp. 85-96.

_____. "Maquiavel, Platão e o saber político", *Figura. Studies on Classical Tradition*, vol. 7, n º 2, jul.-dez. 2019, pp. 57-81.

_____. "Maquiavel e a tirania", in Benevenuto, Flávia (org.). *Republicanismo: 30 anos com o* Maquiavel republicano *de Newton Bignotto*. Belo Horizonte: Projeto República/UFMG, 2021, pp. 99-131.

Alexandre, Bruno Santos. "A glória do povo em Maquiavel", in Figueiredo, Vinícius; Carvalho, Marcelo (orgs.), *Filosofia do Renascimento e moderna*, vol. 2. São Paulo: ANPOF, 2013, pp. 65-70.

_____. "Claude Lefort leitor de *O Príncipe*: conflito, *virtù* e glória", *Cadernos de Ética e Filosofia Política* (USP), vol. 1, nº 24, 2014, pp. 88-111.

_____. "O povo e o poder em *Machiavellian Democracy* (2011) de John P. McCormick" (resenha), *Cadernos de Ética e Filosofia Política* (USP), vol. 1, nº 24, 2014, pp. 112-26.

_____. "Notas sobre a atualidade do republicanismo de Maquiavel entre duas matrizes teóricas da democracia", *Cadernos Espinosanos*, Universidade de São Paulo, nº 32, 2015, pp. 199-236.

_____. "O conceito de liberdade em Cícero e Maquiavel à luz do republicanismo de Quentin Skinner em sua fase inicial", *Kínesis*, vol. 12, Marília, 2020, pp. 14-31.

_____. "A noção de historiografia de J. G. A. Pocock na órbita das humanidades: ou sobre o ofício do historiador entre a ontologia e a ação política", *História e Cultura*, vol. 10, 2021, pp. 271-91.

_____. "Pocock, Skinner, Bignotto e algumas notas filosófico-historiográficas sobre a investigação do humanismo cívico florentino", *Revista Sísifo*, vol. 13, 2021, pp. 90-115.

Alexandre, Bruno Santos; Santos, R. P. *Filosofia e ética*. Curitiba: Universidade Positivo, 2014.

Ames, José Luiz. "Liberdade e conflito: o confronto dos desejos como fundamento da ideia de liberdade em Maquiavel", *Kriterion*, nº 119, 2009.

_____. "Lei e violência ou a legitimação política em Maquiavel", *Trans/Form/Ação*, vol. 34, n º 1, Marília, 2011, pp. 21-42.

_____. "Republicanismo conflitual e agonismo democrático pluralista: um diálogo entre Maquiavel e Chantal Mouffe", *Princípios — Revista de Filosofia*, vol. 19, nº 31, Natal-RN, jan.-jun. 2012, pp. 209-23.

_____. "Transformações do significado do conflito na *História de Florença* de Maquiavel", *Kriterion*, n° 129, jun. 2014.

_____. "Teoria conflitual da política de Maquiavel: alternativa ao paradoxo moderno da relação entre poder constituinte e poder constituído?", *Discurso*, vol. 48, n° 1, 2018, pp. 167-91.

_____. "Concepção de povo em Maquiavel: uma tentativa de aproximação", in Birchal, Telma de Souza; Theobaldo, Maria Cristina (orgs.). *Espaços da liberdade: homenagem a Sérgio Cardoso*. Cuiabá: EdUFMT, 2018, pp. 93-120.

_____. "Povo internamente dividido: plebe, seitas e partidos em *Histórias florentinas*", *Revista Dissertatio de Filosofia*, Pelotas, vol. 50, 2019, pp. 227-51.

_____. "Concepção de povo em *O Príncipe* de Maquiavel", *Problemata: Revista Internacional de Filosofia*, vol. 10, n° 1, 2019, pp. 21-42.

_____. "O papel constituinte dos conflitos em Maquiavel", *Síntese*, Belo Horizonte, vol. 46, n° 145, maio-ago. 2019, pp. 255-81.

_____. "Povo e governo: sobre a questão da participação popular em Maquiavel", *Philósophos*, Goiânia, vol. 24, n° 1, jan./jun. 2019, pp. 102-28.

_____. "Reflexões sobre a concepção maquiaveliana de liberdade, sua corrupção e sua restauração", *Pensando — Revista de Filosofia*, Teresina-PI, vol. 10, n° 21, 2019.

_____. "A linguagem jurídica como linguagem da política em Maquiavel", *Figura. Studi sull'Immagine nella Tradizione Classica*, Campinas, vol. 7, n° 2, jul.-dez. 2019, pp. 83-106.

_____. "Maquiavel interpretando Savonarola: a ativação política do povo e a descoberta do imaginário religioso", in Fávero, Altair Alberto; Paviani, Jayme; Rajobac, Raimundo (orgs.). *Vínculos filosóficos: homenagem a Luiz Carlos Bombassaro*. Caxias do Sul-RS: Educs, 2020, pp. 163-76.

_____. "As múltiplas figuras de povo em discursos de Maquiavel", *Trans/Form/Ação*, Marília, vol. 43, n° 2, abr.-jun., 2020, pp. 133-56.

_____. "Leis e ordenações como bases do *vivere civile e libero* em Maquiavel: a contingência do político como antídoto à ilusão constitucional no *Maquiavel republicano* de Newton Bignotto", in Benevenuto, Flávia (org.). *Republicanismo: 30 anos com o Maquiavel republicano de Newton Bignotto*. Belo Horizonte: Projeto República/UFMG, 2021, pp. 71-98.

_____. "Pode a balbúrdia ser expressão democrática? Uma reflexão a partir da concepção maquiaveliana de participação popular", in Costa, Marta da (org.). *Direito à rebelião? Reflexões críticas a partir da história da filosofia política*. São Paulo: LiberArs, 2021, pp. 13-28.

Aranovich, Patrícia Fontoura. *História e política em Maquiavel*. São Paulo: Discurso Editorial, 2007.

_____. "Introdução", Maquiavel. *História de Florença*. São Paulo: Martins Fontes, 2007, pp. 7-35.

_____. "O *Riscontro*: considerações sobre a política e a história em Maquiavel", *Tempo da Ciência* (Unioeste), 2013, vol. 20, n° 40, pp. 71-90.

_____. "Maquiavel, retórica e política", *Cadernos de Ética e Filosofia Política* (USP), vol. 24, 2014, pp. 62-74.

_____. "Notas sobre as relações entre fim e meios em Maquiavel", in Salatini, Rafael; Del Roio, Marcos (orgs.). *Reflexões sobre Maquiavel*. Marília: Oficina Universitária/Cultura Acadêmica, 2014, pp. 21-36.

Araújo, Cícero. "República e democracia", *Lua Nova. Revista de Cultura e Política*, SP, vol. 51, 2000, pp. 5-30.

_____. "Representação, retrato e drama", *Lua Nova. Revista de Cultura e Política*, vol. 67, 2006, pp. 229-60.

_____. *A forma da república: da constituição mista ao Estado*. São Paulo: Martins Fontes, 2013.

_____. "Sentido da crise da República no Brasil", in Avritzer, Leonardo; Starling, Heloisa; Braga, Pauliane; Zanandrez, Priscila (orgs.). *Pensando a democracia, a República e o Estado de Direito no Brasil*, vol. 1. Belo Horizonte: Projeto República UFMG, 2019, pp. 179-224.

Barros, Alberto Ribeiro Gonçalves de. "Maquiavel e o republicanismo inglês", *Cadernos de Ética e Filosofia Política* (USP), vol. 24, pp. 22-39, 2014.

_____. "Liberais, comunitaristas e republicanos: a questão da liberdade", *Síntese*, Belo Horizonte, vol. 41, 2014, pp. 345-58.

_____. *Republicanismo inglês: uma teoria da liberdade*. São Paulo: Discurso Editorial/FAPESP, 2015.

_____. "Em defesa da República: Sidney, leitor de Maquiavel", *Revista Crítica Histórica*, vol. 12, 2015, pp. 1-19.

_____. "Quentin Skinner e a liberdade republicana em Maquiavel", *Discurso*, vol. 45, 2015, pp. 187-206.

_____. "A linguagem dos interesses no republicanismo moderno", *Revista Dissertatio de Filosofia*, vol. 41, 2016, pp. 47-63.

_____. "A liberdade republicana em Algernon Sidney", *Kriterion*, n° 135, 2016, pp. 601-18.

_____. *Ensaios sobre o republicanismo inglês*. Saarbrücken: Novas Edições Acadêmicas, 2017.

_____. *Republicanismo inglês: Sidney e a semântica da liberdade*. São Paulo: Discurso Editorial, 2018.

_____. "A liberdade republicana negativa de Skinner", in Birchal, Telma de Souza; Theobaldo, Maria Cristina (orgs.). *Espaços da liberdade: homenagem a Sérgio Cardoso*. Cuiabá: EdUFMT, 2018, pp. 167-87.

_____. "John Pocock e a liberdade republicana em Maquiavel", in Adverse, Helton (org.). *As faces de Maquiavel: história, república, corrupção*. Belo Horizonte: D'Plácido, 2019, pp. 217-30.

_____. "Matriz inglesa", in Schwarcz, Lilia M.; Starling, Heloisa M. (orgs.). *Dicionário da República*. São Paulo: Companhia das Letras, 2019, pp. 229-36.

_____. "Machiavelli and English Republicanism: The Machiavellian Moment Revisited", *A Journal of Anglo-American Studies*, vol. 8, 2019, pp. 31-46.

_____. "A democracia contestatória de Philip Pettit", in Maciel, Everton (org.). *Série Investigação Filosófica: Textos Selecionados de Filosofia Política*. Pelotas: Editora da Universidade Federal de Pelotas, 2021, pp. 341-4.

_____. "A liberdade republicana de Maquiavel", in Benevenuto, Flávia (org.). *Republicanismo: 30 anos com o* Maquiavel republicano *de Newton Bignotto*. Belo Horizonte: Projeto República/UFMG, 2021, pp. 49-70.

Benevenuto, Flávia. "Maquiavel e os humores constitutivos do corpo político", in Figueiredo, Vinicius; Carvalho, Marcelo (orgs.). *Filosofia do Renascimento e moderna*, vol. 2. São Paulo: ANPOF, 2013, pp. 207-12.

_____. "Maquiavel: do cosmos medieval ao renascentista, a fortuna e as circunstâncias da liberdade", *Veritas*, vol. 59, 2014, pp. 59-85.

_____. "Maquiavel: o governo misto e a república romana", in Salatini, Rafael; Del Roio, Marcos (orgs.). *Reflexões sobre Maquiavel*. Marília: Oficina Universitária/Cultura Acadêmica, 2014, pp. 57-72.

_____. "Maquiavel e a tradição do governo misto", in Carvalho, Marcelo; Leivas, Claudio; Fragoso, Emanuel A. R.; Forlin, Enéias Júnior; Oliva, Luís César Guimarães; Theobaldo, Maria Cristina (orgs.). *Filosofia do Renascimento e século XVII*. São Paulo: ANPOF, 2015, pp. 38-50.

_____ (org.). *O renascimento da República*. Maceió: EdUFAl, 2015.

_____. "Maquiavel e o caso César Bórgia", in Adverse, Helton (org.). *Reflexões sobre Maquiavel: 500 anos de O Príncipe*. São Paulo: Loyola, 2015, pp. 197-218.

_____. "Maquiavel: das teorias das formas de governo a um governo misto republicano popular", in Benevenuto, Flávia (org.). *O renascimento da República*. Maceió: EdUFAl, 2015, pp. 7-154.

Bibliografia de referência sobre Maquiavel   301

_____. *Maquiavel e a figura do governante*. Curitiba: Editora Prismas, 2016.

_____. "A *virtù* do governante maquiaveliano e a tradição das virtudes cristãs", in Magalhães Pinto, Fabrina; Benevenuto, Flávia (orgs.). *Filosofia, política e cosmologia: ensaios sobre o Renascimento*. São Paulo: Editora UFABC, 2017, pp. 117-32.

_____. "Políbio, Cícero e a Constituição dos Romanos", in Birchal, Telma de Souza; Theobaldo, Maria Cristina (orgs.). *Espaços da liberdade: homenagem a Sérgio Cardoso*. Cuiabá: EdUFMT, 2018, pp. 71-92.

_____. "Sobre a novidade de Maquiavel: notas sobre a interpretação lefortiana do Proêmio dos *Discorsi*", *Discurso*, vol. 48, 2018, pp. 109-19.

_____. "Maquiavel, Tito Lívio e a Constituição dos Romanos", in Adverse, Helton; Pancera, Carlo Gabriel (orgs.). *As faces de Maquiavel: história, república, corrupção*. Belo Horizonte: D'Plácido, 2019, pp. 101-14.

_____. "Maquiavel e Savonarola: entre o discurso e as armas", in Fávero, Altair Alberto; Paviani, Jayme; Rajobac, Raimundo (orgs.). *Vínculos filosóficos: homenagem a Luiz Carlos Bombassaro*. Caxias do Sul-RS: Educs, 2020, pp. 177-84.

_____ (org.). *Republicanismo: 30 anos com o Maquiavel republicano de Newton Bignotto*. Belo Horizonte: Projeto República/UFMG, 2021.

_____. "República e liberdade em Maquiavel", in Benevenuto, Flávia (org). *Republicanismo: 30 anos com o Maquiavel republicano de Newton Bignotto*. Belo Horizonte: Projeto República/UFMG, 2021, pp. 133-60.

Benevenuto, Flávia; Ferreira, Christiane C. "Markus Fischer: uma psicologia política em Maquiavel?", *Figura. Studi sull'Immagine nella Tradizione Classica*, Campinas, vol. 7, 2019, pp. 107-38.

Benevenuto, Flávia; Cavalcanti Vieira da Silva, Emanuel. "Maquiavel e a liberdade política", in Lins, Mariana; Santos, Mariana (orgs.). *Entre o mito e a política*. S.l.: s.e., 2020, pp. 49-55.

Benevenuto, Flávia; Fontes, Igor Ferreira. "Maquiavel: república e comércio", in Primo, Marcelo; Silva, Saulo; Mota, Vladimir (org.). *Ética e filosofia política: interlocuções entre a modernidade e a contemporaneidade*. São Paulo: República do Livro/Discurso Editorial, 2020, pp. 9-33.

Bignotto, Newton. *Maquiavel republicano*. São Paulo: Loyola, 1991.

_____. "As fronteiras da ética: Maquiavel", in Novaes, Adauto (org.). *Ética*. São Paulo: Companhia das Letras, 1992.

_____. "Maquiavel e a história", *Cadernos da Escola do Legislativo*, vol. 1, nº 1, 1994, pp. 109-12.

_____. "Maquiavel historiador", *Revista da USP*, vol. 29, 1996, pp. 182-9.

_____. "Maquiavel e o novo continente da política", in Novaes, Adauto (org.). *A descoberta do homem e do mundo*. São Paulo: Companhia das Letras, 1998, pp. 375-403.

_____. "Nota metodológica: Guicciardini leitor de Maquiavel", *Discurso*, vol. 29, nº 29, 1998, pp. 111-31.

_____. *Origens do republicanismo moderno*. Belo Horizonte: Editora UFMG, 2001.

_____. *Maquiavel*. Rio de Janeiro: Jorge Zahar, 2003.

_____. *Republicanismo e realismo: um perfil de Francesco Guicciardini*. Belo Horizonte: Editora UFMG, 2006.

_____. "Nicolau Maquiavel e a nova reflexão política", in Mainka, Peter Johann (org.). *A caminho do mundo moderno*. Maringá: Editora da Universidade Estadual de Maringá, 2007, pp. 49-71.

_____. "A antropologia negativa de Maquiavel", *Analytica* (UFRJ), vol. 12, 2008, pp. 77-100.

_____. "O humanismo e a linguagem política do renascimento: o uso das *Pratiche* como fonte para o estudo da formação do pensamento político moderno", *Caderno CRH* (UFBA), vol. 25, 2012, pp. 119-31.

_____. "Lefort and Machiavelli", in Plot, Martín (org.). *Claude Lefort: Thinker of the Political*. Londres: Palgrave MacMillan, 2013.

_____ (org.). *Matrizes do republicanismo*. Belo Horizonte: Editora UFMG, 2013.

_____. "Maquiavel e a experiência da diplomacia: as primeiras missões", in Salatini, Rafael Salatini; Del Roio, Marcos (orgs.). *Reflexões sobre Maquiavel*. São Paulo: Cultura Acadêmica, 2014, pp. 37-55.

_____. "Política e vida privada na *Mandrágora* de Maquiavel", *Cadernos de Ética e Filosofia Política* (USP), vol. 24, 2014, pp. 7-21.

_____. "O aprendizado da força", in Adverse, Helton (org.). *Reflexões sobre Maquiavel: 500 anos de O Príncipe*. São Paulo: Loyola, 2015, pp. 87-108.

_____. "Maquiavel e a França", in Ragazzi, Alexandre; Meneses, Patricia D.; Quírico, Tamara (orgs.). *Ensaios interdisciplinares sobre o Renascimento italiano*. São Paulo: Editora Unifesp, 2017, pp. 143-62.

_____. "Un lector de Maquiavelo", *Metapolitica: Revista Trimestral de Teoria y Ciencia de la Politica*, Benemérita Universidad Autónoma de Puebla, vol. 97, 2017, pp. 36-69.

_____. "Maquiavel e as conjurações", in Adverse, Helton; Pancera, Carlo Gabriel (orgs.). *As faces de Maquiavel: história, república, corrupção*. Belo Horizonte: D'Plácido, 2019, pp. 195-215.

Bibliografia de referência sobre Maquiavel

Cardoso, Sérgio. "Qué república? Notas sobre la tradición del 'gobierno mixto'", *Prismas — Revista de História Intelectual*, Universidad Nacional de Quilmes, ano 7, nº 7, 2003, pp. 195-210.

_____ (org.). *Retorno ao republicanismo*. Belo Horizonte: Editora UFMG, 2004.

_____. "Por que República? Notas sobre o ideário democrático e republicano", in Cardoso, Sérgio (org.). *Retorno ao republicanismo*. Belo Horizonte: Editora UFMG, 2004, pp. 45-66.

_____. "Platão e Aristóteles", in Avritzer, Leonardo; Bignotto, Newton; Guimarães, Juares; Starling, Heloisa M. G. (orgs.). *Corrupção: ensaios e críticas*. Belo Horizonte: Editora UFMG, 2008, pp. 25-45.

_____. "A matriz romana", in Bignotto, Newton (org.). *Matrizes do republicanismo*. Belo Horizonte: Editora UFMG, 2013, pp. 13-49.

_____. "Em direção ao núcleo da 'obra Maquiavel': sobre a divisão civil e suas interpretações", *Discurso*, vol. 45, nº 2, 2015.

_____. "Ainda uma vez, virtude moral e virtude política: as rupturas maquiavelianas", *Síntese*, Belo Horizonte, vol. 45, 2018, pp. 441-52.

_____. "Da 'philia' democrática ateniense à 'philosophia' republicana de Platão", *Revista Limiar*, vol. 5, 2018.

_____. "Maquiavel: lições das *Histórias florentinas*", *Discurso*, vol. 48, nº 1, 2018, pp. 121-54.

_____. "Claude Lefort, ação e crítica (o fio da meada)", *Cadernos de Ética e Filosofia Política*, vol. 1, nº 32, 2018, pp. 8-14.

Chaui, Marilena de Souza. "A história em Marx: as interpretações de Lefort e Ruy Fausto", in Santos, Antonio Carlos dos (org.). *Tempo, história e sociedade: homenagem a Maria das Graças de Souza*. São Paulo: Humanitas, 2016, pp. 206-24.

_____. "Lefort: o trabalho da obra de pensamento", *Discurso*, vol. 48, nº 1, 2018, pp. 7-27.

De Negreiros, Dario. "Cálculo, astúcia e desejo: as lógicas da política no *Maquiavel* de Claude Lefort", *Sofia*, vol. 9, nº 2, dez. 2020.

_____. "Da atração por um enigma: os caminhos de Claude Lefort à obra Maquiavel", *Cadernos de Ética e Filosofia Política*, vol. 1, nº 38, 2021, pp. 130-45.

Falcão, Luís. *Maquiavel, Montesquieu e Madison: uma tradição republicana em duas perspectivas*. Rio de Janeiro: Azougue, 2013.

_____. "Quinhentos anos dos *Discursos sobre a primeira década de Tito Lívio*, lidos daqui: ainda sobre a questão da atualidade", *Breviário de Filosofia Pública*, vol. 149, 2017, pp. 58-61.

_____. "Republicanismo neorromano e liberalismo: para além das proximidades declaradas", *Revista Brasileira de Ciência Política*, n° 24, set.-dez. 2017, pp. 115-58.

_____. "A peculiaridade do maquiavelismo inglês: das origens ao século XVII", *Revista Brasileira de Ciências Sociais* (on-line), vol. 33, 2018, pp. 1-18.

_____. "Governo misto ou república popular: a república adaptativa nos *Discorsi* de Maquiavel", in Adverse, Helton; Pancera, Carlo Gabriel (orgs.). *As faces de Maquiavel: história, república, corrupção*. Belo Horizonte: D'Plácido, 2019, pp. 77-100.

_____. "Republicanismo neorromano e liberalismo", in Avila, Carlos Dominguez; Xavier, Lídia de Oliveira; Fonseca, Vicente (orgs.). *A qualidade da democracia no Brasil: questões teóricas e metodológicas de pesquisa*, vol. 5. Curitiba: CRV, 2020, pp. 117-50.

_____. *Algernon Sidney between Modern Natural Rights and Machiavellian Republicanism*. Newcastle: Cambridge Scholars Publishing, 2020.

_____. *Ensaios republicanos*. Curitiba: Appris, 2021.

_____. "Definindo o republicanismo: abordagens, dificuldades e síntese", *Revista Política e Sociedade*, vol. 20, n° 47, pp. 32-68, 2021.

_____. *O pensamento político de James Harrington: maquiavelismo, republicanismo e inovação*. Santo André: EdUFABC, 2021.

_____. "Maquiavel, a fundação das cidades e a redução aos princípios", in Benevenuto, Flávia (org.). *Republicanismo: 30 anos com o* Maquiavel republicano *de Newton Bignotto*. Belo Horizonte: Projeto República/UFMG, 2021, pp. 219-42.

Ferreira, Christiane Cardoso. "Humores políticos em Maquiavel: uma apropriação do termo *umori* da medicina renascentista", in Carvalho, Marcelo; Leivas, Claudio; Fragoso, Emanuel A. R.; Forlin, Enéias Júnior; Oliva, Luís César Guimarães; Theobaldo, Maria Cristina (orgs.). *Filosofia do Renascimento e século XVII*. São Paulo: ANPOF, 2015, pp. 90-105.

Ferreira, Christiane Cardoso; Benevenuto, Flávia. "Maquiavel e os pressupostos de seu projeto constitucional para Florença", *Ideação* (UEFS), vol. 1, 2021, pp. 247-64.

Limongi, Maria Isabel M. Papaterra. "Ética e política n'*O Príncipe* de Maquiavel", in Figueiredo, Vinicius de (org.). *Seis filósofos na sala de aula*. São Paulo: Berlendis & Vertecchia, 2006, pp. 53-79.

_____. "Maquiavel e Hume sobre a natureza da lei e seus fundamentos sociais", *Kriterion*, n° 140, 2018, pp. 571-89.

Magalhães Pinto, Fabrina; Benevenuto, Flávia (orgs.). *Filosofia, política e cosmologia: ensaios sobre o Renascimento*. São Paulo: EdUFABC, 2017.

Magalhães Pinto, Fabrina; Falcão, Luís. "História, república e fundação da cidade de Florença em Coluccio Salutati, Leonardo Bruni e Maquiavel", *História da Historiografia*, vol. 14, 2021, pp. 53-82. Disponível em: https://www.historiadahistoriografia.com.br/revista/article/view/1619. Acesso em: 12/01/2022.

Martins, José Antônio. *Republicanismo e democracia*. Maringá: Eduem, 2010.

_____. "Notas sobre os conflitos políticos nas *Histórias florentinas*", in Birchal, Telma de Souza e Theobaldo, Maria Cristina (orgs.). *Espaços da liberdade: homenagem a Sérgio Cardoso*. Cuiabá: EdUFMT, 2018.

_____. "Conflito político e corrupção no Livro I dos *Discursos*", in Adverse, Helton; Pancera, Carlo Gabriel (orgs.). *As faces de Maquiavel: história, república, corrupção*. Belo Horizonte: D'Plácido, 2019, pp. 147-66.

_____ (org.). O Príncipe *de Nicolau Maquiavel*, edição bilíngue. São Paulo: Hedra, 2020, 2ª ed.

_____. "Maquiavel: dos conflitos políticos à corrupção do governo", in Benevenuto, Flávia (org.). *Republicanismo: 30 anos com o* Maquiavel republicano *de Newton Bignotto*. Belo Horizonte: Projeto República/UFMG, 2021, pp. 161-200.

Martins, José Antônio; Adverse, Helton; Bignotto, Newton; Ames, José Luiz; Pancera, Carlo Gabriel Kszan. "Sobre o principado civil e a soberania em O Príncipe de Maquiavel", in Adverse, Helton (org.). *Reflexões sobre Maquiavel: 500 anos de* O Príncipe. São Paulo: Loyola, 2015, pp. 127-52.

Martins, Luiz Renato. *Novo Mundo: uma ideia da Renascença*. São Paulo: Fundação Memorial da América Latina, s.d.

Pancera, Carlo Gabriel Kszan. *Maquiavel entre repúblicas*. Belo Horizonte: Editora UFMG, 2010.

_____. "*Raggionare dello stato*: a representação do Estado no vocabulário maquiaveliano nos 'Primeiros escritos políticos'", *O Que Nos Faz Pensar* (PUC-RJ), vol. 27, 2011, pp. 93-112.

_____. "Lefort e a questão da igualdade", *Discurso*, vol. 48, n° 1, 2018, pp. 97-107.

Pereira, João Aparecido Gonçalves. *Política e conflito: o que Maquiavel nos ensina?*. Curitiba: Editora Appris, 2021.

Ramos, Silvana de Souza. "Maquiavel e a política do desejo", *Cadernos de Ética e Filosofia Política* (USP), vol. 1, n° 24, 2014, pp. 40-61.

_____. "Maio de 68: a leitura de Claude Lefort", *Quadranti — Rivista Internazionali di Filosofia Contemporanea*, vol. III, 2015, pp. 82-95.

_____. "Claude Lefort: democracia e luta por direitos", *Trans/Form/Ação* (on-line), vol. 39, 2016, pp. 217-34.

_____. "Bernard Flynn, leitor de Claude Lefort", *Cadernos de Ética e Filosofia Política* (USP), vol. 1, nº 32, 2018, pp. 15-32.

_____. "Claude Lefort e a herança merleau-pontiana", *Discurso*, vol. 51, nº 1, 2021, pp. 71-82.

Schevisbiski, Renata Schlumberger. "Lo politico y la política en Claude Lefort: aportes teóricos para una reflexión sobre la democracia", *Utopía y Praxis Latinoamericana*, nº 64, 2014, pp. 125-32.

_____. "A 'obra' da ideologia e a invenção democrática no pensamento de Claude Lefort", *Discurso*, vol. 48, nº 1, 2018, pp. 231-41.

Teixeira, Felipe Charbel. *Timoneiros: retórica, prudência e história em Maquiavel e Guicciardini*. Campinas: Editora da Unicamp, 2010.

Sobre os textos

Parte I: Rupturas maquiavelianas

"Sobre a 'divisão civil' (e suas interpretações)"
Texto publicado em versão anterior com o título "Em direção ao núcleo da 'obra Maquiavel': sobre a divisão civil e suas interpretações", em *Discurso*, vol. 45, nº 2, 2015.

"O distanciamento dos paradigmas antigos do 'regime misto'"
Texto apresentado no II Colóquio Internacional Maquiavel, realizado na Universidade Federal de Minas Gerais, Belo Horizonte, em 2017, e publicado em *As faces de Maquiavel: história, república, corrupção*, Helton Adverse e Gabriel Pancera (orgs.), Belo Horizonte, D'Plácido, 2019.

"Sobre a originalidade do republicanismo renascentista"
Texto publicado com o título "Nota sobre a originalidade do republicanismo renascentista", em *Vínculos filosóficos: homenagem a Luiz Carlos Bombassaro*, Caxias do Sul-RS, Educs, 2020.

"Virtude moral e virtude política, o Príncipe e sua *virtù*"
Texto publicado em versão anterior com o título "Ainda uma vez, virtude moral e virtude política: as rupturas maquiavelianas", em *Síntese*, vol. 45, nº 143, set.-dez. 2018.

"Sobre o campo do comentário da 'obra Maquiavel'"
Texto inédito.

Parte II: Leituras das Histórias florentinas

"Lições das *Histórias florentinas*"
Texto publicado em *Discurso*, vol. 48, nº 1, 2018.

"O povo e seu desejo: observações sobre 'Lições das *Histórias florentinas*'", *Helton Adverse*
Conferência pronunciada no 18º Encontro Nacional da ANPOF — Associação Nacional de Pós-Graduação em Filosofia, em Vitória-ES, em 24 de outubro de 2018. Texto inédito.

"Povo internamente dividido: plebe, seitas e partidos nas *Histórias florentinas*", *José Luiz Ames*
Texto originalmente publicado em *Dissertatio*, 50, pp. 227-51, 2019.

"O estatuto e a operação do desejo popular nas *Histórias florentinas*"
Comunicação apresentada no III Colóquio Internacional Maquiavel, realizado na Universidade Federal de Minas Gerais, Belo Horizonte, em outubro de 2019. Texto inédito.

"Sobre comentários (brasileiros) das *Histórias florentinas*"
O segmento inicial desse texto, em versão anterior, foi publicado como prefácio ao livro de Patrícia Aranovitch, *História e política em Maquiavel*, São Paulo, Discurso Editorial, 2007.

Parte III: A ABERTURA DA MODERNIDADE: MAQUIAVEL (E MONTAIGNE)

"Antigos, modernos e 'Novos Mundos' da reflexão política"
Conferência apresentada no ciclo Invenção e Crise do Estado-Nação — Artepensamento, realizado no Rio de Janeiro, em setembro de 1999, e publicada, em versão anterior, em *A crise do Estado-Nação*, Adauto Novaes (org.), Rio de Janeiro, Civilização Brasileira, 2003.

Sobre os textos

Sobre o autor

Sérgio Cardoso é Professor Sênior de Filosofia Política na Universidade de São Paulo, onde leciona no Departamento de Filosofia da Faculdade de Filosofia, Letras e Ciências Humanas desde 1976. Graduou-se em Filosofia pela Pontifícia Universidade Católica de Campinas e ingressou na Pós-Graduação na Universidade de São Paulo, em 1972, sob a orientação da professora Marilena de Souza Chaui. Realizou, em 1979, seu "doutorado de 3º ciclo", sob a direção do professor Claude Lefort, continuando seus estudos na França até 1982, como bolsista do governo francês. Obteve o título de Doutor pela Universidade de São Paulo em 1991, com tese sobre a Crítica da Antropologia de Pierre Clastres. Especializou-se posteriormente no estudo da filosofia política e ética de autores do Renascimento italiano e francês, como Maquiavel e Montaigne, sobre os quais tem orientado mestrados e doutorados, e participado de vários grupos de trabalho no Brasil e no exterior. Atualmente seus estudos principais estão voltados para a investigação da grande tradição "republicana" da filosofia política, dos Antigos aos modernos.

Este livro foi composto em Sabon pela Franciosi & Malta, com CTP e impressão da Edições Loyola em papel Pólen Soft 80 g/m² da Cia. Suzano de Papel e Celulose para a Editora 34, em março de 2022.